论商事信托的法人化

LUN SHANGSHI XINTUO DE FARENHUA

王钊阳 著

中国财经出版传媒集团
中国财政经济出版社

图书在版编目（CIP）数据

论商事信托的法人化／王钊阳著. --北京：中国财政经济出版社，2023.6

ISBN 978-7-5223-2171-4

Ⅰ. ①论… Ⅱ. ①王… Ⅲ. ①商业信托-信托法-研究-中国 Ⅳ. ①D922.282.4

中国国家版本馆 CIP 数据核字（2023）第 097848 号

责任编辑：谷兴华　　责任校对：胡永立
封面设计：卜建辰　　责任印制：张　健

中国财政经济出版社 出版

URL：http：//www.cfeph.cn

E-mail：cfeph@cfeph.cn

社址：北京市海淀区阜成路甲 28 号　邮政编码：100142

营销中心电话：010-88191522

天猫网店：中国财政经济出版社旗舰店

网址：https：//zgczjjcbs.tmall.com

北京财经印刷厂印刷　各地新华书店经销

成品尺寸：170mm×240mm　16 开　20 印张　266 000 字

2023 年 6 月第 1 版　2023 年 6 月北京第 1 次印刷

定价：79.00 元

ISBN 978-7-5223-2171-4

（图书出现印装问题，本社负责调换，电话：010-88190548）

本社质量投诉电话：010-88190744

打击盗版举报热线：010-88191661　QQ：2242791300

前　言

“信托”在我国经历了“投机概念—金融行业—民事法律关系”三个阶段的嬗变，但并未形成对商事信托法律定位的客观认识与统一观点，也未解决信托在英美法系中的双重所有权与我国民法典体系相对接的问题，其本质在于商事信托的法律定位模糊。因此，本书沿着“是什么、为什么、怎么办”的传统论证逻辑，对商事信托的法律定位进行分析，论证我国商事信托法人化的理论可能性、实践必要性以及我国的民法典体系应当如何安排。

第一章主要解决本书的理论框架以及论证范围限定的问题。从信托的概念入手，提取出组成概念的核心元素，即信托目的、信托财产以及信托当事人。因此，当信托关系主要围绕信托的核心元素建立时，信托的法律定位问题也应当以信托的核心元素为理论框架展开。论证范围的确定应当以信托目的为划分标准进行分析，根据信托的目的不同，《中华人民共和国信托法》（以下简称《信托法》）将信托的基本类型划分为民事信托、商事信托以及公益信托三大类，通过对信托制度在我国的嬗变分析可知，“信托”在我国的萌芽、发展以及《信托法》的确立三个阶段中，其功能定位是一种商事金融工具的基础法律关系。因此，本书研究的范围也限定在以营利目的为中心的商事信托框架内，其制度功能在于为“受人之托、代人理财”的金融产品提供基础性的法律制度保障。由此可知，研究商事信托的法律定位问题，也是研究资管产品的制度需求问题，即何种法律定位下的信托法更适应资管产品的管理、运作，更有利于投资者的权益保护。

第二章从信托的传统定位方式入手，分析财产权、物权以及契约的理论定位方式与应用“痛点”，并对主体性定位在我国实践运用中的私法价值进行初步分析。通过分析后发现，无论将商事信托定位为财产权、物权，还是契约，都存在法律传统与法律体系的差异、实践局限性等应用“痛点”，其本质仍表现出权利客体定位在逻辑概念上的不周延。而主体性的定位方式逐渐形成，对于我国的现实应用价值首先表现为可以解决信托财产的所有权归属问题，值得我们进一步分析。

第三章从历史、学理以及组织法三个维度对商事信托的法人化进行理论证成。从历史的维度考证，商事信托制度通过判例法、成文法两个阶段逐步确立了商事信托的主体性地位。一方面反映出商事信托在英美法系国家经历了百年的变迁，已经不是简单以信托财产转移、持有的用益制度，而是以信托财产管理为中心的财富管理制度；另一方面也说明英美法系国家对商事信托主体性地位的承认，这也正是我们在研究其法律定位时所欠缺的历史视角。从学理的维度分析，作为权利主体的法人与非法人组织的本质区别在于股东或合伙人是否仅以自己的出资对组织的债务承担有限责任。而商事信托在实践场域中，投资者仅以向管理受托人转移的委托管理财产为限为投资风险承担有限责任，因此商事信托具备成为法人的理论可能性。通过对不同的商事组织进行组织法比较后发现，商事信托在投资者所有权、资产分割的边界，以及治理结构方面与公司法人具有高度的相似性，与作为非法人组织的合伙企业差异性较大。因此，商事信托在理论上成为法人并不存在什么障碍。

第四章从信托财产实践中的问题入手，指出司法裁判中存在通过查封信托财产专用账户，要求受托人以固有财产对信托财产的债务承担责任的问题，其本质在于刺破信托财产独立性。目前我国在信托登记方面存在登记规则虚置、登记效率低下以及信托产品登记法律地位模糊的问题。因此，若将商事信托定位为法人，则意味信托财产独立性的实现方式由信托财产登记转变为信托主体性登记，信托财产的所有权将通过归属于法律主体而与信托当事人的固有财产以及其他信托的财产“天然”实现区隔与独立，其实践价值也有利于维护交易安全、降低交易成本以及提升交易效率。

第五章从我国《信托法》实践问题入手，分析在资管产品治理结构塑造中存在的问题，即“囚徒困境”、信息不对称、受托人的法律地位模糊以及托管人的监督职责履行障碍四方面问题。对比分析美国的共同基金、英国的集合投资计划以及日本的证券投资信托后发现，即便这些国家中存有契约式资管产品，但其更多的是选择法人作为建构本国资管产品制衡性治理结构的逻辑起点。其启示在于：第一，通过公权力的介入对受托人的行为进行制约以避免信托当事人之间的“囚徒困境”；第二，通过设置投资者组成的权力机构补足委托人或受益人在信托期间行使权利主动性，以弥补信息不对称、合同不完整性以及监督不及时带来的问题；第三，治理结构中明确托管人的保管职责，另行设立监督人，以实现受托人之间职责的制衡。因此，通过法人化立体式治理框架的引入，可以有效解决我国资管产品中信托当事人之间权利义务的制衡性需求。

第六章是针对我国商事信托的法人化进行制度性安排。首先，商事信托的法人化应当在《中华人民共和国民法典》（以下简称

《民法典》）中有所体现，由于其与公司营利法人存在区别，因而可以通过另行设置“其他法人”以减少商事信托进入民法典体系的排异反应。其次，还应当在《民法典》之外建立相应的商事信托主体性登记制度。有鉴于不同商事主体之间的差异与我国商事登记制度的传统特色，商事信托的主体性登记制度可以采取分散登记模式对商事信托的法人主体地位进行确认。而关于登记事项的规范，资管产品作为商事信托的实践场域，其金融产品的本质特征决定了应当选取审批设立原则，并对信托名称与登记的内容进行相应的完善。最后，信托法可以框架性地规范委托人/受益人大会，避免投资者之间的集体行动困境。同时，对商事信托内部的执行机关与监督机关进行法人框架式调整，以避免不同角色的信托受托人之间的共谋行为发生。

2023 年 3 月

目　录

导　论

一、问题的提出

2020年，我国正式进入“民法典元年”，但是信托法并未融入民法典体系。一方面原因在于，信托法的适用面相对较窄。即信托法并未成为公民社会生活中一般性民事法律规范存在，其法律实践更多局限于金融机构发起设立的信托产品与证券投资基金产品之中。因此，由于合格投资者标准对投资门槛的限制，并不是每一位公民都有机会触碰到信托法，缺少普遍性。另一方面原因在于，围绕资管产品衍生的信托法律争议发生频次与关注度相对较少。信托产品与证券投资基金产品的运行，除了需要依靠民商事法律制度保障，也离不开金融监管规则的约束。一只产品的设立，除了需要金融机构中成熟的合规体系审查，也需要金融监管机关的监督，因此合规风险也在产品设立之时就得到有效的规避，很难上升至司法裁判层面而鲜为人知。同时，很多信托纠在合同签订时都对争议的解决方式进行了仲裁管辖约定，这也使得很多纠纷并未浮出水面而广为人知。但是归根结底，信托法没有进入我国民法典体系，深层次的原因在于理论界与实务界未对商事信托的法律属性形成统一认识，进而导致立法机关对信托法在民法典体系中的位置无从选择。

近些年，信托法在资管产品的运用中所暴露出来的问题，进一步加剧了立法现状、理论争议以及实践需求之间的制度张力。如，2014年中诚信托有限责任公司的系列执行异议案、2018年“阜兴系”下属四家私募基金管理公司名下的160多只私募股权投资基金出现不能如期向投资人支付本金和收益的事件以及2019年发生的“上海爱建信托有限责任公司等与方大炭素新材料科技股份有限公司股东损害公司债权人利益责任纠纷”。无一不反映出商事信托立法现状在金融商事实践发展需求中所表现出的张力，即信托财产独立性缺失与信托治理结构失衡，其核心还是英美法系的信托双重所有权与受托人的信义义务问题并未得到有效解决，其本质仍是如何通过选择商事信托的法律属性解决资管产品实践中存在的现实问题。

有鉴于此，本书的论证将围绕以下三方面问题展开：

第一，理论上，商事信托的法律属性应当是什么？长久以来，诸多学者认为商事信托的属性要么为财产法或物权法①，要么为契约（债）法②，并用以解决信托法在民法典体系中的位置问题。但是，任何一种理论均无法支撑我国信托实践的现实需求，总是可以轻易通过另一种观点证明其在解释力上的局限性，也从未对自身观点的理论局限性进行相应的解决。因此，应当如何对商事信托进行法律定位，是本书提出的第一个问题。

第二，实践中，法人化下商事信托的实践价值是什么？在我国，“信托”无论是作为金融业态，还是金融工具，至今已有100多年。而《信托法》的颁布至今刚有20年光景，因此在日常生活中，“信托”在一般大众的观念中是一种理财产品，而非一种民商事法律关系。作为民法的特别法，信托法不但是规范信托产品的基本法，也是证券投资基金的基本法，还可能是其他资管产品的基本法。目前，在对我国《信托法》进行学理解释与实践运作中，我们时常不自觉地陷入路径依赖，倾向于援用大陆法系的民法思维进行分析，在理论研究时更倾向于运用民法理论进行阐释，由此也给金融实践带来不少障碍。管见以为，金融商法的研究旨趣不仅应当为金融产品的实践运行提供切实可行的立法建议，还应当为金融产品的创新提供必要的理论支撑。因此，有必要从实践层面对现行信托法制度运作进行相应的思考。在讨论商事信托法人化的实践价值时，应当围绕问题展开，而问题的来源则是争议较大的生效裁判以及热点舆情当中的法律争议。尽管目前已披露的生效裁判文书或新闻报道较少，但每一次生效裁判

---

① 参见：[日] 中野正俊、张军建：《信托法》，中国方正出版社2004年版，第6页；王涌：“论信托法与物权法的关系——信托法在民法法系中的问题”，《北京大学学报（哲学社会科学版）》2018年第6期，第99页；熊静：“固守或摒弃：对信托行为‘要物性’的逻辑反思——以理论的历史演进为视角”，《新疆大学学报（哲学·人文社会科学版）》2016年第1期，第68页。

② 参见：John H. Langbein, The Contractari an Basis of The Law of Trust, 105 Yale Law Journal 625, 627—675 (1995)；王文宇：“信托法的分析框架及可行的发展方向”，《北大法律评论》2008年第2辑，第291页；杨秋宇：“《信托法》的合同法化适用倾向及其应对”，《湖南农业大学学报（社会科学版）》2019年第6期，第70页。

的作出或热点舆情的发生，都是对信托制度权威性与公信力的伤害，也反映出制度设置与实践需求之间存在差距。那么，围绕生效裁判与新闻报道所暴露出来的信托法问题，对比现有的信托制度，法人化下的信托制度如何有效解决目前所面临的问题，值得更加深入论证说明。

第三，如何对法人化下的商事信托进行制度安排？如果要在制度上实现商事信托规范的法人化问题，首先应当在《民法典》的权利主体当中对其法人地位进行确认。根据我国民法典体系中权利主体的基本类型可知，我国拟制的权利主体有法人与非法人组织，在对其非法人组织的属性剥离后，如何确定商事信托在我国法人类型体系当中的位置，值得进一步研究。同时，对商事信托法人化也离不开商事信托主体性登记制度的建立与对内部治理结构的完善。因此，探讨商事信托在民法典体系当中的位置、如何进行主体性登记以及如何完善商事信托的内部治理结构就是对商事信托法人化进行制度安排的三个维度。

二、文献综述

（一）我国文献观点综述

我国有关商事信托定位研究的脉络好比一条时间轴，各历史阶段所面临的现实问题不同，研究的维度与侧重点也有所区别。因此，我国学者对商事信托定位的讨论大多与信托法的制定、资管产品的发展以及监管政策的出台紧密相连。

信托属性“物权论”的观点主要从两种进路推进，一种观点认为信托关系是一种民事财产关系，另一种观点认为其是物权的一种。[1] 持有第一

---

① 参见：江平、周小明：“论中国的信托立法”，《中国法学》1994 年第 6 期，第 53 页；王涌：“论信托法与物权法的关系——信托法在民法法系中的问题”，《北京大学学报（哲学社会科学版）》2008 年第 6 期，第 97—99 页；楼建波：“信托财产关系与物权法原则的冲突——兼论信托财产关系的民法典表达”，《交大法学》2019 年第 2 期，第 21—22 页；陈雪萍：“信托受益人权利的性质：对人权抑或对物权”，《法商研究》2011 年第 6 期，第 73—81 页。

种观点的学者为江平教授与周小明教授，他们认为信托关系在性质上属于民事财产关系，但与传统大陆法系的民法观念又有所区别，不能将其简单归类到物权关系与债权关系。① 由此可知，江平教授与周小明教授的观点主要围绕信托当事人与信托财产之间的关系展开，并首先提出我国作为大陆法系国家在引入信托法时所面临的系统对接问题，即如何在“一物一权”的立法传统中实现双重所有权。令人遗憾的是，前述两位教授并未剖析“一物一权”的物权法传统与双重所有权之间法律冲突产生的原因，也并未对破解之道进行相应的阐释，尽管其提出了一系列信托立法的开创性基本原则，并部分被《信托法》确认。但是，这一阶段学术观点的形成更多是基于域外立法例与理论所形成，那时信托业乃至整个资管产品领域还未实现规范化的运作，并未对理论界提供更多学术观察的视角，因此在信托法中并未涉及如何实现信托财产的独立性以及如何防范信托当事人之间的利益冲突。后来，王涌教授通过后一种进路从信托受益权的角度论证信托的物权法属性，他认为当信托受益权被信托法明确为物权类型之一时，就没有违反物权法定主义对物权类型法定化的要求，而信托受益权作为一种融合性的物权类型，信托当事人对于信托财产权利的切割也不会增加信托当事人以外第三人的信息成本，因为他们只需掌握信托物权的有关信托财产权利的有关权利效力部分的信息。② 此观点一方面对信托受益权的物权法属性进行了证成，并指出信托在民法典体系当中的位置应当归属于物权法谱系，另一方面还指出目前我国信托法急需解决的问题是信托公示应当如何实现。但是，此观点的局限性在于并没有解释信托财产的所有权应当归属于信托中的哪一方当事人，也未论证物债二分的现实背景下，如何将以无形财产为表征的债权置入信托物权当中。正是由于无形财产没有物理形态，也无法通过财产登记或者外观标注对其特殊性进行记录或者标识，因而信托财产独立性下的对世效力无从谈起。而在即将进入“民法典时代”之前，楼建波教授就信托财产的所有权与民法典的关系进行了一次

---

① 江平、周小明：“论中国的信托立法”，《中国法学》1994 年第 6 期，第 53—59 页。

② 王涌：“论信托法与物权法的关系——信托法在民法法系中的问题”，《北京大学学报（哲学社会科学版）》2008 年第 6 期，第 97—99 页。

系统的论证，他认为信托财产所有权在概念层面作为一种不完全所有权或者特殊所有权，民法典应当在物权法部分为信托财产所有权留出必要的位置，以解决信托财产所有权与物权法基本原则之间的冲突。① 这种观点尽管解决了信托法如何跨越民法典时代进入民法典体系的问题，但是忽视了信托财产独立性与信托当事人之间权、责、利如何平衡的问题。即如何通过物权法定位实现无形财产，尤其是债权作为信托财产进入物权法谱系的可能与路径，因而还是没有解决信托财产与信托当事人之间财产的分离问题，更未关注资管产品在运用《信托法》时所面临的治理结构问题。可以认为，将信托定位为财产法或者物权法，其比较法上的理论依据就在于在英国、美国等英美法系国家在对信托的属性进行判断时，将其视为财产权的一种，信托财产权权能的建构需要司法体系对双重所有权的承认。但是，物债二分下的民法典体系，债作为无形财产的一类并不是物权，也无法通过信托公示实现其财产权特有的独立性。

持信托属性“合同论”的学者认为，我国《信托法》将信托合同的类型划定为诺成合同，其原因在于信托的效力来自信托当事人在签订信托文件之时方才成立，此时信托文件方才对信托当事人产生法律上的拘束力，即信托当事人受信托文件的约束，信托财产在委托人/受益人的“注视”下存续。② 杨秋宇博士分别从经济学与实证的角度论证了信托的合同法属性问题，他认为信托契约是确定信托当事人之间权利义务内容的重要载体，也是受托人将信托财产管理的具体情况向委托人与受益人进行定期与不定期报告的直接依据，并以此实现民事主体对信托财产的转移与管理，因此也可以认为信托是通过合同组建起的一种财产权交易结构。同时，在法院的审判实践中，信托法规范的适用弱于合同法，在处理信托争议中所形成的合同法适用倾向也使得信托的合同法属性更加强烈。因此，从本质

① 楼建波：“信托财产关系与物权法原则的冲突——兼论信托财产关系的民法典表达”，《交大法学》2019 年第 2 期，第 21—22 页。

② 张淳：《信托法哲学初论》，法律出版社 2014 年版，第 99 页。

上看信托在我国民法典体系中应当定位为契约。① 笔者认为，信托属性"合同论"的观点照顾到了信托设立的逻辑起点是依靠信托合同完成的客观现实，但是忽视了信托的设立除了需要缔结信托合同，还需要完成信托财产的所有权转移。在东亚地区的日本、韩国以及我国台湾地区，均明确规定信托财产所有权由受托人享有，但是权属的简单转移必然无法实现信托财产与信托受托人其他财产的区隔，也不能当然产生对外部第三人的公示公信效力。因此，如何通过立法技术的突破实现信托财产对抗外部第三人的权利请求，应当成为信托制度解决的首要问题，这也是与委托代理制度的本质区别。所以，如果将信托定位为合同关系，则存在片面强调信托当事人内部关系，忽视信托当事人、信托财产以及外部第三人关系的问题。此外，法院在审判信托纠纷中所表现出的合同法适用倾向，本质上是对信托制度的一种"误读"，其本质是将信义义务与合同条款约定相等同。但是，信托制度的另一基石就是信义义务对受托人行为的约束，其法理功能主要出于信托期间，对信息不对称可能造成受托人机会主义倾向的私法规制。② 其判断的标准就在于受托人是否考虑委托人与受益人的权益，是否做到诚实守信与忠实勤勉。因此，理论上在面对法院的合同法适用倾向时更应冷静思考，针对信托合同的不完全性特征，应当如何动态调整受托人的权利义务内容，进而实现信托当事人之间治理结构的平衡。

关于信托定位讨论的第三种观点为信托属性"法人说"，此种观点经历了"组织法说""主体性说"与"法人说"三个阶段的嬗变。

第一阶段为"组织法说"，持该观点的学者认为商事信托的法律定位从本质上看是组织法的一个分支。③ 王文宇教授通过资产分割理论分析公

---

① 杨秋宇："《信托法》的合同法化适用倾向及其应对"，《湖南农业大学学报（社会科学版）》2019 年第 6 期，第 68—71 页。

② ［美］罗伯特·H. 斯蒂科夫："信义法的经济结构"，陈大创译，《研究生法学》2013 年第 5 期，第 150 页。

③ 参见：王文宇："商业组织之核心法则——以公司、信托、合伙为例"，《法令月刊》2002 年第 1 期，第 11 页；何正荣："现代商事信托的组织法基础"，《政法论坛（中国政法大学学报）》2006 年第 2 期，第 146 页；施天涛、周勤："商事信托：制度特性、功能实现与立法调整"，《清华法学》2008 年第 2 期，第 117—119 页。

司、合伙以及商事信托的组织法特征，认为商事组织的本质特征在于资产分割，而资产分割所形成的对世效力离不开强制性法律规范的授权。① 何正荣博士则是通过资产分割与破产隔离、有限责任两个维度论证了商事信托的组织法特征。② 而施天涛教授与周勤博士则是从商事信托的设立是否必须以信托财产的现实存在与是否已然转移至受托人名下为前提条件、受益人取得信托受益权的有偿性、受托人对委托人意愿的态度以及委托人与受托人的利益保护机制四个方面论证商事信托的组织法定位。③ 由此可知，“组织法说”观点的形成，一方面以汉斯曼教授的资产分割理论为基础论证信托财产与信托当事人之间所形成的正向、反向财产防御效果具有组织法的特征，另一方面通过分析商事信托在运作机理方面具有组织法特色，而应当与民事信托进行区分。除此之外，朱圆教授在承认信托具有合同法定位、物权法定位以及组织法定位的基础上，认为从整体上看信托更适合定性为组织法。④ 持此观点的学者观察到了商事信托的制度特色在于通过资产分割实现不同信托当事人之间的财产权的切割与分离，但是忽视了如何实现信托财产独立性的问题。毕竟，缺少公示公信机制“护航”下的信托财产，其对世效力无法对第三人产生对抗效力。同时，此观点由于未与组织法的上位概念相关联，因而只能将组织法视为商事信托的一个面向，不能将其视为商事信托的基本属性，因为基本属性判断关乎商事信托在民法典体系中安排的选择。

第二阶段为“主体性说”，部分学者在组织法的基础上提出商事信托具有法律主体地位的特征。陈雪萍教授认为，商事信托一方面具备独立的财产，由于信托的所有权不归属于任何一方信托当事人，因此可以“天

① 王文宇：“商业组织之核心法则——以公司、信托、合伙为例”，《法令月刊》2002年第1期，第5—6页。

② 何正荣：“现代商事信托的组织法基础”，《政法论坛（中国政法大学学报）》2006年第2期，第140页。

③ 施天涛、周勤：“商事信托：制度特性、功能实现与立法调整”，《清华法学》2008年第2期，第117—119页。

④ 朱圆：“论信托的性质与中国信托法的属性定位”，《中外法学》2015年第5期，第1227页。

然”通过法律实体实现对信托财产独立性的保护，另一方面独立的人格与独立责任也成为其实现主体性的前提条件。① 而陈一新博士则从信托定位“物权法论”与“合同法论”的解释力出发，认为权利客体作为商事信托法律属性的解释力有限，因此应当将信托法律定位的研究思路由权利客体转向权利主体。她认为，对信托法律定位的讨论从本质上还是信托财产的所有权由谁享有的问题，当信托财产表现出强烈的主体性倾向时，则意味着信托财产并未由信托当事人享有所有权，而是一个拟制的法律主体。由于信托具有独立的信托目的，因此可以产生独立的意思表示、独立的财产与责任，由此信托具备了成为民事主体的基本条件。② 支持商事信托具有主体性的观点是对商事信托定位“组织法说”的进一步完善，但仍然没有对商事信托在我国民法典体系当中的位置进行判断，更未回答如果商事信托可以作为权利主体的一员，应当如何进入我国的民法典体系？这也是商事信托在实践中取得主体性地位的元问题。

第三阶段，在我国进入“民法典时代”之前，开始有学者认为商事信托应当定位为法人，同时并入我国民法典体系的法人之中。李宇教授认为，信托财产独立性所形成的资产分隔效果与法人没有什么区别，而法人所形成的内部治理机构也可以实现从法院监督到受益人主动管理的转变。③ 王涌教授认为，从理论角度分析，信托应当是一种隐形的法律主体，即如果没有成文法对信托的法律主体地位进行确认，那么受托人只能以自己的名义从事信托行为。但是，当信托被成文法确认为法人时，则意味着这种隐形的法律主体随之浮出水面，并客观、真实存在。从英美法系国家的信托法制的发展状况来看，成文法中逐渐开始倾向于承认商事信托的法律主体资格，本质在于承认其的法人主体地位。④ 张永健教授认为，过去的理论认为非法人组织不是法人的原因在于有关法人学说渊源的狭窄认定，另

---

① 陈雪萍：“商事信托之商主体地位研究”，《法商研究》2010 年第 6 期，第 102—109 页。
② 陈一新：“论信托财产的主体性”，《交大法学》2019 年第 2 期，第 77—81 页。
③ 李宇：“论作为法人的商业信托”，《法学》2016 年第 8 期，第 15 页。
④ 王涌：“法人应如何分类：评《民法总则》的选择”，《中外法学》2017 年第 3 期，第 642—643 页。

外也是为了保护债权人的利益，所以对商事组织的资产分割程度作以区分。其实，法人的本质特征主要在于是否可以以自己的名义独立从事商事法律行为、成为诉讼当事人以及是否以拟制法律主体的名义享有财产的所有权，因此法人的概念可以将信托吸入其中。① 此类观点在承认商事信托具有主体性法律地位的基础上，进一步明确商事信托的属性为法人，因而也可以推知当商事信托进入民法典体系时，其归宿应当选择权利主体之中的法人。但是，在《民法典》中，除了法人为法律拟制下的民事法律主体，还有一类拟制的民事法律主体为非法人组织，因此前述观点并未解释商事信托为什么应当选择法人，而非非法人组织。除此之外，前述观点的论证视角要么从国外的立法经验入手，要么从法人基础理论切入，论证信托法人化的可能性，鲜有学者以信托法在我国的实践价值作为研究进路，分析为什么应当将商事信托定位为法人，以及如何在我国民法典体系中实现对商事信托的法人化制度安排。

（二）国外学者观点综述

长久以来，关于商事信托的法律定位问题也是域外信托法学者所关注的焦点问题。

其中，有的学者秉持商事信托法人定位的观点。梅兰特认为，从历史的角度观察，信托制度与法人制度之间的联系至少已经存在四个世纪以上。在英国，任何种类的资本联合体，只要有足够的实力，都流行被称为“信托”。相较于自然人，法人在没有出现法定或约定终止条件时并不会终止，可以成为可靠且持久的受托人角色。② 因此，谢尔顿·琼斯、劳拉·莫雷特和詹姆斯·史迪则运用历史分析方法提出，1860 年英国公司法案颁布以前，投资信托在英国是一种自愿的联合，通过管理复杂的信托财产减少投资者的投资风险。根据更早期的观点显示，这时的商事信托具有非法人化、自愿联合及信义义务的特点。在英国公司法颁布以后，这些联合体

① 张永健：“资产分割理论下的法人与非法人组织：《民法总则》欠缺的视角”，《中外法学》2018 年第 1 期，第 80 页。

② ［英］F. W. 梅兰特：《国家、信托与法人》，樊安译，北京大学出版社 2008 年版，第 155 页。

被要求进行主体登记，但仍然保持信托的组织形式。19 世纪末 20 世纪初，马州商事信托被广泛应用于街道、铁路、电力和燃气公司的投资之中。之所以马州信托在这类投资中被广泛应用，原因在于公用事业发行的资本数额具有法定要求的限制，以及一个公司是否可以拥有公用事业的控股权在当时是不确定的，而马州信托恰恰可以发行无限量的资本。① 由此可知，在英国与美国，信托制度已经不再局限于家族财产传承一隅，更多的是一种组织法下财团联合体，并且被要求进行主体性登记。信托公示既可以是对受托人所持有信托财产所有权特殊性的公示，也可以是对商事信托作为法人时的主体性登记。当信托财产登记的财产权无法实现对设立信托的财产权类型的全覆盖时，通过赋予商事信托以法律主体资格并对其主体性进行登记，或许是一种全新的信托财产独立性的塑造方式。美国学者汉斯曼教授与意大利学者马太教授认为，不应当将信托法的研究重心停留在传统的用益制度之上，因为这种家庭财富的转移分配方式在现实社会中所扮演的角色已经微不足道，其功能更多的是应用于以商事目的为主的资本市场当中。从本质上来看，信托法创设了一种独立于委托人、受托人与受益人的主体，在这种法律制度设计下，可以很容易组织或重组他们与大量第三人之间的合同关系。② 我国学者在研究信托法时也存在同样的问题，即以财富转移作为研究信托制度的逻辑起点，缺少对信托在我国实践场域的深入观察。以此为鉴，本书将转换观察视角，更多关注商事信托在英美国家的发展现状以及在我国的实践经验分析。美国学者罗伯特·希特科夫教授认为，共同基金是开放式的组织，投资人可以随时申购或赎回。作为剩余索取权人的投资人，其利益可以随时转让以实现对代理成本的监督与控制。③ 美国学者弗兰克尔教授认为，商事信托可以

---

① Sheldon A. Jones, Laura M. Moret & James M. Storey, The Massachusetts Business Trust and Registered Investment Companies, 13 DeL. J. Corp. L. 421, 423 (1988).

② Henry Hansmann, Ugo Mattei, The Functions of Trust Law: A Comparative Legal and Economic Analysis, 73 N. Y. U. L. Rev. 434, 434—479 (1998).

③ Robert H. Sitkoff, Trust Law, Corporate Law, and Capital Market Efficiency, 28 J. Corp. L. 565, 566—588 (2003).

按照发起人的意愿设计信托的组织形式，且只受市场压力与判断的影响。但是《特拉华法案》的内容不仅限于此，它包含了高度宽松的法律条款，给予商事信托的发起人惊人的自由度作为安排信托当事人之间关系的依据。商事信托定义中所体现的灵活性，赋予委托人/受益人可以自主对各类型商业需求组织交易，这种灵活性与特拉华州的契约自由政策相一致，同时也是其最大的特色。[①] 同时，在大陆法系国家日本，也有学者认为商事信托为权利主体的基本类型之一，四宫和夫教授认为信托法的功能在于实现信托财产与信托当事人的固有财产分离的法律效果，可以通过拟制的方式认可信托财产是独立于信托当事人以外实质上的民事权利主体。[②]

由此可知，在英美法系国家晚近以来，无论从历史考察还是理论观点论证，不同维度的观点都认为商事信托具有组织法定位、主体性定位或法人定位。但是，前述观点的提出并没有基于大陆法系中有关法人的理论框架搭建，因此尚待解决的问题是，理论上能否将商事信托进行法人化？

另外，有的域外学者并不承认商事信托具有的法人特征，例如日本的能见善久教授认为，即便信托财产的所有权类型会在受托人的信托行为之下随时发生变化，但是并不意味着所有权类型发生变化后的财产不属于信托财产范畴，应当将承认信托财产独立性和承认信托财产的法人人格两个问题相区分。[③] 尽管信托财产独立性与法人人格是两项完全不同的法律概念，但是在组织法的功能上具有相似性，即当信托财产登记无法覆盖所有的财产权类型时，如何对无形财产的独立性进行制度塑造，这是能见善久教授的观点所忽视的。因此，能否通过法人人格解决大陆法系中信托财产的独立性，有待本书对其实践价值进行更加深入的分析。

① Tamar Frankel, The Delaware Business Trust Act Failure as the New Corporate Law, 23 Cardozo L. Rev. 325, 325—346 (2001).

② ［日］新井诚：《信托法》，刘华译，中国政法大学出版社 2017 年版，第 39—40 页。

③ ［日］能见善久：《现代信托法》，赵廉慧译，中国法制出版社 2011 年版，第 47 页。

三、研究方法

（一）文献分析法

文献分析法是本书研究主题最基本的研究方法，即通过对与主题相关的专著、论文、生效裁判以及互联网资料进行搜集整理，以研究对象的性质和状况为分析对象，并从中引出自己观点的分析方法。① 以商事信托为中心搜集有关信托法律定位研究方面的文献资料，以探明现阶段的研究现状、理论争鸣，最终归纳出现阶段研究内容一般理论与局限性，在此基础上对商事信托可以实现法人化的理论基础、现实价值以及制度建构进行学理方面的分析与制度方面的证成。

（二）分析法学研究法

不同法律概念之间既具有相似性，也具有差异性。因此，有必要对不同的法律概念之间的相似性与差异性进行比较分析，确定法律概念的内涵与外延，最终明确一个法律概念在使用时所涵摄的范围。② 例如，世界各国对于信托的定义并不完全相同，定义之下所能提取出的核心元素也有不同的理论解释。通过分析法学研究法的运用，分析出形成信托关系所应当具备的一般元素，并以此作为本书的理论框架探讨商事信托法人化的实践价值。

（三）历史分析法

研究商事信托是否可以成为法人类型的一种，离不开对事物的发展变化进行历史考察，对不同历史阶段的特点与发展趋势加以归纳总结，最终形成对商事信托的法律定位提出符合其本质面貌的基本理论。

现阶段，无论是英美法系学者，还是大陆法系学者，在谈论商事信托历史时仍然以用益制度为逻辑起点，因此理论的形成与制度的建构也是以有形财产持有为中心。但是，商事信托晚近以来在英美国家的实践已经与

---

① 何海波：《法学论文写作》，北京大学出版社 2014 年版，第 55 页。

② 王涌："作为民法方法论的分析法学导论"，《南京大学法律评论》1999 年第 2 期，第 15—16 页。

用益制度相去甚远，一方面原因在于信托财产的财产权类型由有形财产转变为无形财产，另一方面原因在于信托从财产持有的工具转变为资产管理媒介，因此值得追根溯源弄清楚商事信托制度变迁的来龙去脉。在我国，用益制度在制度环境与制度功能方面与我国的信托实践相去甚远，那么“信托”在我国的历史流变、功能定位以及制度需求是什么，值得通过历史分析的方法追本溯源，最终为我国商事信托的法律定位提供更多的本土资源支持。

（四）比较法分析法

比较法分析法是法学研究当中的常用研究范式，主要通过搜集材料、比较分析的方式研究不同国家法律制度的相同点与不同之处，因此也是研究某一特定法律制度的基本方法。

本书中，比较法分析法主要对信托制度在不同国家民法典体系当中的位置进行比较研究，归纳出信托进入我国民法典体系的理论进路，论证我国商事信托成为法人的可能性。目前，我国的信托制度主要应用于资管产品当中，不同国家的资管产品与信托法制的交互关系又能为我国信托法的塑造提供哪些有益借鉴，值得进一步分析论证。

（五）个案分析法

近年来，有关商事信托制度在金融实践运用中的新闻报道或生效裁判文书，无一不反映出《信托法》在信托财产独立性的塑造、信托当事人之间权利义务内容的平衡方面展现出力所不逮的疲态。因此，谈及信托定位法人化的实践应用价值，离不开对社会现实问题的深入分析。本书中，笔者以专家学者在社会热点问题中的争议观点、法官在生效裁判中的结论为研究对象，分析其中理据的局限性，并与我国《信托法》进行关联，论证商事信托制度在实践运用中面临的困境与解决方案。

（六）经济学分析法

商事信托制度作为一种主要应用于金融实践的商事法律制度，除了需要考虑交易安全的问题，还需要满足其在金融商事实践当中的经济效率需求。目前，大陆法系国家信托法学者，对其进行理论分析与制度建构的视角大多以交易安全为切入点与落脚点进行论证，忽视经济效率也是商事信托制度需求的应有之义。因此，在本书中通过制度经济学基础理论、博弈论的观点对目前商事信托制度中存在的问题进行剖析，并以效率价值为切入点论证商事信托法人化的实践运用价值。

四、创新与不足之处

（一）创新之处

第一，研究对象的创新。以商事信托的法律属性为研究对象，论证商事信托法人化的理论可能性与实践必要性。进入“民法典时代”时，商事信托制度与《民法典》的融合问题不得不谈。以商事信托的权利客体定位为论证的切入点，分析财产法、物权法以及契约法的传统属性“痛点”，为权利主体模式的确立打开一个突破口，最终突破商事信托法律属性研究的重复性困境，也为信托制度的立法调整提出了切实可行的建议。

第二，研究视角的创新。在以往的信托法研究中，大多数学者的理论分析框架来自传统民事信托理论，对商事信托发展历史、现实金融实践所产生的制度需求关注较少。因此，本书的论证加入了对英、美、我国商事信托发展的历史考察，以说明现代商事信托制度与传统民事信托的不同之处与现实特征。同时，本书的诸多研究视角也来自一线实践经验观察，结论的作出也是为了回应资管产品运作中对信托法提出的实践挑战。

第三，研究方法的创新。本书坚持理论研究与实践经验的结合、我国现实与域外经验的比较、历史沿革与当下发展的延续以及安全与效率的价值导向，突出文献分析法、分析法学研究法、经济学研究法、历史分析法与个案分析方法等，最终实现制度建构从以交易安全为中心到安全与效率并举，从治理结构中的形式监督架构到监督权的独立与平衡，最终弥补传统信托法研究在传统民法基础理论束缚下忽视效率价值的不足。

第四，学术观点的创新。其一，在我国的民法典体系当中，有限责任应当成为我国法人概念的基本要素之一。因而，当商事信托在历史维度、学理论证以及实证比较层面上可以成为法律主体时，其在我国民法典体系当中的位置应当归属于“其他法人”。其二，笔者基于商事信托的法人化倾向提出对商事信托的实践场域——资管产品进行信托主体登记的制度设想，通过对资管产品进行主体性登记以实现信托财产的独立性。其三，现阶段，信托制度在运用于资管产品中所建构起的治理结构系以受托人为中心的平面图形结构，其问题表现在信托当事人之间法律关系的建立以受托人为连结点，监督者无法形成对受托人的有效监督。当商事信托的法人化实现之后，治理结构也由平面图形转为立体框架，信托当事人之间的法律关系不再以受托人为中心建立，而是以信托法人为连结点。通过对信托当事人之间权利义务内容的重新分配，最终实现不同角色受托人之间的权力制衡。

（二）不足之处

选择商事信托的法人化作为笔者的博士论文选题，系在资管产品实践经验观察之上，围绕我国信托法研究的基础理论研究形成的，意在解决现阶段资管产品对我国信托制度所提出的时代性挑战问题。因此，面对资管产品对《信托法》的制度需求，在谈及商事信托的法人化问题时，论证框架更多地倾向于围绕信托核心元素展开，即有针对性地论证商事信托在资管产品的运作中能否成为法人，法人化对信托财产独立性、信托当事人之间的制衡关系有什么裨益以及如何与我国民法典体系融合的问题。在笔者的博士论文基础上修改而成的本书并未对法人化的商事信托在资管产品中的其他实践价值进行深入的分析论证，例如资管产品中受益权凭证的净值化问题、投资者份额的证券化问题，抑或是资管产品之间的并购、重组问题，而这些问题在域外的信托法和资管产品中已得到较为稳妥的解决。应当说，法人化对于商事信托制度的重新塑造，绝对不是简单的信托财产独立性的实现与治理结构的完善两方面价值，但这两方面价值又是商事信托法人化的基本理论问题。因此，论证并未超出信托的核心元素这一基本的理论框架，并未对我国资管产品中其他需要依靠《信托法》解决的现实问题进行分析论证，也成为本书的遗憾。希望在未来的工作当中可以站在更高的视角，在更多的文献资料基础上，为我国信托法制建设贡献自己的智力支持。

第一章

信托的商事定位概述

第一节　信托概念的理论阐释

一、信托概念的对比分析

（一）英美法系的信托概念

信托制度肇始于英国，那时并没有统一的信托法规范，具体规则是以判例法的形式呈现。后来，即便出台了《1925 年受托人法》《2000 年受托人法》，但都是对受托人行为的规范，未对信托的基本概念进行定义，因而无法在成文法规范中对信托的基本概念进行提取。① 然而，英国的规范性法律文件中缺失对信托概念的界定，并不意味着学理上无法对信托概念进行界定，其中最负盛名的莫过于米兰达作出的定义，“当一个人出于特殊的目的，或者必须为第三人行使权利，我们就说此人基于信托而承担此种义务，一般情况下将其称为受托人”。② 这一早期的概念尽管不是规范的信托概念，但是从其定义中可以发现，其内涵一方面指出信托关系以受托人为中心，受托人是信托行为的实施主体，另一方面包括了信托目的，即受托人为了其他人的利益的行为为信托行为。而在英国的财产法学者看来，本质上信托就是一种财产权利，劳森和拉登在《财产法》一书中，更是直接将信托列入财产权的分类当中。③ 晚近以来，英国学者佩蒂特将信托定义为一种财产关系，其中受托人为了一位或者数位受益人的利益拥有

---

① 除此之外，英国有关信托的法律规范还包括《1960 年公共受托人法》《1925 年财产法》《1958 年信托变更法》《1961 年受托人投资法》《1986 年公共受托人和基金管理法》《1996 年土地信托和受托人任命法》等，但均未能对信托在法律概念上进行任何形式的定义。

② Maitland，Equity：A course of Lecture，Cambridge University Press，1936，p. 44.

③ ［英］劳森、拉登：《财产法》，施天涛等译，中国大百科全书出版社 1998 年版，第 36—37 页。

信托财产的普通法所有权，而受益人享有衡平法上的所有权。[①] 通过对理论学说观察可知，从文字表述上来看，信托并没有精准而唯一的定义，但其定义的核心元素离不开信托的目的、受托人与受益人以及信托财产。

而美国，虽然在18世纪末通过独立战争实现政治上的独立，但其司法体系依然延续英国的普通法与衡平法并存的法律传统。因此，在20世纪以前，美国信托制度的运行没有依靠统一的成文法实现。直到20世纪初，为了避免法律体系的庞杂与法律适用上的混乱，才开始慢慢出现信托成文法规范。众所周知，美国作为典型的联邦制国家，除了联邦层面拥有独立的立法权，每个州都享有独立的立法权，因此每个州都或多或少都制定了信托法。[②] 各州的信托法虽然从法源上看都符合信托法的基本原理，但是在细微之处仍然存在差别，这就导致美国联邦开始制定一些有关信托的单行法，例如《1939年信托契约法》《1940年投资公司法》等。自20世纪60年代以来，美国立法机关为了统一信托法在不同州法律适用上的差异性，逐渐开始尝试对信托进行成文法立法，以实现对信托法律关系的统一调整目标，但最终并未将其成文法化。[③] 同时，理论界也开始尝试对信托进行法律重述，以实现对信托法律关系定义的统一。直到2008年，已完成第三次《信托法重述》编纂。虽然法律重述并不是一份严肃的法律规范，但是在法学家的努力下，其对美国信托法阐释的权威性与实践指导意义是非常大的。《美国第三次信托法重述》将信托定义为"在没有慈善、归复、推定等词的限制的情况下，特指一种以信托财产为中心所建立的信义关系，其中需要委托人有明确设立信托的意思表示，还需要信托的目的是为了一位或者多位以上受益人的利益，同时还需要受托人持有并管理委托人所转移之信托财产"。[④] 由此可知，美国法学会倾向于将信托定义为一种信义

---

① ［英］飞利浦·H. 佩蒂特：《佩蒂特衡平法与信托法》，石俊志译，法律出版社2020年版，第43页。

② 金月蓉："美国的二元立法体制及其对我国的借鉴意义"，《甘肃政法学院学报》2004年第2期，第92页。

③ 陈友春："海牙《关于信托的法律适用及其承认公约》研究"，西南政法大学博士学位论文，第20页。

④ 参见：Restatement of（Third）Trusts（2008）§2。

关系。

通过对英国与美国学者观点的初步比较分析可知，信托的概念具有以下三方面特点：

第一，信托概念的形成依靠法学家著述。英美国家没有统一的成文信托法规范，因而对于信托概念的定义，大多来自法学家的著述，在立法上无法判断其基本元素由哪些法律概念组成。而法学家对于其概念的内涵的认知，主要来自普通法院法官与衡平法院法官对受托人与受益人不同所有权类型的分别确认。其中，受托人拥有信托财产的所有权，其权利会得到普通法院的私法确认，最终实现受托人可以以自己的名义持有并管理信托财产，而受益人的衡平法所有权以衡平法院的司法确认为前提，因而其权利存在落空的可能。

第二，信托当事人（委托人、受托人以及受益人）确定、可识别的信托财产以及信托目的成为英美法系中信托概念组成的基本元素。同为普通法国家的英国和美国，其学者对于信托的定义也不尽相同。前者倾向于将信托定义为财产权的一类，而后者更倾向于将信托定义为民事法律关系的一种。但是，无论如何定义，信托概念都是以前述基本要素为框架进行搭建。

第三，信托的设立与运行都围绕信托财产展开，所以信托的成立以以下前置条件的达成为前提：其一，信托财产确定且委托人向受托人真实转移信托财产所有权；其二，受益人的信托利益具有确定性，否则可能造成信托不能设立的法律效果，此时受托人需要向委托人返还财产，或者向委托人进行信托归复。其核心直接关系到信托财产的所有权如何与委托人实现法律分离，并可使受益人向受托人主张信托受益权。而这也成为大陆法系国家引入成文信托法所需要面临的首要问题。

（二）亚洲大陆法系的信托概念

20世纪初，日本国内经济发展面临资金匮乏的现实困境，为了支持新兴产业发展，在引进西方先进工业技术与制度的同时，也将信托法律制度一并引入作为资金来源的制度保障，故而成为亚洲大陆法系国家或中第一个颁布信托法的。[1] 此处需要指出的是，日本制定信托法的背景与我国制定信托法的背景相似，其目的都在于规范信托公司的运作。日本先制定了《信托业法》，但该法的制定并没有解决“什么是信托”的问题，因此于1922 年又制定了《日本信托法》。当时，英美法系国家并没有信托成文法，只有作为英国殖民地的印度将信托判例成文法化，所以 1922 年《日本信托法》的制定以印度信托法为参考。[2] 随后，日本分别于 1947 年、1979 年和 2004 年对其进行了技术性调整，对规范本身并未做实质性的修改。随后在 2006 年日本的信托法重新进行了修订，这次修订可以说是对《日本信托法》系统性的调整，核心主要表现在对“信托”的定义进行了变更。在此之前，“信托”被定义为“本法所知信托，系指有财产权转让和其他处理行为，令别人遵照一定目的进行财产管理或处理”[3]，2006 年的《日本信托法》第 2 条将信托定义为，“本法所称信托，指以次条各款所载方法，特定人基于一定的目的（专为该特定人之利益为目的者除外），为财产管理、处分或其他为达成该目的所必要之行为者”[4]。通过对比 2004 年与 2006 年两版《日本信托法》的“信托”概念的变化可知，2004 年版的信托法对“信托”的定义以受托人基于信托目的对信托财产的转让与管理行为为中心，忽视了信托行为的一般要素，即受托人行为的合理性限度，而 2006 年版的信托法除了强调受托人的信托行为应当以信托目的为指导外，同时还强调了信托行为的合理性与必要性，即受托人的信托行为需要以信托目的实现为必要条件，且不能超出这个必要条件。因此，从受托人信托行为的角度看日本信托法的定义，修法的内容更加强调对受托人行为标准的合理性要求。

韩国的信托法从创立至今都是以日本信托法为重要参照样本，采取信托法与信托业法分立的立法模式。在 1961 年颁布的《韩国信托法》中，

---

① 何锦璇、李颖芝主编：《亚洲大陆法系国家和地区中的信托法》，查松译，法律出版社 2020 年版，第 5 页。

② ［日］樋口范雄：《信托与信托法》，朱大明译，法律出版社 2017 年版，第 35 页。

③ 参见《日本信托法》（2004 年改正）第 1 条。

④ 参见《日本信托法》（2006 年修改）第 2 条。

立法机关将法律规范的信托类型明确为商事信托与慈善信托两大类，其中商事信托主要调整内容为资金信托、证券信托及不动产信托。随后，为了应对国际金融产品的创新与发展需求，韩国于2006年与2011年两次修订了信托法。在2011年修订的《韩国信托法》中，第2条将信托定义为“以信托指定者与信托接受者间特别信任关系为基础，信托人将特定财产权利转移给受托人，或经过其他手续，请受托人为指定人的利益或特定目的管理和处分其财产的法律关系”。由此可知，其概念以信托当事人、信托财产以及信托目的为基本元素，以规范信托当事人之间的法律关系为中心。从这个角度来看，韩国的信托法倾向于将信托定位为一种契约关系。

我国台湾地区的信托相关规定颁布之前有关信托的内容与规则大多由司法判例与“行政法令”规范。1970年，我国台湾地区行政当局为了刺激经济发展，开放信托投资公司的设立，随之对“信托立法”的呼声也日益强烈。但是，台湾地区司法当局并没有响应社会呼声先期进行“信托立法”，而是通过行政当局以颁布“行政法规”的形式规范信托公司的运作。1973年，我国台湾地区行政当局颁布“信托投资公司管理规则”，其中主要对台湾地区信托公司的经营内容进行了明确具体的规定。① 从本质上看，台湾地区立法当局将信托公司视为一种经营金融业务的商业机构，其业务领域与银行业无异，并未将其视为一种英美法系的传统民事法律制度。在随后的信托业发展中，我国台湾地区的信托业逐渐认识到“信托法规”对于信托法律关系的基础性规范作用，台湾地区“最高法院”也逐渐对一些围绕信托所需要的法律概念进行司法创设，并为台湾地区“信托法”的制定奠定学说基础。② 后来，我国台湾地区的地方立法当局颁布地方性的信托法规，并将信托定义为“委托人将财产权移转或为其他处分，使受托人

---

① 我国台湾地区“信托投资公司管理规则”共计9章60条，其中规定，信托投资公司的业务范围为：信托业务，包括普通信托资金、特定信托资金、零存整付信托、退休基金信托、职工储蓄信托、不动产信托、年金信托；授信业务，包括对企业中长期贷款、融资租赁、住宅贷款、一般保证业务；保管箱业务；其他业务，包括证券投资、一般投资、服务代理。

② 王志诚、赖源河：《现代信托法论》，中国政法大学出版社第2002年版，第10页。

依信托本旨，为受益人之利益或为特定之目的，管理或处分信托财产之关系”。①

管见以为，从前述各大陆法系国家或地区信托概念的形成过程与规范定义比较后发现，其具有以下三方面特点：

第一，信托概念内涵具有二重性特点。在前述国家或地区，信托最初并不是民事法律关系的一种，而是作为金融业态的一类引入，其创设的目的在于为本国或本地区的发展建设导入大量的境外资本。后来，为了维护信托作为一种金融产品基础法律关系稳定的需要，最终制定本国或本地区的信托法。因此，从前述国家或地区的信托法立法中可以发现，信托概念所涵摄的实践场域并不局限于民事、慈善或商事其中一隅，但其主要功能还是作为一种金融产品的基本法以维护交易结构基础法律关系的稳定，从而具有了概念内涵的二重性特点。

第二，信托财产归属于受托人。通过前述概念的列举与分析可知，信托生效的前提是委托人将自己合法持有的财产转移至受托人的名下，而受托人对信托财产的支配权以信托生效为基础所形成，以受托人为形式上信托财产的所有权人为基础。

第三，核心元素方面具有相似性。综上可知，尽管对于信托的定义在语言文字的表述上千差万别，但前述国家或地区的信托概念都是围绕信托当事人、信托财产以及信托目的展开。

（三）国际公约的信托概念

从20世纪开始，各国人口、资产的自由流动变成一种趋势。人口与资产的流动必然导致一国法律体系跟随现实需求作出调整，由此出现了英美法系下的信托制度如何与大陆法系没有衡平法传统国家地区的法律制度实现对接的问题。信托关系的当事人为大陆法系国家地区的自然人或法人，信托财产的所在地为某大陆法系国家地区境内，应当如何处理物权绝对性与双重所有权之间的法律冲突就成为国际社会所需要面临的问题。将现实放大，如果一个信托法律关系的各方当事人的国籍分属不同国家，或是具

---

① 参见我国台湾地区“信托法”第一条。

有双重国籍，或涉诉的信托财产中有多项财产在不同国家登记，那么由此衍生出的法律冲突便是在没有确立信托制度的国家，因信托法律关系而引发的法律纠纷，应当如何确定准据法就成为各国司法机关需要面临的问题。时任海牙国际司法会议的秘书长 Dyer 先生就曾说过，具备信托法的国家与不具备信托法的国家之间解决法律冲突的核心在于在没有信托法的国家应当如何识别信托法律关系。①

1984 年 10 月 8 日，相关缔约国代表共同签署海牙《关于信托的法律适用及其承认的公约》，其中第 2 条将信托定义为“财产授予人为了受益人的利益或者特定的目的，而将财产置于受托人的控制下，并在财产授予人在世或者去世时创设的法律关系”。由此可知，国际公约并没有将信托视为金融工具的一种，而是一种纯粹的民事法律关系。其概念由信托当事人、委托人意欲通过信托实现的目的以及受托人管理运作的权利客体三部分要素组成。但是，国际公约的概念内涵与英美法系以及亚洲大陆法系国家或地区信托概念的不同之处在于，限缩信托财产的财产权类型。海牙《关于信托的法律适用及其承认的公约》第 2 条第 2 款规定，公约下的信托财产为货币资金，委托人不能将土地、房产以及其他财产权利作为信托财产设立信托。因此，海牙《关于信托的法律适用及其承认的公约》缔结的目的也是实现不同国家间财产管理制度的接轨，弥合拥有信托法与不拥有信托法国家之间的制度缺口。

二、信托的核心元素

从前述世界各国、地区及国际公约信托法中对信托概念对比分析可知，尽管相同的概念在表述上千差万别，但是仍然可以从这些概念中提取

---

① 参见 Adair Dyer & Hans Van Loon，“Report on trusts and analogous institutions”，Proceedings of the Fifteenth Session of the Hague Conference on Private International Law 1984，Tome II – Trusts – Applicable law and Recognition，The Hague：Permanent Bureau of the Hague Conference，October 20，1984，p67，转引自陈友春：“海牙《关于信托的法律适用及其承认公约》研究”，西南政法大学博士学位论文，第 64 页。

具有共性的法律概念，可以将其称为核心元素。

（一）信托目的/意图

信托的设立，就意味着委托人对自己财产权的处分，因而就需要对委托人的财产权处分行为进行意图判断，即到底是买卖、赠与还是信托，只有在意图被确定为信托时，受托人才明确承担作为财产接受者所承担的信托义务。① 正如“*Twinsectra Ltd v. Yardley* 案”的判决所说，“一个委托人必须有设立信托的必要意图”。② 一般认为，在明示信托当中，委托人在设立信托中也需表现出实际意图，比如信托的意图是赠与性，或是商业性，因此，信托意图是否明确是信托成立的前提条件。③ 在英国的判例中，普通法院对于委托人信托意图的判断采取实质重于形式的方式，即便在信托设立时并未采用“信托”“委托人”或者“受托人”的表述，但只要从信托当事人的语言表达或是行为中可以判定有信托设立的意图，就可以认为信托已经成立。

然而在大陆法系国家或地区，信托的设立除了需要委托人作出设立信托的意思表示，同时还需要对受托人管理处分的权限进行划定，立法例将其称为信托目的。④ 在我国《信托法》中，有关“信托设立”一章明确指出，信托的设立需要以合法的目的为前提，并在第十一条对信托目的的合法性判断问题进行了法条列举，其中分别规定“违反法律、行政法规或者损害社会公共利益”与“以诉讼或者讨债为目的”所设立之信托，并不产生信托生效的法律效力。而在我国台湾地区“信托法”中，除了规定信托目的不能违反“强制或禁止规定”“进行诉愿或诉讼为主要目的”，还不能“违反公共秩序或善良风俗”“受让特定财产权之人为该财产权之受益人”以及“有害于委托人之债权人权利”，否则所设之信托无效或者可撤销。

---

① ［英］斯蒂芬·加拉赫：《衡平法与信托法：数世纪的结晶》，冷霞译，法律出版社2020年版，第174—175页。

② See Rebecca Clarke, The Quistclose Trust – A Welcome Facilitator of Corporate Rescue, 26 NOTTINGHAM L. J. 130, 133 (2017).

③ 刘正峰：《信托制度的民法分析》，江苏大学出版社2016年版，第41页。

④ ［日］能见善久：《现代信托法》，赵廉慧译，中国法制出版社2011年版，第20—21页。

而在其他国家，《日本信托法》对信托目的的限制性规定，也不单单限于是否合法的范围，同时还包括法律对受益人财产权的限制，排除以诉讼行为为目的的信托设立行为以及为诈害债权人而设立的信托可以撤销。由此可知，其他东亚国家或地区的信托立法例对于信托目的的禁止性规定与我国《信托法》相比更加严苛，也表现为我国立法机关对信托的设立效力问题秉持更加开放的态度，扩大了信托生效的规范条件。

总体上来看，两大法系之间关于信托目的的差别主要在于判断的法源不同。应当认为，英美法系国家或地区关于信托目的是否确定的标准要低于大陆法系国家或地区，当然也更加灵活。即只要信托当事人在转移财产时具有设立信托的目的，就可以被普通法院判定为信托设立，因此英美法系国家或地区关于信托目的的判断法源来自法官裁判。而在大陆法系国家或地区，信托目的的确定离不开信托当事人在信托文件之中的明确约定，同时信托目的也不能违反信托法关于信托目的的禁止性规定，因此大陆法系中关于信托目的的法院判断来自成文法，其核心也与信托的基本类型相关联。

（二）信托财产

从前述各国或地区对信托的定义可以发现，信托法的私法功能表现为丰富了财产权的管理方式，因而缺少信托财产的信托行为也就“巧妇难为无米之炊”，只因缺少法律行为的对象而使得信托当事人无从下手。正如加德纳所说，“信托的一大特点是受托人有关财产的最基本义务是依附于财产的，而非依附于他本人身上的。”① 据此可以推之，信托财产在信托结构中居于必不可少的地位，“满足标的物的确定性，这就意味着财产自身被转移的关键性要求获得了满足”。② 尽管有关信托法的基础理论中均认为信托财产的现实存在对于信托的设立具有基础性作用，但是信托财产的所有权应当由处于哪一法律地位的信托当事人所享有，理论界或者立法例的观点仍然大相径庭，其核心也关系到信托财产独立性的实现问题。目前，世界各国或地区有三类实现路径。

---

① ［英］西蒙·加德纳：《信托法导论》，付然译，法律出版社2018年版，第15—16页。

② ［英］莎拉·威尔逊：《托德与威尔逊信托法》，孙林、田磊译，法律出版社2020年版，第99页。

第一种方式为英美法系的双重所有权范式。此种范式之下，信托财产被切割为受托人所享有的法定对物性财产权利（Legal Proprietary Rights）和受益人所享有的衡平法对物性财产权利（Equitable Proprietary Rights）。[①] 这种对信托财产所有权进行切割的法律效果就是，如果受托人陷入破产的境地或者受托人违反信托目的将信托财产处分给知情的第三人，受益人有权基于衡平法对物性财产权利对信托财产主张权利，并要求第三人进行返还。[②] 因而，受益人的衡平法所有权的实现主要依靠衡平法院的司法确认实现，普通法和衡平法的分庭抗礼的英美法系特殊的司法制度是信托财产产生双重所有权的根本原因。[③] 因此，司法体制的特点造就了信托财产独立性的实现方式。通过这种区别于大陆法系的特殊司法体制，信托当事人不必通过信托财产登记或者信托公示实现信托财产独立性，因此在英美法系国家，也不存在信托公示或者信托财产登记的问题。

第二种方式为大陆法系国家或地区的受托人所有权范式。信托设立过程中，委托人需要将自己所拥有的财产转移至受托人名下，使之在名义上成为受托人所有的财产。信托设立后，用于设立信托的财产与委托人未设立信托的财产在所有权归属上相互分离，第三人无法基于对委托人的债权而向信托财产主张权利。虽然信托财产在名义上为受托人所有，但是在大陆法系国家或地区由于缺少衡平法传统导致信托财产的独立性无法对外彰显。因而大多通过信托公示制度以实现对信托财产所有权特殊性的标识。[④] 例如，《日本信托法》第 2 条第 3 款就对信托财产归属于受托人作出明确规定，并在第 14 条中明确规定信托财产的对抗效力需要依靠信托财产的登记或注册实现。而我国台湾地区“信托法”开篇第一条就将信托财产的所有权归属明确为受托人所有，并通过要求信托财产登记、通知股票或债券

① ［英］格雷厄姆·弗戈：《衡平法与信托的原理》，葛伟军、李攀、方懿译，法律出版社 2018 年版，第 63 页。

② ［英］格雷厄姆·弗戈：《衡平法与信托的原理》，葛伟军、李攀、方懿译，法律出版社 2018 年版，第 17 页。

③ 于海涌：“论信托财产的所有权归属”，《中山大学学报（社会科学版）》2010 年第 2 期，第 190 页。

④ ［日］能见善久：《现代信托法》，赵廉慧译，中国法制出版社 2011 年版，第 28 页。

发行公司等公示方式实现信托财产的独立性。由此可知，在诸多大陆法系国家或地区，为在制度运行上实现受托人可以以自己的名义支配信托财产，而在信托成文法中明确信托财产的所有权由受托人享有。但是，在我国立法中考虑到公民担心所有权的剥离会导致控制权的灭失，并未对受托人所管理财产的名义归属问题进行明确规定。同时，对于信托财产的公示方式问题也不像日本等有多种公示方式可供信托当事人选择，而是仅将其实现路径限定为信托财产登记，因而在实践效果方面还有很大的距离有待追赶。

第三种方式为拟制权利主体范式。即通过立法的方式明确信托财产的所有权不归属于任何一方信托当事人，而是属于一个拟制的独立法律实体。当信托财产装入一个法律拟制的民事主体当中，制度上就不再需要衡平司法或信托财产登记实现信托财产独立性。例如，《美国法定信托实体法案》规定信托财产的所有权可以由法定信托以自己的名义持有。

（三）信托当事人

第一，委托人，是信托财产的提供者与信托目的的设定人。信托设立前，信托文件由其签署，信托目的的内容由其指定，信托财产的所有权由其向受托人转移。但是，此处需要说明的是，委托人并不一定是信托的发起人。尤其在商事信托当中，商事信托的发起人一般是管理受托人，对此，笔者将在后文进行详细论述。信托设立后，委托人失去了对信托财产的所有权，但是在信托期间，委托人仍然可以基于信托文件中所保留的权利对信托财产进行间接的支配。依据我国《信托法》规定，信托设立后，除非受托人违反信托本旨处分信托财产，或违反诚实守信、忠实勤勉义务导致信托财产受损的，委托人可以要求受托人对信托财产恢复原状、赔偿损失甚至是解聘受托人，也可以向非善意第三方财产受让人主张返还财产。因此，尽管委托人在信托设立后失去了信托财产的所有权，但仍然可以在受托人违背与委托人所约定的信托目的的情况下管理信托财产时，向受托人主张基于信托文件的权利。除此之外，受托人对信托财产的管理处分行为不能受到委托人的干涉。

第二，受托人，是名义上信托财产的所有权人，信托目的的实现有赖于受托人信托行为的作出，因而在信托关系与信托当事人之间居于中心位置。因为信托成立之后，信托目的的实现有赖于受托人通过自由裁量权对信托财产进行管理，也有赖于受托人诚实守信、忠实勤勉为受益人分配信托利益。与委托人与受益人相比，受托人法律地位更为重要的原因在于，信托的存续不因委托人的缺失而终止，但离不开受托人对信托财产持续控制、管理与处分。因此，有以下两方面问题有待进一步阐释。

其一，受托人数量为两人以上的情形。在一个信托关系中，有两位以上受托人可以称为共同受托人。一般理论观点认为，共同受托人制度下，信托财产由共同受托人共同所有，信托行为由共同受托人共同作出，因此可以实现共同受托人之间的相互监督与责任分担。① 对此，格雷厄姆认为，如果受托人数量不止一个，那么全体受托人作为共同共有人持有信托财产，其中任何一个受托人对该财产不享有单独的利益或份额。② 而各国或地区立法观点上也大多认同共同受托人的基本理论，例如《日本信托法》第 79 条规定，“受托人为两人以上，信托财产为受托人共同共有”。而我国台湾地区“信托法”第二十八条规定“同一信托之受托人有数人时，信托财产为其公同所有。”然而，成文法规范与实践需求之间的张力使得越来越多的声音认为，受托人不必共同享受信托财产的所有权，信托行为也不需要受托人共同作出的呼声越来越强，立法方面也呈现出一定程度的松动。这是立法机关基于法律实践的实然状态作出的一种现实转变，一方面，从功能主义的立场看，共同受托人制度应用于金融商事实践中容易降低信托行为的决策效率。对此，能见善久教授认为，共同受托人这一制度安排的实质是为了防止某一受托人在处理信托事务上的独断专行，因此将信托事务的处理与责任的承担相关联，但这也导致共同事务的处理效率低下的弊端。③ 在我国《信托法》中，共同受托人的规定属任意性规定，信托当事人可以在信托文件约定设置两位以上受托人共同管理信托事务，也

① 日本商事信托研究会：《日本商事信托立法研究》，朱大明译，法律出版社 2019 年版，第 49 页。

② [英] 格雷厄姆·弗戈：《衡平法与信托法原理》，葛伟军、李攀、方懿译，法律出版社 2017 年版，第 524 页。

③ [日] 能见善久：《现代信托法》，赵廉慧译，中国法制出版社 2011 年版，第 168 页。

可以约定设置两位以上受托人分别管理信托事务，当共同受托人对信托事务的处理存在不同意见且无法达成共识时，可以由委托人/受益人或其他利害关系人确定。另一方面，随着信托法制的发展，越来越多的观点已不再认为信托财产所有权必须为共同受托人共同所有。赖源河教授与王志诚教授认为，我国台湾地区“信托法”中的“公同所有”是以法律规定的方式明确揭示共同受托人与信托财产之间的“公同共有”关系，本质上不是“民法”概念上的共有制度，而是一种共同受托人原则上对全体共同管理信托财产的表现。① 而《日本商事信托纲要》对共同受托人的定义已经打破《日本信托法》中要求共同受托人共同拥有信托财产所有权的限制，只要信托财产是受托人共同共有或信托财产的运作由受托人共同进行，即为共同受托人。而我国《信托法》的立法态度则直接回避了信托关系中有两位以上受托人时到底由谁享有信托财产，即并不像日本的信托法那样直接通过立法规定共同受托人与信托财产所有权之间的关系，这也为司法机关通过信托财产所有权的实际归属状态判断权属提供了制度支撑。综上所述，有关共同受托人的共同行为义务与共同所有的信托财产关系应当在理论层面逐渐松绑，使其慢慢符合现实实践的客观需要。

其二，受托人的责任。受托人责任主要由两部分内容组成，第一部分为对内责任，即受托人向委托人/受益人可能承担的责任，受托人在正常处理信托事务后，应当按照信托的目的将信托收益按期、如实向受益人分配。同时，如果受托人处理信托事务出现有违信托目的或信义义务原则导致信托目的不能实现时，则有可能遭受委托人/受益人向其主张赔偿责任，或者撤销受托人的交易行为。第二部分为对外责任，即受托人对信托当事人以外的第三人可能承担的责任。传统观点认为，由于信托财产不具有法人人格，因此在法律关系上表现为受托人为交易主体。② 受托人因处理信托事务所产生的债务，由受托人以信托财产为限向第三人支付，而因管理、运用信托财产所产生的费用，受托人也有责任依据信托文件向债务人追偿。

---

① 赖源河、王志诚：《现代信托法论》（增订第三版），中国政法大学出版社 2002 年版，第 118 页。

② 赵廉慧：《信托法解释论》，中国法制出版社 2015 年版，第 372 页。

第三，受益人，是对信托利益的接受者，也是受托人管理行为的监督人。① 从本质上看，信托设立就在于为了受益人的利益，而受益人可以在信托设立时就确定存在，也可以在信托设立后，在符合信托目的的某一特定时点出现，或者以某一特殊群体存在。在公益信托中不存在特定的受益人，其受益人也可能是信托目的所框定的某一特殊群体。而在遗嘱信托中，信托设立时受益人有可能是胎儿。② 据此，有必要对受益人的权利做简单介绍。在我国，设立的信托大多为商事信托，委托人与受益人为同一民事法律主体，从《信托法》第四章第三节的内容可知，信托受益人的权利主要由处分权与撤销权两部分组成，一部分为处分信托受益权的权利，其中包括受益人可以放弃、转让、继承受益权以及通过受益权清偿债务的权利；另一部分为当受托人违反信托目的处分信托财产或者管理、运用信托财产有重大过失的，受益人可以向法院申请撤销受托人的处分行为。因此，受益人的权利既表现为一种财产权，也表现为一种身份权，这也是信托目的的最终归宿。

第二节　我国《信托法》的目的定位

一、我国信托的类型特征分析

我国《信托法》第三条根据信托的目的不同将信托类型划分为民事信托、营业信托与公益信托。众所周知，我国制定信托法的初衷在于治理因信托公司经营信托业务引起的金融乱象，因而在立法中并未将其扩大至其

---

① 赵廉慧：《信托法解释论》，中国法制出版社 2015 年版，第 405 页。

② 例如我国《民法典》第一千一百三十三条第四款规定，“自然人可以依法设立遗嘱信托”。由此可以认为遗嘱信托已成为中国法定遗产继承方式之一，而胎儿是享有继承权的民事法律主体之一。

他商事应用领域而称为营业信托。这种分类方式并未考虑到在将来的金融市场中会发展出多种类型的资管产品也需要以信托法为基本法开展业务的可能，因而忽视了信托法除了用于经营信托业务，也可以服务于以营利为目的的金融产品。故本书在对我国的信托类型进行特征分析时，将营业信托称为商事信托，以适应我国信托法发展的客观实际需求。

（一）民事信托

从信托的目的来看，民事信托具有非营利性。作为信托制度起源的雏形，受托人的管理行为仅限于为了受益人的利益简单持有信托财产，一般情况下其从中不收取任何费用，且不包含通过对信托财产的积极管理，实现信托财产的增值与盈利。因此，这一制度在起源时就主要被用于家族财富的传承、遗产执行以及财务咨询等领域，而作为信托的受托人大多为委托人可以信任的亲朋好友或具有较高声望的人，信托财产转移行为被称为捐赠（Donate），最终由受托人无偿为受益人利益保管、分配信托财产。对此，我国立法机关对这一类型信托的内涵阐释为，民事信托是自然人出于赡养、抚养以及处理遗产的目的，将自己合法拥有的财产委托给受托人管理所设立的信托。① 实践中，民事信托大多被应用于家族信托或者养老信托当中，其中受托人为专业的信托机构，不收取或者收取少量必要的费用也是在市场拓展的初期。信托公司作为市场经济主体的一员，如果业务的开展长期缺少经济激励的支撑，则此种类型的信托业务也就不具有可持续性。因此，应当将民事信托所具有的非营利性特征解释为，受托人的管理行为的最低标准是最大限度保障信托财产的价值不出现贬损的情况，管理方式大多限定为被动、消极持有信托财产，而不是通过积极的管理实现信托财产的价值增值。

在民事信托中，从受托人的管理方式来看，无论是家族信托还是养老信托，受托人为了实现抚养、扶养或是继承的目的的可持续性，且不以单纯的信托财产“持有＋分配”的方式管理，逐渐演变为“持有＋管理＋分配”的方式，因此我国的民事信托也应然体现出管理的主动性特征。但

---

① 卞耀武主编：《中华人民共和国信托法释义》，法律出版社2002年版，第51页。

是，这种“主动管理”的特征应当与商事信托的主动管理特征相区别，也更显保守，不允许出现因受托人管理行为导致信托财产的减损结果，因此在信托财产管理方面强度极弱。

从内部信托当事人的结构来看，民事信托当中的受益人，既可以是委托人本人，这时信托也被称为自益信托，也可以是委托人所指定的第三方，这时信托被称为他益信托。① 其中，委托人的数量既可以是一人，也可以是两人（含）以上，并委托一名受托人管理信托财产，而受益人大多为委托人自己以及自己的子嗣、亲属或者其他特定关系人。从信托当事人的数量来看，民事信托中的委托人与受益人大多数时候为两人（含）以上，受托人大多为一人。此时，有两位（含）以上的委托人也是基于婚姻关系所产生的夫妻共同财产，而非陌生人之间不同资产的集合。而受益人之间也呈不同顺次的阶梯式分布，即当前一顺位的受益人尚未实现收益分配或尚未死亡时，后一顺位的受益人不参与分配信托财产。

（二）商事信托

商事信托可以称为是一种以资产为核心、以信用为基础、以权利主体与利益主体相分离为特点的现代财产管理制度。② 因其对扩宽经济实体融资渠道，促进社会经济发展具有积极作用，在20世纪前后先后被日本、韩国和我国引进。正如神田秀树所说，日本的信托法定位于信托产品的基本法，因此主要是作为金融商事制度存在。③

从信托目的来看，受托管理的财产种类突破了民事信托以不动产为主要财产类别的单一结构特点，快速扩张至货币资金、有价证券，甚至是依靠契约形成的财产性权利。信托目的主要在于通过受托人对信托财产专业化的管理与运作，实现向受益人分配信托收益的功能，也具有明显的商业目的和盈利色彩。据此，笔者将商事信托定义为，自然人、法人或其他组织为实现自己所拥有合法财产的增值目的，通过将信托财产转移至受托人

① 赵廉慧：《信托法解释论》，中国法制出版社2015年版，第51页。

② 沈四宝：“商事信托制度的现代发展”，《甘肃政法学院学报》2005年第4期，第1页。

③ ［日］神田秀树：“以商事信托法路径审视日本信托法制”，杨林凯译，《中国政法大学学报》2016年第4期，第105页。

名下，由受托人通过自己的专业管理能力实现受托人管理财产的价值增值。此处需要说明的是，商事信托的有偿性或者营利性目的并不是指受托人因对信托财产管理行为所收取的受托人报酬，而是指信托设立的目的在于通过受托人对信托财产的管理行为，最终实现信托财产的价值增加，即通过资产盈利。

从受托人的管理方式来看，在商事信托当中，受托人的信托行为表现为“持有 + 管理 + 分配”，但是在具体的操作过程中，我国的金融监管机关依据受托人管理强度的差异对商事信托进行了进一步的类型划分。其中，应用最多的是主动管理型商事信托，也被称为积极型商事信托，即管理受托人需要基于自身在市场中长期磨炼所形成的专业经验自主判断与调整对信托财产的管理处分方式。此种类型的商事信托具有以下特征：其一，信托设立前，管理受托人需要对信托财产的去向进行背景调查以及金融监管政策评价；其二，信托设立后，管理受托人会基于自己对投资标的综合风险状况进行相应的机动管理，并且一般情况下受托人的信托行为不会受到委托人或受益人的阻挠与干涉；其三，信托终止时，无论信托财产出现增值或者贬损，都由受托人按照信托财产的实际状态向受益人分配。由此可知，与民事信托相比，主动管理信托的受托人在管理方式上具有更大的自由裁量权，且不对自由裁量权行使的不利结果承担任何责任。目前，这类信托的典型实践场域为信托产品和证券投资基金。而被动管理型信托，也称事务管理型商事信托。即信托财产的管理、运作由委托人驱动，而受托人除按照信托文件被动持有外，不再对信托财产进行主动的管理运作，最终实现利用信托灵活的交易结构安排，赋予信托财产以风险隔离与破产隔离的法律效果，同时还具有调整企业会计报表科目的财务功能。实践中，这类信托的委托人数量大多为一个或者几个人，人数较少，具有以下特征：其一，信托设立前，信托项目的尽职调查由委托人独立负责，抑或委托其指定的第三方独立开展，信托公司在其中的角色仅为形式审查，并不对投资标的的实质性风险作出判断与交易结构变动。其二，信托设立后，受托人仅需依照信托文件的约定对信托财产实施管理行为，并不需要依据自己的专业知识与经验自主作出管理决定，因而对于信托文件中的未尽事宜，需要由信托当事人之间重新达成补充协议以实现对受托人行为的指引与规范。其三，信托终止后，受托人可以将实际状态的信托财产向受益人进行分配，实践中将其称为现状交付，也可以按照委托人的指令继续对信托财产的未尽事宜继续进行管理，实践中将其称为延期交付。因此，事务管理型商事信托中受托人角色犹如“提线木偶”一样，尽管信托行为由其作出，但行为作出的依据由委托人操控，因而其管理强度不但要弱于主动管理型商事信托，还要弱于民事信托。由于此类商事信托具有规避金融监管规则进行监管套利的商业特征而逐渐被禁止，因此不是本书讨论的重点。

从内部信托当事人的结构来看，商事信托的委托人与受益人大多为两人（含）以上，且为不同法律地位的同一法律主体，因而商事信托呈现出委托人/受益人群体的社团化倾向。同时，商事信托的受托人大多数时候也为两人（含）以上，理论上称为复数受托人或是共同受托人，其背后的原因在于防止单一受托人在财产管理当中的独断专行与侵犯受益人利益行为的事情发生。因此，从法律架构上来说，商事信托的内部法律结构中受托人的数量为复数，法律结构也较民事信托与公益信托更加复杂，呈现出组织化的特征。

（三）公益信托

公益信托在英美法中被称为“Charitable Trust”，在我国，有的学者将其译为“慈善信托者”，也有的学者将其译为“公益信托者”。[①] 纵观亚洲大陆法系信托立法例，均将“Charitable Trust”译为“公益信托”，也可证明各国立法对这一命名争议的漠视。这种命名上的分类方式是没有意义的，从本质上来看，无论是慈善信托还是公益信托，其信托目的都是以增加委托人以外的不特定多数人的福祉为目标，也与民事信托或商事信托以特定人利益为目标具有本质上的差异。公益信托作为法定信托类型之一，也是公益事业的基础组织形式之一，我国《信托法》第六十条对其信托目的作出了明确限定，其中包括：救济贫困，救助灾民，扶助残疾人，发展

---

① 赖源河、王志诚：《现代信托法论》，中国政法大学出版社2002年版，第204页。

教育、科技、文化、艺术、体育事业，发展医疗卫生事业，发展环境保护事业，维护生态环境等。而美国的信托法学者对此的定义，以及日本和韩国的信托法均有相似的规定。因而，公益信托之信托目的，主要是委托人为了促进或实现社会公共利益，增进人类或者某一特殊群体福祉而设立的信托。此处需要说明的是，社会中很多人还秉持公益信托当中的受托人不应当收取相应的受托人报酬，否则将不再称为公益信托。这其实是对公益信托的理解偏差，与民事信托的原因相类似，信托目的是否为慈善或者盈利与受托人是否收取受托人报酬无关，只与信托财产是要实现价值增值，还是向特定或不特定第三方分配信托利益有关。

从受托人的管理方式来看，“持有 + 分配”为此种信托类型中受托人的主要管理方式。通过与民事信托和商事信托的管理方式对比后可知，公益特点在于受托人的信托管理行为缺少对信托财产基于主观能动性的运用一环，因而管理强度最弱。其原因在于委托人设立目的并不在于实现信托财产的保值与增值或者向特定第三人实现财产分配，而在于受托人能否如实、及时按照委托人意愿向非特定第三人范围内的自然人或者组织分配信托利益。

从内部信托当事人的结构来看，由于公益信托当中信托当事人数量的多寡取决于捐赠人与受益人或受捐赠群体的设定，委托人不会与受益人为同一法律主体，受益人法律地位的形成也具有不确定性，因此属于完全的他益信托。同时，一般情况下公益的受托人只有一人，对受托人行为的监督是依靠信托监察人实现，而不是通过共同受托人的形式制约。

二、我国“信托”的历史嬗变

（一）混沌：投机工具（1890—1949 年）

“信托”最早在我国并不是作为一种法律概念或者民事法律关系出现，而是以一种金融业态的方式进入。我国最早经营信托业务的公司是英国、美国与德国共同于 1890 年在上海成立了大东惠通公司，其主营业务为证券信托业务。[①] 最早出现的专业信托机构是1912年日本为控制我国东北地区的黄豆贸易而设立的信托机构，其目的在于在交易中“对于附属的买卖契约之保证及清算机关，殊为必要，因此发起大连取引所信托株式会社”。[②] 到20世纪20年代初期，我国的信托公司在数量上迅速增加，在这些信托机构的股权结构以日本籍商人的出资为主，且登记注册地也大多集中于东北地区，这也与日本信托法和信托业在日本的生根发芽的时间节点相一致。

直至1921年上海“信交风潮”[③] 的爆发，“信托”方才因为信托公司的倒闭导致大量投资者的损失无法挽回而进入一般大众的视野。截至1921年的7月，上海共成立12家信托公司，注册资本高达8 100万元，其资本规模在短短的3个月的时间内超过了华资银行发展20年的水平。[④] 后来，信托公司的设立数量已经变成每隔十来天就有一家新的机构设立。[⑤] 但是，那时我国的“信托”无论是作为一种金融行业的子分类，还是作为一种民商事法律制度，在这个阶段都还处于萌芽阶段而未被国民所普遍了解，更未得到立法机关或者政府高层的重视。同时，信托公司所宣称的业务范围又与银行业务具有高度的重合性。那么，是什么原因导致信托公司在数量、资本规模方面直逼传统的商业银行？主要有三方面原因：第一，资本收益率下降的驱使。“信交风潮”发生之前，上海金融市场资金面宽松，资金价格走低，金融市场的游资急需寻找“优质”的投资途径以实现高额的资本回报率，信托公司股权成为市场中游资“围猎”的目标之一。第

---

① 田泽旺：“信托在中国，从南橘北枳到浴火重生”，http://www.chinatrc.com.cn/contents/2019/5/24-dd1c95032afb4daaa683c691fd8d758a.html，最后访问日期为2022年6月9日。

② 徐沧水：“大连取引所信托株式会社之概况”，《银行周报》1919年第3卷第25号，第43页。

③ 所谓“信交风潮”，指的是1921年冬天上海的交易所和信托公司破产风潮。

④ 马寅初：《马寅初全集》（第1卷），杭州人民出版社1999年版，第485—489页。

⑤ 洪葭管：“证券交易所的出现和‘信交风潮’的发生”，《中国金融》1987年第12期，第56页。

二，关联交易的回报诱人。1921 年春天设立的各类交易所无不“获利倍蓰”①，交易所的设立也由投资转为投机。为了筹措设立资金，投机者需要通过创建信托公司以募集社会资本，进而通过借贷满足交易所在设立过程中的资本需求。② 第三，政府管制的缺失。对于信托公司的设立问题，政府采取的态度是既不承认其合法性，也不对其进行封禁，而是放任其发展。③ 此时的信托公司已经转变为金融投机诈骗的工具，有的投机者更是在没有资本投入的情况下认购股权，并在其价格暴涨之后抛售自认的股权以赚取价差。1921 年底，由于钱庄开始回笼资金，金融市场的资金面紧张，投机者随即不得不面临信用风险与流动性风险，导致大量投机者告贷无门而抛售信托公司股票，进而使缺少实质经营内容的信托公司迅速又被市场所抛弃。

笔者认为，造成信托公司股价大跌的原因主要有：第一，股权投机行为可能带来的经济利益引诱。在事件发生之前，信托公司股权的投资者大多为不从事金融服务的投机者，其“投资”目的主要在于利用手上所持有的信托公司股权实现与交易所之间的关联交易。因此，基于投机目的投资于信托公司的股权，必然导致股权价值的虚高，其被资本市场所抛弃也不过是投机目的上行为逻辑的必然结果。第二，市场定位模糊。徐沧水先生认为，信托公司在美国出现的动因主要在于通过向社会大众吸收资金以促进小型工商业的健康发展，并通过逐年的积累而发展壮大，但是我国的信托业本质上实为假借信托之名进行资本投机行为。④ 那时，当商界大佬们纷纷通过设立信托公司吸收社会资金的时候，一部分保守的商人并不认可“信交风潮”是好事，但是碍于其他商人通过设立信托公司吸收了大量社会资金，所以其也通过新设信托公司的方式抵制其他信托公司疯狂套取资

① 冯子明：“民元来上海之交易所”，《民国经济史》（《银行周报》30 周年纪念刊）1947 年，第 148 页。

② 何旭艳：“信托业在中国的兴起——兼论‘信交风潮’中的信托公司”，《近代史研究》2005 年第 4 期，第 195 页。

③ 陈争平、左大培：“‘民十信交风潮’的教训”，《经济导刊》1994 年第 3 期，第 67 页。

④ 徐沧水：“吾国信托公司之前途”，《银行周报》1921 年第 5 卷第 22 号，第 7 页。

金。因此，民国时期的信托公司是缺少金融市场方面的专业定位的。第三，信托制度缺位。在中华人民共和国成立前，“信托”在人民群众中仍然是一个相当陌生的金融业务，鲜有利用信托处理自己的财产，反而成为被游资利用与政府监管缺位的畸形产物。而这一时期的政府与立法机关也未对“信交风潮”的发生进行法律规制反思，信托业并未因金融危机的发生而转入发展正轨，进而导致信托业的发展在当时并无任何建树，反而成为被资本市场的投资者所抛弃的根本原因。

由此可知，在我国“信托”概念的萌芽时期，无论是立法机关，还是人民群众，均未将“信托”视为一个法律概念，或者一种民事法律关系，而是一种股权投资标的和金融业态。因此，从金融业态发展史的视角来看，投资人只是希望通过对“信托”的投资实现自身资产的增值效果。因而，无论是信托的设立，还是投资信托公司股权的行为，都是以营利为目的，这也是我国“信托”发端的基本底色。

（二）涅槃：吸引外资的“资金导管”（1949—1986 年）

中华人民共和国成立后，通过设立一些信托机构尝试恢复对信托业务的经营。例如，中国人民银行上海分行以原中国银行信托部、交通银行的仓库业务为基础，设立了中国人民银行上海分行信托部，天津市由地方集资成立了公私合营的天津信托投资公司，但是到了 20 世纪 50 年代中期，我国有关金融方面的实践戛然而止，对“信托”的探索也随之被按下了“暂停键”。[①] 到了 20 世纪 70 年代末期，随着改革开放，我国信托作为一个金融业态重新进入国家的视野。

1979 年改革开放之初，民族企业家荣毅仁向中央提交了一份关于建立信托投资公司建议的报告，尝试通过经营信托业务的方式将国外的资本引入我国支援经济建设。在当时，信托作为一种金融工具对于我国来说还十分陌生，其应用场景与社会效果不甚明朗。但中央很快对荣毅仁所提交的建议报告作出批示，同意对建立信托公司进行大胆的尝试。随后，改革开

① 田泽望：“信托在中国，从南橘北枳到浴火重生”，http：//www. chinatrc. com. cn/contents/2019/5/24 - dd1c95032afb4daaa683c691fd8d758a. html，最后访问日期为 2022 年 6 月 9 日。

放之后第一家信托公司——中国国际信托投资公司在北京成立。[①] 从此，信托业作为一种金融业态重新在我国建立，随后 1980 年 7 月 1 日，国务院发布《关于推动经济联合的暂行规定》，要求各地区、各部门根据本地方经济联合的特点，试办各种信托业务。[②] 同年 9 月，中国人民银行为响应国务院号召，扩大信托公司与信托业务在支持社会主义现代化建设当中的“资金导管”作用，遂下达《关于积极开办信托业务的通告》。[③] 此后，全国各地的信托公司或机构经办信托业务如雨后春笋一般出现，例如，1980 年中国人民银行天津市分行成立天津市国际信托投资公司，1985 年中国工商银行成立工商银行信托投资公司。1988 年经财政部同意，中国人民银行批准，一家以经营财政支农信托业务的中国农业开发信托投资公司在北京成立。当然，这一时期设立的信托公司并不只有前述几家，各个省、直辖市以及地级市也纷纷响应中央号召成立信托公司以支援经济建设。

但是，这一阶段的“信托”特指信托业务，未将其作为一种民事法律关系来看待，因此与信托的核心元素并无直接的法律联系。具体的业务种类主要有以下三种：第一，吸收外汇存款，即筹措境外资金业务，就是信托机构向境外银行借用中长期贷款。第二，项目贷款业务，其中，有的是利用吸收到的境外资金用于国家项目的建设，例如中国国际信托投资公司以 700 多万美元投资于钼精矿、磷矿石、石墨电极、塑料编织袋等项目，有的是为补偿贸易和来料加工装配支付垫款。[④] 第三，咨询业务，即接受国内外客户委托，开展资信调查、业务介绍、咨询服务。[⑤] 最具代表性开展这类业务的机构当属中国银行下属的信托咨询公司，有的是为直销的产品寻找销路，有的是为境外企业介绍与境内公司合作的商业机会。

---

① 丁晓平：“邓小平点将荣毅仁”，《党史博览》2018 年 11 期，第 37 页。

② 参见《国务院关于推动经济联合的暂行规定》（1980 年 7 月 1 日颁布）。

③ 季奎明：“历史、议题与展望：中国信托业、信托法四十年”，《证券法苑》2019 年第 1 期，第 157 页。

④ 参见《国务院批转外国投资管理委员会关于国际信托投资工作座谈会纪要的通知》（1981 年 9 月 5 日）。

⑤ 参见《国务院批转外国投资管理委员会关于国际信托投资工作座谈会纪要的通知》（1981 年 9 月 5 日）。

通过对这一阶段历史的梳理后我们发现，中华人民共和国成立后对“信托”的复建即便是在充分调研的基础上所形成的，但并没有将其视为一个法律概念或者是一种民事法律关系，而是将其作为一种金融行业的子分类进行塑造。某种程度上，这一阶段的信托业就是在金融业没有实现对外开放背景下用于吸收外国资金并用于支持我国经济建设的“资金导管”。因此，“信托”作为一种金融业态出现在改革开放之时，一方面原因在于政府急需通过“信托”的方式为我国的现代化建设引入必要的资金，因而此时对外调研的重点在于外国各种以“信托”命名的商业组织类型；另一方面原因在于英美法系国家的信托法缺少信托成文法规范可资借鉴，在引入之时无法通过对“原汁原味”的信托法法则的调研实现对这一民事法律制度的客观认识。由于以上原因使得在这一特殊的历史时期，中央将“信托”认为是一种金融业态，而非民事法律关系。

（三）重生：民商事法律规范的形成（1986—2001 年）

在国家政策的鼓励下，信托业务如同雨后春笋一般在全国遍地开花，业务类型也发生了异化，即信托投资公司开始打着各种引进外资，发展先进技术的名义开展非法放贷业务，逐渐演变成“地下钱庄”。尽管在 1982 年与 1984 年，国务院与人民银行分别要求信托公司不得经营与银行业务有关的业务，同时要求信托业务的经营需要得到国务院或者国务院授权单位的批准，① 但是在缺少对“信托”的客观认识与金融监管约束的背景下，围绕信托投资公司发生的金融乱象仍然屡禁不止，并在第二次整顿中对信托投资业务第一次进行法律概念上的界定，即“信托投资业务，系指受托人按照委托人指明的特定目的或要求，收受、经理或运用信托资金、信托财产的金融业务”②。其中，除了对信托投资业务的概念在政策法规方面的初步界定，还对信托投资业务的内容做了明确的规定与要求，将信托投资业务根据货币资金的种类分为人民币业务与外汇业务两大类，在两大分类

① 参见《国务院关于整顿国内信托投资业务和加强更新改造资金管理的通知》（1982 年 4 月 10 日）。

② 参见《金融信托投资机构管理暂行规定》第二条。（此规定于 1984 年 4 月 26 日由中国人民银行颁布，于 1998 年 7 月 30 日废止。）

之下具体的业务品种则大致相同，有信托存款业务、信托贷款业务、融资租赁业务、保管与代理业务、征信调查与咨询业务等。① 由此可知，国家对“信托”在改革开放以后的萌芽时期的认识还很模糊，其制度功能与行业定位也不甚清楚，其并没有被看作一个民法典体系当中的部门法或是“受人之托、代人理财”的资管业务，而是一种吸引外资，对国内的项目进行有针对性投资融资的工具。因此，除了在前述暂行规定当中可以找到央行对于“信托”的初步认识，并未发现针对信托业的相关金融监管制度，对信托的法律定位、基本特征、核心元素、司法功能等一系列基本制度问题并未进行回答。

但是，信托制度的缺位与信托公司业务定位的异化并没有阻止其他资管产品在实践中对信托制度规范构造的探索，最应当注意的应该是证券投资基金。1992 年 11 月，深圳市政府率先颁布《深圳市投资信托基金管理暂行规定》，其中对信托当事人的规范构造作出了初步规定，即投资信托基金由信托人、投资人以及经理人组成，并且明确指出信托人并不是基金公司或是投资人，而是基金资产的名义持有人。② 同时，该规定中多次指出在深圳市设立的投资信托基金是以信托契约为基础的契约型基金，例如第五条、第六条均在强调信托契约是证券投资信托法律基础的基本事实。③ 到了 1993 年，上海市政府在对证券投资信托进行立法规范时，其实也是对信托制度的更进一步探索，对其塑造具有划时代的意义：

第一，明确“信托”并不只是一种金融产品，也是一种民事法律关系，而证券投资信托就是一种以信托契约为基础建立的信托关系。《上海市人民币证券投资信托基金暂行管理办法》（以下简称《暂行管理办法》）第三条规定，“证券投资信托基金，是指由基金发起人或由其委托的基金管理人根据投资信托契约并通过一定的方式向社会公开发行基金的信托受益凭证……”④ 其中，将基金合同称为信托契约，将投资人的基金份额称

---

① 参见《金融信托投资机构管理暂行规定》第十五条、第十六条和第十九条。
② 参见《深圳市投资信托基金管理暂行规定》第五条。
③ 参见《深圳市投资信托基金管理暂行规定》第五条和第六条。
④ 参见《上海市人民币证券投资信托基金暂行管理办法》第三条。

为信托受益凭证，证券投资信托基金中的管理人、投资人与托管人之间的民事法律关系完全依靠信托契约连接。同时，也反映出上海市政府对“信托”的定位发生了认识上的变化，“朦胧”之中已然承认信托是一种特殊的民事法律关系，或者民事法律关系的特征与其他传统民事法律关系应当有所区别。

第二，明确了信托财产的内容。《暂行管理办法》第三条规定，“……募集的用于买卖或投资于各种有价证券的专项资金以及由上述资金所形成的各项资产”。[①] 由此可知，用于设立信托的财产权类型为货币资金，在信托设立之后货币资金的财产权类型通过买卖、投资行为转为相同对价的有价证券、专项资金或其他资产。与传统信托制度的发端不同，我国信托的制度形态在形成过程中，由于其主要应用于金融业态当中，因此信托财产的所有权类型并不是以房产、土地为主的不动产，而是货币资金，或者通过受托人的管理运作进而转变为相同对价的其他金融资产。同时，在英美法系传统的信托制度中，受托人职责的主要表现内容为持有并向受益人转移信托财产，因而设立信托时信托财产的财产权类型与数量在信托终止时一般并不发生变化。而根据信托制度在我国形成的过程我们可以发现，受托人对信托财产的管理必然带来信托财产的内容发生变化。

第三，明确了信托财产的管理独立性要求。《暂行管理办法》第三十七条规定，“基金管理人必须将管理的基金与基金管理人的营运资金分别列账核算，并应分别基金的名称，实行分账管理，分别核算”。这其实是对基金管理人在管理基金财产时，提出了分别管理的明确要求，本质上是对信托财产独立性塑造的一种尝试。此时，我国虽然并未颁布信托法，但是在金融实践中出于对投资人利益保护与管理人道德风险防范的权益平衡需求，创造性提出受托人的固有财产应当与信托财产之间分别管理的实践性操作指引，具有里程碑式的价值与意义。

第四，引入基金托管人角色，完善了信托基金的治理结构。《暂行管理办法》的第六章主要规定了基金托管人的任职条件、管理要求、基本义

---

① 参见《上海市人民币证券投资信托基金暂行管理办法》第三条。

务等内容，这也是首次通过立法方式在基金治理架构中引入基金托管人角色。其中，要求托管人对基金管理公司进行复核、审查的义务在后来演变为托管人对管理人的监督权利，成为保障基金投资者利益的一项基本方法。

第五，信托基金的治理结构呈组织化方向发展。该《暂行管理办法》“第九章　投资受益人大会”对投资受益人大会的召集、表决以及权利义务内容作出明确的规定，而投资人、投资受益人大会、管理人与托管人这种层级化的治理结构，也促使证券投资信托基金的治理结构并不简单是一种信托契约，而是呈现出强烈组织法倾向。

在过去的一段时间里，深圳市与上海市为支持与规范证券投资信托的发展，通过制定地方性法规的方式对基金产品的设立、发行、管理、退出等事项作出规定。但是，由于不同地方对证券投资信托的规范仍然存在差别，国务院为了打破这种金融监管上“诸侯林立”的局面，遂将散乱的金融行政立法权上收至中央政府。后来，于 1997 年颁布《证券投资基金管理暂行办法》以实现对证券投资信托的统一规范，可以说该办法的颁布除了沿用深圳市与上海市在管理证券投资信托方面的基本法律框架外，还开创性提出了信托财产独立性的初步法律概念，其中第三条规定“基金资产独立于基金托管人和基金管理人的资产”。①

1979—1999 年，信托业一直被定为“金融百货公司”，多年来野蛮成长下累积的经营风险对信托行业的生存提出现实考验，而证券行业的出现导致信托业中占比较大的证券业务利润来源被券商所吸收，加之 1998 年东南亚金融危机的影响，我国政府开始重新审视信托业在金融体系中的位置与影响。1999 年 1 月，中国人民银行发布《整顿信托投资公司方案》，首次对信托行业的功能进行重新定位，原本用于吸收外资存款、代理买卖证券的业务将不再是信托业发展的重心，转而将信托业的功能定位为“受人之托、代人理财”。这一功能定位的转变无疑将信托业与资管行业紧紧联系在一起，这也是资管产品概念的雏形。同时，进一步将信托投资公司定位为“即以受托人身份接受他人（委托人）的财产委托，为了受益人的利

---

① 参见《证券投资基金管理暂行办法》第三条。

益或特定目的，对受托财产进行管理和处置，所得收益归属于受益人，信托投资公司以手续费或佣金形式收取报酬。"① 因此，金融监管规则对信托公司的定位，在后续的立法中也逐渐演变为《信托法》对"信托"概念的定义雏形。可以看出，这时的信托法制还处于摸索阶段，与后来颁布实施的《信托法》相比，仍然有很多不足。但是我们仍然应注意到，在信托法制的发展中，信托业无论从监管要求，还是行业实践来看，对信托法的立法资源的经验供给是不足的，反而证券投资基金对信托法的立法探索起到了非常重要的作用。到了 2001 年 4 月，我国信托业经历了 20 年栉风沐雨的艰难探索，《信托法》终于颁布，但是前后的立法过程十分坎坷。

首先，《信托法》的立法周期较长。1993 年 3 月，八届全国人大一次会议就将《信托法》列入当年的五年立法规划之中，期间 1996 年曾对《信托法（前稿草案）》进行过审议，但是直到 2000 年九届全国人大常委会才对《信托法（草案）》进行第二次审议，最终在 2001 年 4 月 28 日通过公布，2001 年 10 月 1 日施行。② 我国的信托法从列入立法规划到颁布实施，历时八年时间，周期较长，最终的颁布也是以整顿信托业，解决发展中所面临的实际问题为目的，作用在于为规范信托业发展提供法律保障的制度基础，侧面也反映出信托法的立法问题长期被立法机关所忽视。

其次，立法定位争议较大。即信托法与信托业法到底是分立制定还是合并于信托法一部法律之中，其本质是需要回答，信托法到底是为信托业服务，还是一部民法特别法。日本的专家中野正俊教授认为，信托立法时应当分别规范信托法律关系与信托公司的经营行为，通过制定"信托法"可以规范信托当事人之间所建立的信托关系，而对作为受托人的信托公司，其经营内容的发展方向则需要通过另行制定"信托业法"实现。③ 而当时我国主流的立法意见认为，从过去的立法传统来看，无论是保险法还

① 参见《国务院办公厅转发中国人民银行整顿信托投资公司方案的通知》附件第二条。

② 张淳：《中国信托法特色论》，法律出版社 2013 年版，第 43 页。

③ 金立新："应加强完善信托公权配套规章——访著名法学家、《信托法》起草小组组长江平"，《金融时报》2010 年 12 月 6 日，http：//news. hexun. com/2010 - 12 - 06/126003960. html，最后访问日期为 2019 年 12 月 6 日。

是证券法，都没有将法律关系与行业规范分开，建议将两部法合二为一制定一部“信托法”，不但可以节约立法资源，还与过去的立法例一脉相承。因此，在《信托法（前稿草案）》的第四章“信托公司”中，第一节内容为“信托公司的设立、变更和终止”，第二节内容为“信托公司的经营规则”，第三节内容为“信托公司的监督管理”。但是，我国立法机关既没有选择制定一部统合规范信托关系与信托业的信托法，也没有分别制定“信托法”与“信托业法”以同步实现对信托法律关系与受托人行为的双重规制，而是只制定了一部规范信托关系的信托法。具体释之，笔者认为主要有三点原因：第一，时机不成熟。1997 年以来，国务院对信托行业进行清理整顿，关于如何规范信托机构的问题，认为还需要根据清理整顿的结果进一步总结经验。第二，信托公司在现代金融体系当中的位置较为模糊。在现代金融体系中主要由银行、证券以及保险组成。① 而信托作为我国金融业态当中的一员，其业务范围与其他三种金融业态互有交叉、重合。草案中关于信托业的很多规定扩大了信托机构的经营范围，其中很大一部分并不是真正的信托业务。第三，统合规范信托关系与信托业不符合国际立法例。信托法侧重于对信托基本关系立法，属私法范畴，是民法的特别法。信托业法侧重对信托行业监督立法，属公法范畴，是金融法的组成部分。因此，“信托业法”应当参照国际立法惯例另行制定。②

至此，信托法律制度在我国正式确立。正式颁布的《信托法》将《信托法（前稿草案）》中第四章有关规范信托公司经营的条款全部删去，分七章仅规范信托法律关系。其中，第一章为“总则”，主要规范信托的定义、适用范围；③ 第二章为“信托的设立”，主要规范信托设立时的要素、形式与效力；④ 第三章为“信托财产”，主要规范信托财产独立性；⑤ 第四

---

① 刘武迁、白祖纲：“从个体理性走向集体行动理性——新时代中国金融体系的行动特征”，《长春师范大学学报》2021 年第 1 期，第 64 页。

② 张淳：《中国信托法特色论》，法律出版社 2013 年版，第 28—29 页。

③ 参见《信托法》第一条至五条。

④ 参见《信托法》第六条至十三条。

⑤ 参见《信托法》第十四条至十八条。

章为“信托当事人”，主要规范委托人、受托人与受益人的权利与义务；① 第五章为“信托的变更与终止”，主要规范信托的变更条件、终止条件及其法律后果；② 第六章为“公益信托”，主要规范公益信托的设立目的、设立条件、终止等；③ 第七章为“附则”，仅一条用以明确《信托法》的施行时间④。

尽管《信托法》的制定是以规范信托业的发展为初心，但是规范的法定信托类型不但包含营业信托，还包含不属于金融业务涵摄范围的民事信托与公益信托，内容远远超出仅规范信托业务发展的范畴。同时，立法机关也逐渐认识到资本市场中有很多种金融产品都需要以信托关系为支撑，《信托法》已不再是信托业与信托公司的专属部门法，尤其在《中华人民共和国证券投资基金法》（以下简称《证券投资基金法》）颁布之后，《信托法》也成为证券投资基金产品运作的基本法。此外，其他资管产品虽然未明确基础法律关系应当适用信托法规范，但不同的监管规则不约而同要求受托人管理的财产与投资者、管理人以及托管人的财产相分离，其独立性特征表现出极强的“信托化”倾向。

三、《信托法》的商事类型定位

（一）信托产品的法律结构

截至 2019 年第四季度末，我国信托行业信托规模余额达 21 万亿元，其中资金信托规模就达 17 万亿元⑤，规模在资管产品中排第二位。毫无疑问，信托投资计划的基础法律关系由信托法所塑造，其法律构造均涉及信托财产的独立性、完善的内部治理以及受益权安排。但是，信托产品的法

---

① 参见《信托法》第十九条至四十九条。

② 参见《信托法》第五十条至五十五条。

③ 参见《信托法》第五十六条至七十三条。

④ 参见《信托法》第七十四条。

⑤ 资料来源：中国信托业协会，http：//www.xtxh.net/xtxh/statistics/45930.htm，最后访问日期为 2020 年 5 月 8 日。

律构造无法单独通过《信托法》搭建，更多的还需要金融监管规则落实。因此，只有当金融监管规则与法律规范相联系时，其信托法的规制路径方才具有法律适用上的稳定性与确定性。《信托公司资金信托管理暂行办法（征求意见稿）》第一条就明确指出其制定依据为《信托法》，不但确定了信托投资计划的基础法律关系为信托关系，还为信托财产的独立性以及内部治理结构的制衡确定了基本方向。①

因此，信托产品法律结构如图 1－1 所示。

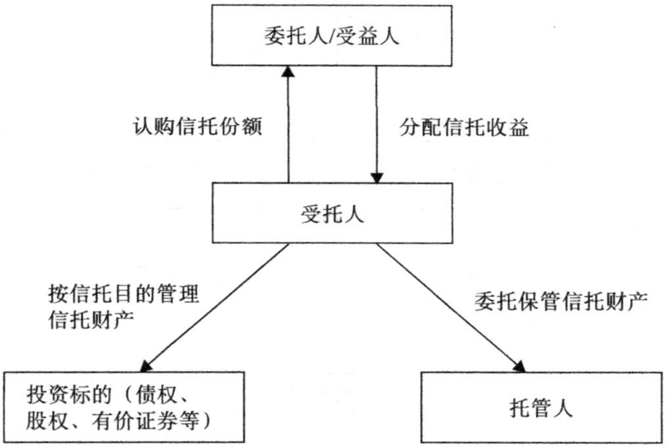

图 1－1　信托产品法律结构

从前文的分析可知，尽管我国信托业的发端早于《信托法》的制定与颁布，但是由于《信托法》的制定目的主要是规范信托业的发展，因而信托产品的内部法律构造也天然以信托关系为基础。

（二）证券投资基金的法律结构

我国证券投资基金发端于 20 世纪 90 年代初。1992 年 11 月 3 日，中国人民银行批准首个公司型封闭式基金——“淄博乡镇企业投资基金”，并于 1993 年 8 月 20 日在上海证券交易所上市。② 到了 2003 年，随着《证券

---

① 参见《信托公司资金信托管理暂行办法（征求意见稿）》（2020 年 5 月 8 日发布），第一条。

② 中国证券投资基金业协会：《基金》，中信出版社 2019 年版，第 5 页。

投资基金法》的颁布，证券投资基金的信托法构造也随之明确①，其规模也进入发展的快车道。截至2019年末，公募基金的募集规模已达14.77万亿元②，在资管产品中资金募集规模排名虽然并不靠前，但是由于其规范的运作管理、标准化的净值计算方式等诸多特点，其也是资本市场产品的主要力量之一。因此，证券投资基金产品法律结构如图1－2所示。

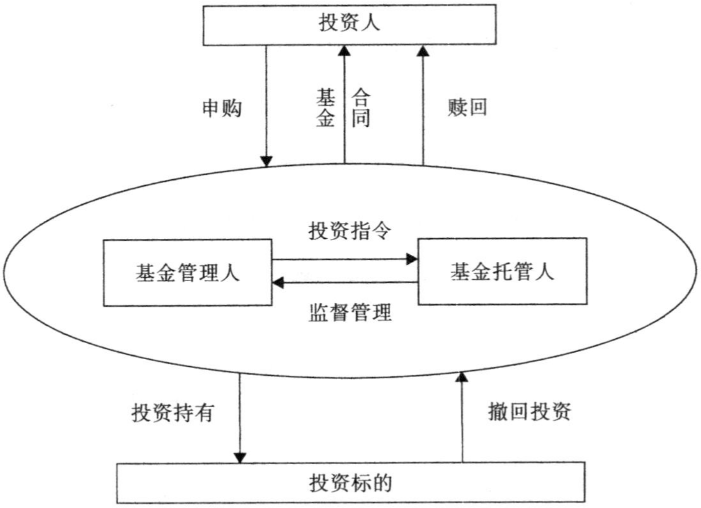

图1－2　基金产品法律结构

（三）商事信托是我国《信托法》的主要实践类型

在英美法系国家中，传统的信托制度主要依靠衡平法塑造，其功能在于实现教会对不动产的持有，避免国王对公民遗产所有权的剥夺，其应用的场景长期停留在民事信托领域。而在我国和日本的信托业中，信托制度的引入无一不是想要通过信托业吸引资金以推动经济建设，对于信托制度的讨论也应当回避传统英美信托制度的起源，将论述的重点聚焦于现代英美信托法在商事场景下如何运作。由于信托业与银行业在储蓄与贷款业务

① 参见《证券投资基金法》第二条。

② 资料来源：中国证券投资基金业协会，http：//www.amac.org.cn/researchstatistics/datastatistics/comprehensive/202005/P020200507598002697297.pdf，最后访问日期为2020年5月9日。

上的同质性，“信托”到底是作为一种基础的民事法律关系，还是作为一种金融行业的子分类，我们始终缺乏客观、准确的认识。

从信托的设立目的来看，信托产品和证券投资基金的设立目的不是委托人以特定目的向第三人转移信托财产，或者不特定第三方受益人分配信托利益，而是通过受托人专业化的管理运作，实现委托人财产的增值。通过前述的历史考证与分析可知，“信托”在我国的生根发芽与服务社会经济发展的目的始终紧密联系，制度定位始终围绕“受人之托、代人理财”展开，因而与商事信托的目的特征相吻合。

从受托人的管理强度来看，受托人除了需要接受委托人出于设立信托目的而向其转移的信托财产所有权，还需要依据自身的专业能力判断市场风险进而对信托财产的管理运作自主进行裁量。同时，受益人无法对管理受托人的适当性管理行为所造成的信托利益损失主张赔偿责任，因此，投资者必须接受信托财产可能面临的投资损失。例如，《信托公司集合资金信托计划管理办法》第八条明确要求作为受托人的信托公司不得向投资者承诺最低收益或者投资本金不受损失。[①] 而在民事信托与公益信托当中，受托人的职责更多体现为如何安全地向受益人转移或分配财产，即便有主动的管理行为，也是以信托财产不受任何经济损失为底线。

从内部信托当事人的结构性差异来看，在信托或者证券投资基金产品的法律结构中，受托人不仅是信托事务的管理者与执行人，也是信托财产的托管人与监督者。因此，《信托法》的共同受托人就是为金融产品提供法律框架的基础制度。但是，在民事信托和公益信托当中，内部信托当事人的结构较为简单，对受托人信托行为的监督大多依靠监察人或者委托人实现，其法律地位并非共同受托人。

综上所述，我国信托的基本类型划分并没有以历史嬗变为中心，将信托的类型局限于商事信托之中，而是将其应用的涵摄范围扩大至民事与公益领域。但是，从目前的实践轨迹来看，《信托法》绝大多数的应用场景是信托产品和证券投资基金，在民事或者公益目的之下鲜有涉及，对此，

---

① 参见《信托公司集合资金信托计划管理办法》第八条。

笔者不再赘述为什么民事信托与公益信托无法成为《信托法》的主要应用场景。因此，本书将信托法律定位问题限定于商事信托这一目的类型范围之内，一方面是将商事信托基础理论研究与其实践运用相结合，另一方面也体现出选题的基础价值。

第三节　我国商事信托的实践场域：资管产品

资管产品主要包括银行理财、信托产品、证券投资基金、证券资管计划、保险资管计划，指以接受投资者委托，受托管理投资者财产的金融产品，同时规定所有资管产品在没有法律、行政法规例外规定的情况下，应当由具有托管资质的第三方机构独立托管其资产。① 从组成资管产品的基本业务类型来看，除了信托产品与证券投资基金的基础法律关系由法律规定，其他资管产品的业务类型均由不同类别的金融机构担任管理人，例如银行理财子公司、证券资产管理公司等。目前，立法的态度十分模糊，未将其视为信托受托人。因此，并不是所有类型资管产品的基本法律关系都被《信托法》明确为信托关系，那么值得进一步讨论的问题就是其他资管产品的基础法律关系架构到底是信托关系还是委托代理关系。对此，理论上也存有争议。

一、其他资管产品概述

（一）银行理财

我国商业银行的理财业务发端于2004年，光大银行上海分行先后发行外币理财业务“阳光理财A计划”和人民币理财业务“阳光理财B计划”，自此银行理财业务在我国正式“破冰”。② 当然，银行理财业务并不

① 参见《关于规范金融机构资产管理业务的指导意见》第十四条。

② 柳灯：“银行理财十年发展脉络：从0到12万亿‘非标’资金池崛起”，《21世纪经济报道》2014年6月2日，第10版。

是我国首款资管产品，但因其借助银行网点众多与合格投资者门槛较低的优势，吸引了大批的自然人投资者进行投资。根据《中国银行保险报》的报道，2019年末银行理财的存续规模估计为26.84万亿元①，系资管产品中业务规模最大的理财业务。因此，首先应当对银行理财的法律构造进行剖析。

2005年9月，中国银行业监督管理委员会在对银行理财产品的初次规范中，将监管的重点放在产品分类方式、理财产品管理、风险管理与监督管理等方面，并未从投资者保护角度关注银行理财产品的基础法律关系，即投资者与理财机构之间的法律地位应当如何界定，《商业银行个人理财业务管理暂行办法》并未作出应有的回答。在中央金融供给侧结构性改革的推动下，对2005年颁布实施的《商业银行个人理财业务管理暂行办法》的修改也势在必行，并于2018年9月将其"更新升级"为《商业银行理财业务监督管理办法》。该管理办法规定，银行理财业务是指"指商业银行接受投资者委托，按照与投资者事先约定的投资策略、风险承担和收益分配方式，对受托的投资者财产进行投资和管理的金融服务"。② 相较于2005年颁布实施的《商业银行个人理财业务管理暂行办法》，2018年颁布的《商业银行理财业务监督管理办法》在法律保障机制上有以下三点进步：

第一，明确理财资金管理的独立性问题。在《商业银行个人理财业务管理暂行办法》中，监管机关并未对理财资金应当具有的独立性作出具体规定，而在随后发布的《商业银行个人理财业务风险管理指引》中，仅在第九条中对商业银行的资产与客户资产的分别管理作出抽象要求。由此可知，在银行理财产品存续的很长一段时间里，理财资金并不具有对世效力与排他性。时过境迁，《商业银行理财业务监督管理办法》对理财资金的对世效力与排他性均予以明确，这既是对《关于规范金融机构资产管理业务的指导意见》（以下简称"资管新规"）的"继承"，也是对理财资金管理与投资者保护的现实需要。其中，第四条规定，"商业银行理财产品财产独立于管理人、托管机构的自有资产，因理财产品财产的管理、运用、

① "2019年四季度银行理财规模环比下降0.3%"，http：//xw.sinoins.com/2020－02/06/content_326192.htm，最后访问日期为2020年10月27日。

② 参见《商业银行理财业务监督管理办法》第三条。

处分或者其他情形而取得的财产，均归入银行理财产品财产，商业银行理财产品管理人、托管机构不得将银行理财产品财产归入其自有资产，因依法解散、被依法撤销或者被依法宣告破产等原因进行清算的，银行理财产品财产不属于其清算财产”。①

第二，加强对商业银行内部管理行为的内部监督。在《商业银行个人理财业务管理暂行办法》中未提出理财产品应当引入独立的第三方托管人，同时在《商业银行个人理财业务风险管理指引》中也未对第三方对托管提出强制性要求。但是，在《商业银行理财业务监督管理办法》中，监管机关不仅对银行理财产品的托管作出明确要求，同时对托管机构的职责也作出明确规定，要求保管受托人应当监督理财产品的管理运作。②

第三，放开在银行理财产品中对投资顾问的引入。《商业银行理财业务监督管理办法》第四十八条明确规定了银行理财产品在治理结构中可以引入投资顾问，以及投资顾问的任职条件、商业银行与投资顾问之间的权责。③ 这方面的内容无论是在《商业银行个人理财业务管理暂行办法》，还是在《商业银行个人理财业务风险管理指引》中均未提及。但是，投资顾问在理财产品中处于什么样的法律地位，《商业银行理财业务监督管理办法》并未明确。

令人遗憾的是，有关银行理财的监管文件并未明确银行理财产品的基础法律关系问题，只是在明确理财资金的独立性的同时，要求实现内部治理结构的权力制衡。因此，失去信托法的理财资金是否可以在司法裁判中实现独立性，如何规范投资者与理财产品中诸多金融服务商的法律关系，有待对银行理财产品的基础法律关系进行分析后方能解释。

（二）其他

证券资管计划与保险资管计划分属不同的监管机构管理，但对其定义、法律构造均有相似表达，在资管新规中可以找到答案。此处不再赘述。

总而言之，通过对资管产品法律构造的观察，无论哪种资管产品，在

---

① 参见《商业银行理财业务监督管理办法》第四条。
② 参见《商业银行理财业务监督管理办法》第五十一条第五款。
③ 参见《商业银行理财业务监督管理办法》第四十八条。

监管机构、资金来源、投资者数量、投资模式以及基础法律关系上都有很大区别，但是法律构造却呈高度的相似性，即未被明确基础法律关系的资管产品出现了一种“类信托化”的倾向。一方面，要求不同的证券或保险资管产品分别结算，禁止串用，反映出受托人管理财产具有内部独立性的特征。[①] 另一方面，明确规定保险与证券资管产品的财产与管理受托人、保管受托人以及其管理的其他资管产品相独立，不因受托人的解散、撤销或者破产而列入清算财产，反映出受托人管理的财产具有外部独立性的特征。[②] 而诸多资管产品出现“类信托化”必然带来法律适用上的不统一，无论是对信托财产的保护，还是投资者利益的实现，均缺少了以信托法为基本法的资管产品，必然面临诸多现实困境，正如王涌教授所说，资管产品出现行业乱象的原因就在于“行信托之实，否信托之名，逃信托之法”。[③] 但是，资管产品的基础法律关系到底是什么？

二、资管产品基础法律关系的理论争议

（一）委托代理关系说

持委托代理关系观点的群体大多来自实务界，高民尚认为，作为资管产品之一的理财业务，指受托人基于与委托人的约定接受其货币资金、有价证券等金融资产，并在一定时期内将其投资于银行、证券或是期货市场，最终向委托人支付一定的收益的资产管理活动。[④] 其观点认为，从委托理财业务的法律构造上来看，一方面委托理财业务符合《中华人民共和国民法通则》（以下简称《民法通则》）、《中华人民共和国合同法》（以下简称《合同法》）中有关委托代理关系的构成要件，另一方面委托人通常

---

① 参见《关于规范金融机构资产管理业务的指导意见》第二条和第八条。

② 参见《保险资产管理产品管理暂行办法》第八条；《证券公司集合资管产品实施细则》（2013 年修订），第六条。

③ 王涌：“让资产管理行业回归大信托的格局”，《清华金融评论》2018 年第 1 期，第 82 页。

④ 高民尚：“审理证券、期货、国债市场中委托理财案件的若干法律问题”，《人民司法》2006 年第 6 期，第 27 页。

在委托理财合同中将投资品种、投资标的以及投资策略的制定权与执行权授予受托人，属于全权委托法律行为。此外，由于受托管理的机构并不是具有法定信托资质的信托机构，信托登记以及信托财产的独立性在理财业务中无法实现，也是对金融监管秩序的破坏，因此委托理财业务的基础法律关系也不应当是信托关系。①

笔者认为，这种学术观点的形成在于并未对“信托”概念当中所蕴含的两层含义进行区分，即金融产品与民事法律关系之间的差别。从信托的发展历史来看，先有信托业，后有信托法，而信托业更是大陆法系国家或地区金融行业的一种特殊的产物。从我国资本市场的现实需求来看，伴随着我国资本市场的深入发展，这种将委托代理关系作为资管产品基础法律关系的观点越来越不能满足金融实践的需求，也表现出其在解释力上的不足。

第一，委托代理关系无法实现多层级、多角色之间法律结构的规范与调整。众所周知，在一个资管产品中，除了需要设置管理人，一般情况下还有托管人、投资顾问等角色需要加入。在大多数情况下，托管人与投资顾问的加入是通过与管理人缔结合同实现的，此时就出现了托管人与投资顾问法律地位不明确的问题。即托管人与投资顾问的法律地位是应当认定为管理人转委托后的代理人，还是委托人的代理人，对此存在疑问。如果将他们的法律地位定位为委托人的代理人，与债法原理的合同相对性相背离；如果将他们法律地位定位为管理人转委托后的代理人，又会使托管人的托管职责与监督职责之间产生利益冲突。

第二，信托财产独立性欠缺。在委托代理关系下，管理人作为代理人所持有的委托财产为管理人所有，在管理人出现破产的情况下，委托财产将会并入代理人的破产财团当中。对此，有学者认为，“我国资产管理人很大一部分是金融机构，由于严格的牌照管制和隐形的国家担保，实践中基本无破产风险”。② 由此他们推导出，资产管理人所持有的投资者财产是

① 高民尚：“审理证券、期货、国债市场中委托理财案件的若干法律问题”，《人民司法》2006 年第 6 期，第 28 页。

② 谬因知：“资产管理内部法律关系之定性：回顾与前瞻”，《法学家》2018 年第 3 期，第 103 页。

否会被视为其破产财产当中的一部分，并不足以支撑其中的基础法律关系必须是信托关系。由于其作为持牌金融机构，并不存在现实或者将来的破产风险，因而没有必要将信托关系视为资管产品的基本法。但是，制度设计能否通过分别管理实现与资产管理人自己的财产相区分，和资产管理人是否会破产是两个完全不同的问题，前者如何实现取决于规范性法律文件的要求，而后者是一种“看得见的手”与“看不见的手”相结合的产物。信托财产的独立性并非只包含破产财团隔离一种法律效果，更是一种责任的隔离，也是一种资产分割的形式，其实现离不开成文法的确认。

第三，投资者权益凭证的可转让性法律效力存疑。实践操作中，投资者权益凭证作为投资者投资份额所对应的财产权，其在市场中应当具有流通性是其具有财产权属性的应有之义。但是，在委托代理关系下，投资者权益凭证的转让必然涉及资金、投资文件以及底层资产的变更，其背后潜在的法律风险与经济成本值得思考。相较于信托模式，仅通过受益权转让就可实现权益凭证在不同法律主体之间流转，可以在兼顾经济、效率的前提下，通过主体的变更实现金融资产由一方投资人向另一方投资人的转让。由此可知，委托代理关系作为一种具有普遍使用价值的民事法律关系，无法满足资管产品的应用中所面临的诸多现实需求。

（二）中间形态说

中间形态说，持这种观点的学者认为，将资管产品的基础法律关系机械地定义为委托关系或信托关系，很难得出定论。① 其原因在于，目前的资管产品类型中，保险与证券资管产品的监管规则并未对其交易结构的法律性质进行明确。如果将资管产品视为委托代理关系，则无法满足“资管新规”以及依据其制定的各类监管文件所要求的分别管理和破产隔离。同时，部分资管产品的管理人并不具有权力行使上的自主性与独立性，与信托法基本原理相冲突。而委托人也无法完全控制管理受托人对委托财产的管理、运作，与委托代理关系中委托人的控制权概念相去甚远。因此，在学理

① 刘燕、楼建波：“企业并购中的资管计划”，《清华法学》2016 年第 6 期，第 71 页。

上尚未形成统一理论之前，可以将其视为一种中间形态的新型合同关系。①

这种观点之下，在判断资管产品基础法律关系时并无统一的答案，其定性也处于动态变化之中。当投资者将其基础法律关系塑造为信托关系时，可通过信托法的规则予以规范。相反在标准的委托产品中，如证券公司与银行合作的定向资管业务，可以依据投资文件将其基础法律关系认定为委托代理关系。② 同时，在有些资管产品中，投资者作为最终的风险承担者对管理人的投资决策具有决定权，管理人只在管理行为中承担执行者的角色。对于此种权利义务的配比关系，也是资本市场时常反映出的一种产品需求，不宜用信托关系或是委托代理关系框定，以实际投资者与管理人之间实际的权利义务内容认定即可。

中间形态说观点存在的问题：

第一，不同资管产品中，投资凭证所涵摄的资产无法得到平等的法律保护。通过梳理各类与资管产品有关的法律和监管规则发现，不同的监管机构对不同资管产品在产品分类、合格投资者要求、投资者数量、核算方式等方面的要求存在差异，但是在管理人和托管人与信托财产之间的关系上却作出了统一的规范，即资管产品项下的资产为独立于管理人、托管人等金融服务机构的固有财产，当管理人出现破产或是清算时，资管产品的资产不属于破产财产或清算财产。因此，有的资管产品下资产的对世性与排他性依靠法律授权，例如集合投资计划以信托法为依据确认信托财产的独立性，法律效力的层级最高，在审判中很容易得到裁判对其独立性效力的司法确认；有的资管产品下资产的对世性与排他性依靠部门规章实现，例如银行理财，效力层级较低。由此产生的问题便是不同品种的资管产品受到不同的效力层级的法律规范保护，有违民法平等原则。

第二，信托财产独立性的刚性制度需求。与代理人的法律行为直接对被代理人产生法律效果不同，管理人作出民事法律行为首先对管理的资产

---

① 谬因知："资产管理内部法律关系之定性：回顾与前瞻"，《法学家》2018 年第 3 期，第 103—112 页。

② 谬因知："资产管理内部法律关系之定性：回顾与前瞻"，《法学家》2018 年第 3 期，第 104 页。

产生法律效果，而后传导至投资人，因此其法律关系由内部、外部两类组成。内部关系群依靠投资人与管理人所签订的资产管理合同即可实现，而外部关系群中信托财产的对世性与排他性需要依靠法律强制性规定实现。由于只有部分资管产品的基础法律关系为信托法所规制，因而尽管形式上看管理人对所管理的金融资产的底层财产拥有所有权，但还是通过《信托法》实现了财产的独立性，其排他性也随之被确认。但是，若依据民法规则确定其为委托代理关系，抑或是根据资管产品的实际状态确定其权利义务的内容，其受托人管理资产的对世性在司法裁判中如何认定就需要法官依据具体的案件事实、监管规则等裁判依据实现，投资者的资产安全也无法得到平等、稳定的制度保障。

第三，在现行的金融监管体系下，信托关系的适用以金融监管规则的批准为前提。在《信托法》颁布之后，国务院办公厅于2001年12月29日发布《关于〈中华人民共和国信托法〉公布执行后有关问题的通知》，其中明确要求《信托法》的适用以中国人民银行与中国证券监督管理委员会（以下简称中国证监会）的批准为前提。因此，中间形态说在实践中必将面临司法裁判机关无法依据基础法律关系的真实状态对其进行准确判断的可能。

（三）信托关系说

资管产品的基本运作规律体现了诸多信托法基本原理，然而近些年资管产品的乱象起源于各类资管产品“行信托之实，否信托之名，逃信托之法”①，因此应当尽快明确其基础法律关系为信托关系。其原因主要有以下三点：

第一，破除资管产品刚性兑付的顽疾。众所周知，管理人只要在资产管理的全流程中做到诚实守信与忠实勤勉，就不需对资产管理的负面结果承担补充赔偿责任，这也是信托法原理下信义义务的应有之义。但是，现阶段我国投资者在购买资管产品时，挑选的标准并非交易结构的设计、底

① 王涌：“让资产管理行业回归大信托的格局”，《清华金融评论》2018年第1期，第82—84页。

层资产的质量、管理人的专业能力等产品要素，而是基于对管理发行机构背后信用的信任。刚性兑付，顾名思义，在资管产品项下的底层资产变为不良资产时，金融机构承担了原本应由投资者承担的损失。因此，破除资管产品刚性兑付的顽疾对于国家来说有利于维护金融秩序与金融稳定，对于金融机构来说有利于防止因不良资产集中爆发可能产生的破产风险，对于委托人来说也是一次成熟投资者教育风口。

第二，明确受托人信义义务的客观诉求。信义义务在英美法中被称为受信义务，适用的范围集中于代理法当中的“委托—代理”问题，例如民法中的委托人与代理人之间的关系、商法中公司股东与管理层之间的关系。在美国，更是针对信义义务专门制定了部门法予以统一规范，例如《美国统一谨慎投资人法》第 2 条要求受托人在管理、运用信托财产时应当综合评判宏观经济环境、资本预期回报率、关联关系等问题。① 因此，代理人的职责或者合同义务的标准远低于信义义务对受托人的约束。在我国，信义义务所涵摄的法律规则仅限于信托法，并不包含委托代理关系或其他合同法律关系。当部分资管产品不能统一适用信托法时，管理人、托管人等本应受信义义务约束的代理人却不受信义义务约束，投资人保护便无从谈起。

第三，遏制资金池业务开展的现实需要。“资管新规”第十五条规定，资管产品不得开展具有“集合运作，分离定价的资金池业务”②，其信托法原理来自信托财产的独立性与分别管理的规则要求。③ 众所周知，资金池业务的商业逻辑与典型的“庞氏骗局”如出一辙，即通过对不同产品下的资产进行混同管理，使得投资人乃至监管机构无法洞察底层资产的实际质量，最终实现“拆东墙、补西墙的资金腾挪回补功能”。毫无疑问，资金池业务的运行方式直接击破信托财产所应当具有的独立性，同时也违背信托法分别管理基本原则。因此，将资管产品统一纳入信托法的规范轨道也

① 张淳：“《美国统一谨慎投资人法》评析”，《法学杂志》2003 年第 5 期，第 58 页。

② 《关于规范金融机构资产管理业务的指导意见》（“资管新规”）第十五条。

③ 王涌：“让资产管理行业回归大信托的格局”，《清华金融评论》2018 年第 1 期，第 83—84 页。

是一种维护资本市场稳定，有效保护金融消费者的现实需要。

三、资管产品的基本法是信托法

笔者赞成“信托关系说”，这一学说不可不谓击中近些年资管乱象的现实要害。从维护资本市场秩序的角度看，将资管产品的基础法律关系明确为信托法，是一种公共政策的客观需要。从保护金融消费者的角度看，将资管产品的基础法律关系明确为信托法，是一种私权保护的现实诉求。但是，论证路径与“信托关系说”相异，更多是从信托法的基本原理论证资管产品的基本法应该是，也必然是信托法。

（一）两者概念的相似性是“信托关系说”的合理性基础

据前文所述，对资管产品与信托概念比较分析后可知，各类法律、法规以及部门规章对资管产品的定义在法律运作机制上与信托的定义具有相似性。即委托人/投资人将自己所有的财产转移至受托人/管理人名下，以受托人/管理人名义对其进行管理、运作，最后将信托收益分配给受益人/投资人。此时，受托人/管理人管理行为所产生的法律效果先由受托人/管理人承担，然后在向委托人/投资人分配时转移。而委托代理的概念是，代理人于代理权限内，以本人（代理人）的名义向第三人所为意思表示或由第三人受意思表示，而对本人直接发生法律效力的行为。① 由此可知，委托代理的法律运行机制与信托存有诸多差异，“套用”在资管产品中也是削足适履。

一方面，受托人与代理人的行权主动性不同。对于代理人来说，其行为只能在委托人授权的范围展开，而这个范围具有确定性、具体性的特点。如果代理人的行为超出委托人的授权范围，则为无权代理，其行为的效力状态需要得到被代理人的追认，否则不对被代理人发生法律效力。由此可知，委托代理关系中代理人的行权依据是委托代理合同下被代理人对代理人的授权内容。但是在信托关系中，受托人行权的依据除了信托文件

---

① 王泽鉴：《民法总则》，中国政法大学出版社2001年版，第449页。

所要求的内容，还要对信托目的负责，具有超越合同条款内容的自主判断空间。因此，受托人行权的主动性要强于代理人。

另一方面，法律行为结果的第一承担主体不同。委托代理关系下，只要代理人的行为没有超过被代理人的授权范围，代理人法律行为的结果就直接由被代理人承担。[①] 而在信托关系中，受托人开展信托行为的法律结果在形式上首先由受托人承担，或者说由信托财产承担，信托终止时依据信托财产的实际清算状况按份额向受益人分配。由此可知，受托人开展的信托行为法律效果先回到受托人名下，再以受托人名义向受益人分配。因此，由于法律行为结果的第一承担主体不同，信托在运作机制方面较委托代理更加复杂。

当然，除了前述差异性表现，委托代理与资管产品的定义相比较同样具有概念上的关联性与相似性，也存在内部法律关系与权利义务内容都需要依靠合同搭建，法律关系建立的基础都是委托人对受托人/代理人信任等共性特点。因此，即便忽视两者概念之间的差异，单以相似性决定资管产品的基础法律关系就应当选择“信托关系说”，其说服力是不充分的。因此，有必要进一步围绕信托的核心元素对两者的差异进行分析方能证明资管产品的基本法是信托法。

（二）受托资产的安全性依赖信托财产独立性保障

在委托代理关系中，无论是无权代理还是表见代理，都需要外部第三人关注代理人的行为是否超出被代理人的授权范围。其中，委托代理关系中被代理人所委托的事项以事务性工作为主，很少涉及将被代理人的财产交由代理人管理的情况。我国民法规则针对委托代理中可能存在的问题主要将规制的重点放在代理人的行为是否与委托人所授权的内容相违背，以及超越代理权下的民事法律行为效力如何认定等问题。[②] 但是在信托关系中，外部第三人一般情况下并不需要对受托人的行为能力进行相应的判断，因为信托财产的持有者与支配者就是管理受托人。而信托行为所产生

① 参见《民法典》第一百六十二条。
② 李永军：《民法总则》，中国法制出版社2018年版，第817—818页。

的法律效果也由受托人作为合同相对人先行承担，再由受托人向受益人分配。此时，法律更多关注的问题是信托财产如何与受托人的财产相区分，如何与受托人管理的其他信托财产相区分以及受托人出现破产、清算时，信托财产如何不被列入清算财产或破产财团当中。① 由此可知，信托法律关系以信托财产独立性为中心，这恰恰与金融监管规则对资管产品项下信托财产的独立性要求相一致，是委托代理关系之力所不逮。

（三）信托文件的不完全性需要信托目的指引

在委托代理关系中，除非被代理人向代理人授权全权代理，代理人的行为不能超出被代理人的授权范围，而代理人未被授权的事项，代理人应当取得被代理人的授权方得行事，否则不对被代理人发生法律效力。一般认为委托合同的内容是具体与明确的，代理人清晰知道自己代理行为的方式、期限与内容。但是在信托关系中，囿于信托当事人无法预见信托期间可能突发的客观状况，加之签订完全的合同需要高昂的缔约成本，基于信托当事人在认知方面的有限理性和成本约束方面的理性权衡，信托文件更多地表现为一种不完全性。信托存续期间，受托人的管理行为无法与信托文件的约定条款一一对应，只要求其符合信托目的。因此，只要受托人的行为与信托目的相一致，符合诚实守信与忠实勤勉的标准，将受益人利益最大化作为自己的行为标准行事即可。

总而言之，我国资管产品的基础法律关系需要依靠信托法规范，也应当被信托法所规范，这是公共政策与私权保护赋予信托法的重任与担当。

小 结

本章作为本书的第一章，写作目的在于为后续的讨论提供分析框架，锁定研究范围。除商事信托类型下对信托目的的锁定，本章的分析框架主

① 董慧凝：《信托财产法律问题研究》，法律出版社2011年版，第104—105页。

要围绕如何实现信托财产的独立性和如何平衡信托当事人之间权利义务的内容展开。

通过对我国“信托”历史嬗变的分析，即其萌芽起源、发展以及信托法的确立的分析可知，“信托”无论是作为一种金融行业，还是一种民事法律规范，在我国的功能定位更多是一种金融产品的基本法。因此，本书研究也限定在以营利目的为中心的商事信托范畴当中，其功能在于使信托财产与身处不同法律地位的信托当事人的固有财产实现法律上的独立切割，受托人按照委托人的意愿管理其信托财产。简而言之，“受人之托、代人理财”。

从商事信托的实践场域来看，资管产品的基本法可能是信托关系，也应当是信托关系。因此，研究商事信托的法律定位问题，也是研究资管产品的制度需求问题，即何种法律定位下的信托法更加适应资管产品的实际运行需要，更加有利于平衡信托当事人之间的权利义务关系和塑造资本市场的信心。

第二章

信托的传统定位障碍与主体性回应

不同国家的立法对信托在本国民商事法律体系当中的定位千差万别，不同的学者对于商事信托的认识也不尽相同，因此商事信托如何进入我国民法典体系必然面临立法选择的问题。有鉴于此，有必要总结不同法律定位下的理论观点与立法路径，分析其进入我国民法典体系可能存在的障碍，为下一步的理论可能性、实践必要性以及制度建构导入论证基础。

第一节　财产权定位及其应用障碍

一、财产权定位的理论基础

英美法系国家普遍将信托视为财产权的一类，因此关于商事信托的财产权定位，应当首先从英美法系国家的财产法说起。

第一，信托是一种混合型的财产关系。在英美法系国家，普遍认为信托是财产关系的一种，或者说从信托的缘起来看，其就是一种财产关系。①此种观点认为，信托财产如果不是被受托人以普通法所有权人的身份为了受益人利益所持有，那就不会有信托这个法律概念。信托这种混合型的财产关系，一方面表现为信托的出现可以使两位以上信托当事人对信托财产享有财产权利，另一方面表现为受托人对受益人所负担的义务，即受托人与受益人之间除了包括财产性权利，还包括对人性权利。

第二，信托也是财产权的基本分类方式之一。劳森与拉登认为，信托法律关系当中的委托人为了受益人或者某一特殊的信托目的，将自己所享有的信托财产所有权转移至受托人名下。当信托生效之后，受托人不但基于法定所有权享有对信托财产进行管理与运用的权利，还负有不得在对信

① ［英］阿拉斯泰尔·哈德逊：《衡平法与信托的重大争论》，沈朝晖译，法律出版社2020年版，第56—57页。

托财产管理运作中侵害受益人利益的义务。此时，信托受益人相对受托人的权利表现为一种财产性权利，因而信托可以被视为财产权的一类。①

由此可知，在英美法系国家将信托视为财产权的一种并未强调受托人对信托财产所有权的享有，主要在表达受益人相对于受托人所享有的财产性权利。这种权利的内容并不包括管理或控制信托财产，只包括向受托人主张财产利益收入或者本金的权利。② 而英美法系国家在裁判中承认受益人在信托关系中的财产性权利，其合理性来自对普通法所有权与衡平法所有权的类型划分。然而，这是一种对双重所有权的误读，因为成文法规范并未对受益人的权能进行立法确认，其隐藏于衡平法院法官的良心之中，只有诉至衡平法院并被衡平法院所确认时，才会成为实质上的权利。所以，也可以认为衡平法所有权并不是一种独立的财产权利或者财产权类型，而是一种需要得到衡平法院确认的产物。③ 当信托受益人权利的实现需要得到衡平法院的确认才可以实现时，就存在衡平法院不对“受益人”权利确认的可能，因而这种权利具有不稳定、不确定的特征。因此，信托在英美法系国家被视为财产权，有赖于衡平法对信托财产权利束的切割与分离，其本质与大陆法系中存在的“所有权——限制物权”的架构极为相似。④

二、比较法的定位方式

（一）加拿大《魁北克民法典》：特定目的财产

在成文法国家中，加拿大《魁北克民法典》将信托视为财产法的有机

① ［英］F. H. 劳森、［英］B. 拉登：《财产法》（第二版），施天涛等译，中国大百科全书出版社 1998 年版，第 36—37 页。

② ［美］斯普兰克林：《美国财产法精要》（第二版），钟书峰译，北京大学出版社 2009 年版，第 456 页。

③ ［英］莎拉·威尔逊：《托德与威尔逊信托法》，孙林、田磊译，法律出版社 2020 年版，第 8 页。

④ 徐化耿：“信托‘双重所有权’问题之证伪”，《商事法论集》2015 年第 1 期，第 34 页。

组成部分。

由于加拿大魁北克地区的统治权长期被英、法两国所争夺，在其民法传统方面兼具民法法系传统与普通法传统。① 因此，在加拿大联邦的法律体系呈现出“一国两系”的立法特色，其中《魁北克民法典》也必将面临与联邦其他法律制度的对接与融合的问题。② 在 18 世纪后期的“英法战争”之中，法兰西在加拿大魁北克地区的统治权被英国所夺取，原来以法国民法为基础的民事法律规范也随之面临被废除的境地，取而代之的是英国的普通法制度，但遭到原法属公民的抵制和反抗。英国统治者为了沿用魁北克地区原本稳定的民事法律关系，遂颁布《魁北克法案》，允许在私法领域施行原有的法国民法传统。③ 然而，民法成文法规范的保留并不能带来法律适用上的统一，那时魁北克地区的法官，来自法国的法官在司法裁判中仅适用法国法，而来自英国的法官在司法裁判中仅适用英国法，由此造成不同法官在同一地域范围内适用法律规则上的差异与混乱。④

为了消解魁北克地区在民事法律规范适用上的混乱，1857 年 6 月，由乔治·卡迪艾提交的“关于下加拿大（魁北克）有关制定民法典的法案”获得通过，其立法目标是在借鉴法国民法典的基础上重新建构魁北克地区的民法典。随后于 1865 年完成《下加拿大（魁北克）民法典》的编纂，并成为今天魁北克地区最为重要的民事法律制度，其编纂体例由前言与四编正文内容组成，但是每一编的内容均未对信托制度的内容予以规定，信托法也是作为民法的特别法独立存在于民法典体系之外。直到 1888 年《下加拿大（魁北克）民法典》更名为《魁北克民法典》时，信托才被民

---

① 李彤：《加拿大法律制度的历史发展》，法律出版社 2019 年版，第 94—95 页。

② 徐国栋：“《魁北克民法典》的世界”，《中外法学》2005 年第 3 期，第 257 页。

③ 刘艺工：“加拿大《魁北克民法典》的变迁及启示”，《南开法律评论》2017 年第 1 期，第 1—10 页。

④ 参见 Claire L'heureux – Dube，The Quebec Experience：Codification of Family Law and a Proposal for the Creation of A Family Court System，44 In Louisiana Law Review 1575 (1984)，转引自徐国栋：“《魁北克民法典》的世界”，《中外法学》2005 年第 3 期，第 261 页。

法典的“财产”编所吸收。①

目前，尽管《魁北克民法典》将信托置入“财产”编当中，但是对于魁北克地区将信托定位为权利主体还是权利客体，在我国的理论界还有争议。有的学者认为，在《魁北克民法典》中信托是一个享有权利，承担义务的法律主体，其信托财产所有权也归属于信托而非受托人。② 对此，楼建波教授解释，由于受法国殖民统治的影响，《魁北克民法典》使用一般财产与特别财产的类型化划分实现对信托财产所有权的塑造，即没有所有权人的特殊目的财产。③ 另外，还有学者认为，与信托在《魁北克民法典》中的位置相一致，信托定位为应当是目的财产。其原因在于，依据《魁北克民法典》第 1257 条的规定可知，特定目的财产与法人完全是两个不同的概念，前者归属于公益信托调整，后者被同类法人规则所规范；同时，在加拿大有关信托的民事诉讼中，通常是由受托人承担诉讼当事人的角色，而非信托主体。④

应当说，信托在加拿大《魁北克民法典》中的定位应当是财产法的一部分，而非法人或权利主体，此观点与前述学者通过特定目的财产解释信托的定位相一致。原因主要有以下三点：

第一，立法机关认为信托属于特定目的财产，属于财产法规范当中的一部分。《魁北克民法典》由“权利主体”“婚姻家庭”“继承”“财产权”“债”“优先权和抵押权”“证据”“时效”“权利公示”以及“国际私法”十编组成。⑤ 其中，信托位于“财产权”编的“特定目的财产”中，其定义为，“信托产生于信托人的设立行为，依此行为，信托人从其财团

---

① 徐卫：“信托融入民法典的逻辑理据与体例选择”，《交大法学》2019 年第 2 期，第 54 页。

② 何锦璇：“信托立法不宜操之过急”，《北大法律评论》1998 年第 2 期，第 627 页。

③ 楼建波：“信托财产关系与物权法原则的冲突——兼论信托财产关系的民法典表达”，《交大法学》2019 年第 2 期，第 20 页。

④ 赵廉慧：“信托财产权法律地位新解——‘双财团理论’的引入”，《中国政法大学学报》2016 年第 4 期，第 115 页。

⑤ 孙建江、郭站红、朱亚芬译：《魁北克民法典》，中国人民大学出版社 2005 年版，第 1—8 页。

中转移一定的资产于他设立的另一财团，他将此等财产用于特定的目的，受托人以其接受行为保有并管理此等财产”。① 因而，从法典的编纂体例来看，信托在《魁北克民法典》中的特殊位置被立法机关归入财产法当中。

第二，关于“财团”在《魁北克民法典》当中的理论内涵是财产的集合，而非其他大陆法系中所称的财团法人。持有“财团（法人）说”的学者认为，信托在加拿大魁北克地区被认定为法人或财团，其原因大多来自法条当中将信托财产描述为“财团”。但是，此“财团”并非传统大陆法系民法中财团法人的“财团”，而是一种私法当中财产权的集束，正如《魁北克民法典》第2条所规定，“任何权利主体都拥有财团（Patrimony）”。② 对此，法国学者早在19世纪就已经揭示“Patrimony”一词的理论内涵。奥布里和罗认为，“Patrimony”一词主要指广义上的财产权，主要由积极财产与消极财产组成，其中前者主要指财产权的整体与加和，而后者主要指财产权的债务与负担。③ 因此，“财团”一词在《魁北克民法典》中并不指财团法人，而是一种财产权利的集束，所以信托财产所形成的财团也不应当被认为是法人的一种。

第三，信托在《魁北克民法典》当中不具备法人的基本特征。其一，法人形态法定主体，即法人的设立需要依据法律。在没有法律规范明确规定信托为法人的条件下，无法判定信托在加拿大魁北克地区具有法人属性。其二，法人的民事法律行为需要通过董事会或者成员大会以法人的名义作出，但是信托行为需要以受托人自己的名义作出。其三，依据《魁北克民法典》第305条的规定，法人设立时需要有自己的名称。④ 但是，魁

① 孙建江、郭站红、朱亚芬译：《魁北克民法典》，中国人民大学出版社2005年版，第160页。

② 孙建江、郭站红、朱亚芬译：《魁北克民法典》，中国人民大学出版社2005年版，第1页。

③ 尹田：“无财产即无人格——法国民法上广义财产理论的现代启示”，《法学家》2004年第2期，第47页。

④ 孙建江、郭站红、朱亚芬译：《魁北克民法典》，中国人民大学出版社2005年版，第39页。

北克地区的信托作为特定目的财产，并未拥有自己的名称，受托管理的财产不是以信托的名义持有，受托人的管理行为也不是以信托的名义作出。综上所述，加拿大的《魁北克民法典》认为信托是一种财产权，属于特定目的财产，其法律效果在于实现信托财产在外观上与信托当事人的其他财产相区隔。

（二）《智利共和国民法典》：附条件所有权

《智利共和国民法典》的编纂体系由“人”“财产及其权能”“继承与赠与”和“债与合同”四编组成，其中“信托”位于第二编“财产及其权能”中。[①] 在该编第八题“所有权的限制以及关于信托所有权的规定”对信托的概念作出明确定义，“所有权如附有依条件成就的事实而转移与他人的负担，称信托所有权，信托所有权的创设，称信托”。[②]

因而，智利的立法机关将信托所有权视为以所有权为基础的派生权利，受托人对信托财产所拥有的所有权在智利民法当中是一种附条件所有权，其特征如下：

第一，无论是有形财产还是无形财产，均可以成为信托财产。《智利共和国民法典》对财产权的分类方式并不像传统颁布民法典的国家一样对财产权进行物权与债权的划分，而是在其第二编“财产及其权能”中对各类财产权的基本类型进行提纲挈领式的界定，即有形财产与无形财产。其中，有形财产包括具有实际形体且可以被感官察觉的物，而无形财产则包括纯粹的权利。[③]

第二，受托人所拥有的信托财产称为“信托所有权”，这种所有权是一种权能受到限制的所有权。信托设立时，委托人需要按照成文法的规定将信托财产的所有权转移至受托人名下，因此受托人拥有信托财产的所

---

① 徐涤宇译：《智利共和国民法典》，金桥文化出版（香港）有限公司 2002 年版，第 38—47 页。

② 徐涤宇译：《智利共和国民法典》，金桥文化出版（香港）有限公司 2002 年版，第 171 页。

③ 徐涤宇译：《智利共和国民法典》，金桥文化出版（香港）有限公司 2002 年版，第 143 页。

有权。[①] 但是，这种特殊的所有权类型需要在转移前就明确附加条件，并且在所附条件成就时交还给信托受益人。其与《智利共和国民法典》中完全所有权的区别在于，受托人对信托财产的占有与处分受到了信托所有权形成时所附条件的限制。

第三，信托财产登记的范围仅限定于有体物当中的不动产。《智利共和国民法典》第735条规定，设立信托的财产为不动产时，应当对其进行适当的登记。由此可知，尽管在智利，用于设立信托的财产权类型并不囿于不动产，但是信托财产登记的所有权类型却仅限于土地或者房屋，也正是在特定的所有权类型之下才需要对信托财产进行相应的登记以实现其对世效力，而动产与无体物并不需要进行信托财产登记。因此，智利的立法机关清醒认识到，信托财产登记只能作为有形财产中不动产的信托财产独立性的实现方式，而不能覆盖所有的财产权类型。

三、财产权定位的应用障碍

（一）法律传统差异

众所周知，英美法系的法律渊源由成文法、普通法以及衡平法组成，其中成文法产生于"国王＋议会"，普通法规则与衡平法规则分别来自普通法院与衡平法院。[②] 直至今天，普通法规则的适用范围仍以合同与侵权为主，其规则一方面来自罗马法、日耳曼习惯法、议会的立法以及国王的敕令，另一方面来自令状制、陪审制、巡回审判制、诉讼中的对抗制以及交叉询问制。[③] 因此，普通法规则在法官造法与规则能动之间形成良性的互动关系，即大法官在司法审判中可以通过陪审员掌握民间的行为习惯，

① 徐涤宇译：《智利共和国民法典》，金桥文化出版（香港）有限公司2002年版，第171页。

② F. W. Maitland, Constitutional History of England, Cambridge University Press, 1946, p. 297—298，转引自李红海："自足的普通法和不自足的衡平法——论英国普通法和衡平法的关系"，《清华法学》2010年第6期，第20页。

③ 李红海："普通法研究在中国：问题与思路"，《清华法学》2007年第4期，第10—11页。

并使之上升为普通法规则，而陪审员也可以通过法官对法律规则的释义深入理解法律常识。但是，看似“永葆青春”的普通法规则在发展中也遇到过瓶颈，即程序形式主义、救济方式单一以及内容保守主义，并直接导致衡平法规则的出现。① 程序形式主义直接导致司法裁判中出现重程序轻实体的现象出现，而救济方式的单一直接导致对权利被侵害人的救济仅体现在金钱赔偿方面，无法对被侵害人的期待利益进行补偿，而最为重要的是，内容上的保守主义直接导致对受益人权益的直接否认。因此，为了缓解普通法规则在适用上的严苛与僵硬，维护大法官在司法裁判中所扮演的良善之法的保卫者角色，依靠国王所赋予的司法权与行政权创设了衡平法规则。② 其目的在于缓解普通法规则的僵硬与严苛。对此，英国法学家梅兰特将普通法规则与衡平法规则之间的关系总结为，普通法规则与衡平法规则并不是两个相互对立或者独立的法律框架，其关系是“法典和附件，文本与注释”。③ 由此可知，衡平法不但是一种裁判规则，还是一种司法裁判方法，是一种为了防止司法裁判中可能出现的不公正来保证正义的实现方式，而受益人衡平法所有权的实现离不开衡平法院对其权利的确认。因此，衡平法院所确认的受益人衡平法所有权是一种针对受托人的权利，具有对人权的性质。④

但是在我国，并不存在衡平法院或者衡平法规则，正式的法律渊源并不存在一个动态的司法系统对受益人的权利进行财产权化的司法确认。⑤ 同时，双重所有权也与民法规则中的一物一权原则相冲突，其本质扭曲了物债二分下所有权的概念与性质，必然导致信托财产与信托当事人之间的

---

① 李芳：“英国衡平法初探”，《河北法学》2000 年第 1 期，第 130 页。

② 高桐：“论英国衡平法的产生及其早期的发展”，《比较法研究》1987 年第 2 辑，第 48 页。

③ 参见 F. W. Maitland, Equity also the Forms of Action at Common Law, Cambridge University Press, 1909, p. 156. 转引自李红海：“自足的普通法和不自足的衡平法——论英国普通法和衡平法的关系”，《清华法学》2010 年第 6 期，第 24 页。

④ 张天民：《失去衡平的信托法——信托观点的扩张与中国〈信托法〉的机遇和挑战》，中信出版社 2004 年版，第 20 页。

⑤ 张文显主编：《法理学》(第五版)，高等教育出版社 2018 年版，第 89 页。

权利混同。①

由此可知，应当认为并不是双重所有权对大陆法系国家的物权法定主义与物权的不可分割性发起了挑战，而是大陆法系国家缺少像英美法系国家那样一套系统的衡平法制度，进而导致受益人的权利无法被司法所确认。因而，在我国将信托定位为财产权，必将面临司法体系与财产权体系的双重挑战。

（二）财产权体系的差异

关于我国财产权体系的物债二分特点与英美法系以及加拿大的《魁北克民法典》中关于财产权的统一规定的差异比较，详见下节中物权定位的应用“痛点”的详细分析。

第二节　物权定位及其应用障碍

一、物权定位的理论基础

物权定位的理论基础大多由我国学者提出，逻辑起点是从信托受益权的性质出发。因此，先后有多位学者分别从信托受益权的所有权类型、物权特征以及在民法典中的归宿等角度对信托进行物权定位。总的来说，将信托定位于物权法范畴，在我国属于主流观点。

（一）信托受益权是一种总括式的物权②

信托受益权成为物权最大的障碍是信托物权是否破坏了物权法定主义对于物权类型法定化的禁锢。应当说，物权法定主义产生的背景既有历史

---

① 尹田：“论一物一权原则及其与‘双重所有权’理论的冲突”，《中国法学》2003年第2期，第73页。

② 王涌：“论信托法与物权法的关系——信托法在民法法系中的问题”，《北京大学学报（哲学社会科学版）》2008年第6期，第99页。

的原因，也有功能主义的需要。

历史的原因主要在于法国大革命之前的封建社会中，物权的数量庞杂，仅土地租赁关系就存在三种以上，而出租人的权利被视为封建特权的一种。[①] 法国大革命时期的立法者认为，对所有权财产权利的分割与负担的加持是封建主义的典型特征。为了保障个人财产的自由流通，废除封建残余势力对所有权的不当限制，在随后的立法活动中逐渐开始对所有权的类型、数目进行规范。但是，在《拿破仑民法典》中并没有对物权法定主义进行相似的立法表达，其第544条的内容是对所有权限制性规定的排除，即所有权是绝对享用和处分物的权利。[②] 其实质是在强调所有权类型与内容的完整性，防止封建势力对所有权的任意切割。当然，这种历史背景的考察的真实性还存有争议，但对所有权限制的防范也因具有合理性而被广泛接受，而这一原则也被《日本民法典》《韩国民法典》《阿根廷民法典》与我国《民法典》所采纳。

功能主义的需要主要来自"交流理论"的支撑，即通过对物权类型与内容的法定化，可以减少信息成本所造成的外部性问题。[③] 如果放任当事人任意创设财产权，对于交易的第三人来说其对财产权的类型、内容以及数量将因非标准化的原因导致判断难度与成本大大增加。但是，通过物权法定主义的规制，所有权的类型、内容有了统一的标准，第三人对物权的判断也将更加便捷，交易成本也随之降低。因此，有关物权法定主义不应作为阻碍信托受益权成为法定物权类型的原因包括：首先，信托物权项下所包含的物权类型并没有超出法定物权类型的内容。例如，担保物权项下既可以包括不动产，也可以包括不动产。所以，信托物权突破了原有的法定物权类型是站不住脚的。其次，信托物权不会无限放大财产权权能的数

---

① 尹田："论物权法定原则的解释及其根据"，《河南省政法管理干部学院学报》2002年第4期，第21页。

② 尹田："论物权法定原则的解释及其根据"，《河南省政法管理干部学院学报》2002年第4期，第22页。

③ 王涌："论信托法与物权法的关系——信托法在民法法系中的问题"，《北京大学学报（哲学社会科学版）》2008年第6期，第99页。

量。将信托受益权定位于信托物权，其权利内容主要包括收益请求权和撤销权，受益人所享有的权利较为明确且具体。但是，用益物权与之相比更加复杂多变，其权能还包括对他人所有之物的占有、使用与收益。[①] 最后，信托受益权的登记不因信托契约的自由约定而复杂化。因为登记的内容仅包含具有物权效力的内容，与其他他物权相比不见得会更加复杂多变。信托受益权作为所有权的一种，其所有权的类型完全由信托法所创设，而信托法并没有超出规范性法律文件的范畴，与物权法定主义并无冲突。因此，信托与物权法体系不相容的观点是站不住脚的，它可以作为一种总括式的物权进入物权法。

（二）信托受益权具有对物性[②]

物权权能中所具有的对世权与对人权是物权的本质特征，也是作为民事权利客体的物权与债权或契约的分野标志。

第一，信托受益权的客观基础是“物”。[③]“物”，依据我国《民法典》的规定，此处所说之物是有体物，是可以为权利主体占有与使用的对象，是物权的客体所在。[④] 在信托法律关系中，表面上看受益人权利的内容并不包括直接支配信托财产的权能，但是受益人享有的是以信托财产为核心所衍生出的利益。当以信托财产为基础的财产权利是可以被识别、确定的“物”时，信托受益权就可以被识别存在。当这种财产权利所依附的“物”非因受托人的原因出现遗失、灭失以及减损等情况，信托受益权也存在灭失的可能。与之相反，契约或债是典型的对人权，买卖合同中的交易商品在完成所有权的物权变动之前，如果出现遗失、灭失等特殊情况，买受人既可以选择要求出卖人继续履行合同，也可以要求出卖人承担违约责任，并不必然导致买受人权利的丧失。因此，信托受益权具有对物性，只要信

---

① 杨立新：《物权法》，高等教育出版社2007年版，第151页。

② 陈雪萍：“信托受益人权利的性质：对人权抑或对物权”，《法商研究》2011年第6期，第73—81页。

③ 陈雪萍：“信托受益人权利的性质：对人权抑或对物权”，《法商研究》2011年第6期，第76页。

④ 参见《民法典》第一百一十五条。

托财产的权利灭失，信托受益权也随之消灭。

第二，信托受益权具有支配性。所谓物权的支配性，是指“所有权人可以依自己的意思表示，在没有其他法律主体的介入或者干涉下，可以对标的物进行使用、收益与处分的权利，并最终实现其权利内容的特性”。[①] 在信托法律关系中，受益权的支配性一方面表现为受益人将信托受益权作为一种财产权进行支配。受益人可以对信托受益权整体转让，也可以将其拆分成若干个具有不同财产价值的受益权并向第三人进行处分。因此，受益人的处分行为既可以在不通知或不征求受托人意见的情况下转让，也可以在受益人、受托人以及第三方受让人之间以合同形式实现转让；受益人可以在第三方受让人支付对价的情况下实现转让，也可以以赠与的形式向第三方受让人转让作为受益人的权益。总之，信托受益权可以成为物权的一种而具有支配力。另一方面表现为受益人对信托受益权所涵摄的信托财产在使用上的支配，显然这种支配是一种间接支配，主要以指令的形式要求受托人就信托财产的管理方式作出相应的调整。在商事信托当中，信托的种类为自益信托，受益人与委托人为同一民事权利主体，受益人可以通过指令的形式要求管理受托人在信托目的、信托管理方式等上实现调整，以实现自己对信托物权的支配。

第三，信托受益权具有对世性。对世性是传统民法概念，其作用范围是物之所有权人在占有、使用、收益、处分方面所享有的绝对权利，可以用于对抗一切权利侵犯之人，除所有权人之外的人都负有不侵犯其权利的义务。[②] 因而可以推之，信托受益权的对世性是指在受益人的权利范围内，其所拥有对抗除善意第三人之外任何人权利主张的权能。对于信托受益权来说，其对世性主要分为因外部法律关系所产生的对世效力与因内部法律关系所产生的对世效力。因外部法律关系所产生的对世效力一方面包括信托财产在管理、运作过程中，受益人除了不能对抗善意第三受让人对信托财产的取得外，其权利可对抗任意第三人；另一方面在除却法定情形下，

---

① 王文宇：“物权法定原则与物权债权区分——兼论登记公示制度”，载于《民商法理论与经济分析（二）》，中国政法大学出版社2003年版，第13页。

② 孙宪忠：《德国当代物权法》，法律出版社1997年版，第79—89页。

受托人管理的信托财产不得被第三人申请强制执行，而委托人、受托人及受益人均有权对此提起执行异议的诉讼。因内部法律关系所产生的对世效力是指受益权下的信托财产与受托人自己的财产相区隔，也与受托人接受信托的其他信托财产相区分，其产生的法律效果在于实现遗产与清算、破产财团以及抵消之排除。① （1）遗产与清算财产之排除。遗产之排除只适用于受托人为自然人时的情形。而清算之排除适用于受托人被依法解散或者撤销的情形，即受托人的死亡或被依法解散或者撤销时，其法律效果不影响受益人对信托财产所有权的控制状态，其权利具有对抗受托人之遗产继承人或者不列入清算财产的法律效果，因而在信托关系内部具有对世性。② 例如，我国《信托法》规定，“受托人死亡或者依法解散、被依法撤销……而终止，信托财产不属于其遗产或者清算财产”；③ 我国台湾地区“信托法”第十条规定，“受托人死亡时，信托财产不属于其遗产”。④（2）信托财产不得列入受托人的破产财产当中。⑤ 当受托人为法人时，作为受托人因宣告破产而面临破产清算，其管理的信托财产并不会因其财产权在受托人名下而并入受托人的破产财团当中，此时信托财产面对破产债权具有对世效力。《日本信托法》第25条对信托财产与受托人的破产财团之间的关系做了详细的规定，“受托人经法院裁定可以启动破产程序之时，信托财产就不属于受托人的破产财团，同时信托财产的债权不得列入破产债权”。⑥ 我国《信托法》第十六条第二款对这一内容做了简单的规定，“受托人……被宣告破产而终止，信托财产不属于……清算财产”。⑦（3）抵消之排除。抵消权是合同法规则下民事主体权能，其行使的前提是合同相

---

① 王文宇：“信托之公示机制与对世效力”，《月旦法学杂志》2002年第12期，第181—182页。

② 王文宇：“信托之公示机制与对世效力”，《月旦法学杂志》2002年第12期，第182页。

③ 参见《信托法》第十五条。

④ 我国台湾地区“信托法”第十条。

⑤ ［日］能见善久：《现代信托法》，赵廉慧译，中国法制出版社2011年版，第49页。

⑥ 参见《日本信托法》第25条。

⑦ 参见《信托法》第十条。

对人之间互负债务，经通知或协议的形式可以相互抵消。在我国《信托法》中，受托人不得将信托财产的债务与其固有财产的债务相互抵消，也不得将不同信托之间信托财产的债务相互抵消。[①] 由此可知，对世性已经成为信托受益权的一般性权能。

第四，信托受益权有追及性。追及性在英美法系中来源于物权客体代位主义，法律渊源来源于英美法系普通法中的物权客体可识别代位物规则以及衡平法中的物权客体代位规则，表现为无论物权类型发生了何种变动，也无论物权的所有权归属发生了何种调整，原权利人均有权主张权利。[②] 在英国主要表现为信托追索制度。最开始，受益人行使追索权的范围仅限于通过衡平法院向受托人主张履行信托义务，要求其赔偿因不当管理行为给信托财产造成的损失。因而，此时信托受益权仅是一种相对于受托人的权利，并不具有向外部第三人主张权利的权能。但是到了 15 世纪，英国的衡平法院逐渐开始通过追索制度扩大受益人主张权利的范围。即当受益人有证据证明信托当事人以外的第三人是在明知受托人所持有的不动产是信托财产，且违反信托目的的情况下受让，则受益人可以基于衡平法所有权向信托财产的受让人主张返还土地。[③] 正如米利特勋爵所说，追索制度并不是索赔或是救济，而是在不干预已支付合理对价的善意第三人的情况下主张衡平法所有权的权益，并要求恶意第三人将已取得所有权的财产恢复至信托名下。[④] 因此，美国学者就提出，“衡平法院基于信托受益人所享有的衡平法所有权赋予其对信托财产的追及权，可以认为这种权利的行使对象并不局限于信托受托人，而是具有向外部第三人主张权利的追及性与对世性，属于物权这类财产权利”。[⑤] 而在民法法系中，信托受益权的

---

① 参见《信托法》第十八条。

② 刘正峰：“物权客体代位主义研究”，《法商研究》2010 年第 4 期，第 97 页。

③ 王涌：“论信托法与物权法的关系——信托法在民法法系中的问题”，《北京大学学报（哲学社会科学版）》2008 年第 6 期，第 95 页。

④ ［英］菲利普·H. 佩蒂特：《佩蒂特衡平法与信托法》（下册），石俊志译，法律出版社 2020 年版，第 768 页。

⑤ Austin W. Scott, The Nature of the Rights of the Cestui Que Trust, 17 Columbia Law Review 269, 270 (1917).

追及性主要体现在大陆法系国家或地区物权的物上代位性和追及力上。一方面，信托受益权的追及性不但涵摄信托设立时委托人向受托人转移的信托财产，还包括受托人在对信托财产管理、运作处分之中而取得的财产。[①]另一方面，大陆法系国家或地区的信托法中均在保护善意第三人的基础上明确了信托受益权有关追及力的内容，即信托受益权的权能包括撤销受托人违反信托目的或信托文件约定所作出的信托行为。例如，我国《信托法》第四十九条规定，"受托人有本法第二十二条第一款所列行为，共同受益人之一申请人民法院撤销该处分行为的，人民法院所作出的撤销裁定，对全体共同受益人有效"。[②] 而在《日本信托法》、我国台湾地区"信托法"中，也有与我国《信托法》相类似的规定，即受托人已对信托财产进行公示，且信托财产的受让人主观上系属恶意的情况下，受益人可以通过法院撤销受托人的信托行为。[③] 由此可知，信托受益权与物权在对物性方面具有高度的相似性。

（三）信托受益权是一种不完全所有权[④]

楼建波教授出于解决信托财产所有权与物权法基本原则之间制度张力的考量，在借鉴《阿根廷民法典》的基础上将信托定位为物权法，提出通过引入"特殊所有权"或者"不完全所有权"消解一般所有权与信托所有权之间出现的制度张力，同时还需要明确信托所有权随着信托的终止而消灭。[⑤] 因此，在民法典中应当对信托作为一种不完全所有权的法律地位进行明确。

---

① 赵廉慧："信托财产确定性和信托的效力——简评世欣荣和诉长安信托案"，《交大法学》2018 年第 2 期，第 172 页。

② 参见《信托法》第四十九条。

③ 我国台湾地区"信托法"第六条和第十八条。

④ 楼建波："信托财产关系与物权法原则的冲突——兼论信托财产关系的民法典表达"，《交大法学》2019 年第 2 期，第 22 页。

⑤ 楼建波："信托财产关系与物权法原则的冲突——兼论信托财产关系的民法典表达"，《交大法学》2019 年第 2 期，第 21 页。

二、比较法的定位方式

《阿根廷民法典》是立法例中旗帜鲜明地将信托定位为物权的国家，其编纂体例主要由“人”“民事法律关系当中的对人权”“物权”“物权和对人权的共同规定”四卷组成。① 而有关“信托”的内容被安排在第 3 卷第 7 题的“不完全所有权”中，第 2662 条规定“所有权若系基于合同或遗嘱中设立的一项信托而被取得，并且为了向合同、遗嘱或法律规定之人移交标的物，该所有权仅应存续至信托消灭之时，则该所有权为信托所有权”。② 一般认为，信托财产所有权作为所有权的一类，无法对其权能进行分割，但是在《阿根廷民法典》的规定下，信托财产的权能可以被从属所有权所分割，受托人所拥有的信托物权将因其所有权的不完整而面临随时被撤销的可能。

那么，在阿根廷的民法典体系中将信托定位为物权，而非是财产法或是契约法，原因有以下三点：

第一，《阿根廷民法典》对财产权采取物权与债权区分的立法范式，而信托在民法典当中的位置为“物权”卷的“不完全所有权”。因此，从编纂体例的角度来看，立法机关将信托视为物权所有权的一类。

第二，阿根廷的民法典体系中将本国的财产权划分为对人权与对物权，其中对物权只包括具有物理形态的财产，因而可以用于设立信托的财产也被限定为有形财产或者有体物，并不包含不具有物理形态的财产权利。《阿根廷民法典》第 2311 条对“物”进行了准确的定义，即“有价值的有体性客体在本法定中称之为物”，而《阿根廷民法典》第 2661 条规定更进一步对信托财产的所有权类型进行了相应的限定，即动产或不动产财产形成信托物权。③ 因此，不具有物质性客体或者其他财产性权利无法形成信托财产的所有权，也就是说其第 2 卷中所规定的债权性财产权利无法

① 徐涤宇译注：《最新阿根廷共和国民法典》，法律出版社 2007 年版，第 1—6 页。

② 徐涤宇译注：《最新阿根廷共和国民法典》，法律出版社 2007 年版，第 563—564 页。

③ 徐涤宇译注：《最新阿根廷共和国民法典》，法律出版社 2007 年版，第 563 页。

成为信托物权。

第三，信托物权作为物权类型之一，已被民法典法定化。一方面，关于阿根廷的物权类型，《阿根廷民法典》第 2502 条就明确规定，物权的所有权类型只能通过民法典设定，如果通过契约或者遗嘱对物权的类型进行调整，只能视为债权。另一方面，受托人所享有的不完全所有权本质上是一种从属所有权，其内涵包括对信托财产的使用、孳息收取以及转让，而信托的消灭也决定了信托所有权的灭失。

三、物权定位的应用障碍

（一）忽视内部关系的复杂性

前文中将信托定位为物权法范畴，其核心是围绕信托受益权的权能展开，即具有支配性、对世性以及追及性三方面物权效力，其法律规制的重心在于调整围绕信托财产所建立的外部法律关系，信托当事人之间的内部法律关系随之被忽视。

第一，信托当事人人数众多，权利义务内容复杂。在现代商事信托的运用中，信托当事人之间的内部法律关系并不是简单由一位委托人、一位受托人以及一位受益人组成。其中，委托人是由数量众多的委托人/受益人组成的投资人团体，通过任命承担不同角色的受托人使之在信托事务的处理中分别承担不同的职责。具体表现为，信托当事人之间的权利义务内容复杂，相互制衡，其中既有委托人团体对信托目的的变更，也有管理受托人对信托财产的管理运作，还有其他受托人对信托财产的持有以及对管理受托人信托行为的监督。如果将信托法或者商事信托制度定位为物权法，将信托受益权明确为物权基本类型的一种，尽管充分赋予了信托受益权所有者的权利，但是已然忽视了其他信托当事人权利的享有问题。同时，信托当事人的权利义务内容主要依靠契约安排，这是将信托受益权视为物权的一种特殊类型所无法调整到的内容。

第二，偏重强调事后救济，忽视事中监督管理。通过对陈雪萍教授关于信托受益权的对物性权能分析后可以发现，无论是对世性还是追及性，都是一种受益人在受益权遭受侵害时的救济权利，只有在权益遭受损害并且为受益人知晓时方才有机会启动。但是，这种所谓的对物性权利是非常虚幻的，一方面原因在于信托目的并不会对受托人所作出的每一个信托行为进行规范与约束，其抽象性导致受托人必然存在自由裁量的权力空间，受益人无法对每一个信托行为是否符合信托目的进行判断；另一方面原因在于权利的救济通常存在不及时、不全面的特点。即信托受益权的救济往往要通过法院或者仲裁机构实现，因此会出现权利受损是否会被司法认可以及如何实现的问题。在现代商事信托的实践场域中，受托人行为的规制除了信托目的的制约，还有受托人之间的监督与约束，即大多在治理结构中引入数位受托人，通过受托人之间权利义务的制衡实现对管理受托人的不法行为的阻却。

因此，从这个角度观察，信托的物权法定位在明确、平衡、救济信托当事人的权利义务内容时存在无法顾及的应用“痛点”。

（二）适用前提的局限性

前述学者将信托定位为物权，其适用的前提条件都是信托财产的范围仅限于物权，或者说是有体物。例如，陈雪萍教授认为信托受益权具有物的特征①，楼建波教授也在研究信托财产与物权法的关系时将信托财产的所有权类型限定为有体物②。从世界各国的财产权体系来看，我国与德国财产权立法范式较为一致，即通过物、债二分的形式共同建构起本国的财产权体系。物是有形之客体，可以被触觉和支配，《德国物权法》的“物权”编规则的确立基本是围绕有体物作为权利客体进行构建，其既包括动产，也包括不动产。③ 但是，我国《信托法》的实践场域绝大部分局限于商事信托一隅，这也决定了用于设立信托的财产的财产权类型并不是所有

---

① 陈雪萍：“信托受益人权利的性质：对人权抑或对物权”，《法商研究》2011 年第 6 期，第 76 页。

② 楼建波：“信托财产关系与物权法原则的冲突——兼论信托财产关系的民法典表达”，《交大法学》2019 年第 2 期，第 22 页。

③ ［德］鲍尔、［德］施蒂尔纳：《德国物权法》（上册），张双根译，法律出版社 2004 年版，第 22 页。

权，而是以金钱为主的债权。所以，如果我们将商事信托定位为物权，必将忽视金钱债权作为信托财产的可能性，信托法也将失去施行的土壤。

但是，世界各国并非统一采用物、债二分的立法范式建构本国的财产权体系，如英国、法国的财产权体系则与之大为不同。在英国，由于土地或者房产的所有权在法律体系中并不具有核心地位，而是围绕财产利益构建，因此有体物在财产权体系中并不具有中心地位。从本质上看，英国的财产权主要是指所有权人相对于财产所享有的财产利益，而不是某一财产其本身的物理形态，有体物只是承载财产利益的载体，其是否存在并不影响财产权的存在与否。① 而在法国的财产权体系中，也没有将物权与债权分置于不同的财产权章节中，而是将有形财产与无形财产作为财产权体系的基础元分类。因此，法国财产权体系的划分标准以财产的物理样态为标准，其所有权变动也受到不同于德国物权变动规则的影响。例如，法国不动产物权的设立与转让需要进行公告，而动产原则上不需要进行公告②，但是区别在于，是否公告并不影响财产权变动的法律效果。

对比分析加拿大《魁北克民法典》可知，其物权与债权同属于财产权一编，与《法国民法典》的立法体例相似，这也决定了魁北克地区的“目的财产”模式不存在无法涵摄所有的财产权类型的问题。而智利的“附条件所有权”模式也是在民法典中通过“财产及其权能”编中统合物权与债权的概念，最终实现编纂体例上的逻辑自洽。在我国，商事信托制度的运用从未将有体物作为受托人主要管理的信托财产，更多是将银行存款、有价证券或者依靠契约所建构起的财产权利作为信托财产，但是这些财产权类型无法被《民法典》的“物权”编所涵摄，也不符合有体物、一物一权的特征。因此，如果将商事信托定位为物权，则意味着诸多依靠“合同”编所形成的无形财产无法进入“物权”编作为权利载体被规范；如果将商事信托定位为财产权，又意味着与我国民法典体系的物、债二分的立法例之间出现了制度并轨的张力，无法消解。因此，从物权与财产

---

① 刘兵红：《英国财产权体系之源与流》，法律出版社 2014 年版，第 209 页。

② ［法］泰雷、［法］森勒尔：《法国财产法》，罗结珍译，中国法制出版社 2008 年版，第 55 页。

权的概念来看，不宜将商事信托定位为物权植入我国民法典体系的物权之中。

综上所述，即便《阿根廷民法典》将信托视为物权，我国学者也认为信托受益权凸显出的强烈的物权法倾向，在一定程度上说明商事信托选择物权作为其在民法典中的位置具有一定的合理性。但是，结合我国《民法典》的体系性特征，若将信托置入“物权”编，则与我国商事信托的实践场域分离。即，当货币资金成为主要的信托财产类型时，将无形财产作为信托财产用于设立信托是存在制度障碍的，也无法突破在复杂信托当事人关系中实现信托利益的两难困境。因此，不宜轻易将信托定位为物权。

第三节　契约定位及其应用障碍

一、契约定位的理论基础

在我国信托法立法时，立法小组当中的外籍专家就曾经表示，应当将信托定位为契约，可以将其视为一个由委托人与受托人之间签署的，对信托契约中合同相对人以外的特定第三人发生法律效力的民事法律合同。①另外，还有的学者在《民法典》颁布之前编纂的“绿色民法典”中提出应当将信托的属性定位为信托合同，置于“债法分则”之中。同时，“绿色民法典”还将金融商事信托作为一个特别规则置入“信托合同”章中，并对其在实践中所存在的现实需求进行了具体的规定，如参与证书的发行问题和参与证书的持有人大会问题。②

---

① 朱少平、葛毅主编：《中国信托法起草资料汇编》，中国检察出版社 2002 年版，第 169 页。

② 徐国栋主编：《绿色民法典草案》，社会科学文献出版社 2004 年版，第 551—557 页。

（一）社会发展的合同法适用需求

中世纪末期的英国，封建领主为了保证土地在转移过程中可以始终服务于军事用途，对土地所有权的流转附加了诸多枷锁。其集中表现为土地所有权的流转只能通过世袭的方式进行，所有权人不能通过遗嘱的方式向指定的第三人转让，即永久业权地只能向长子分配①，即便作为嫁妆也要受到份额权的限制，并对财产向未成年人的转移附加征收高额的税赋。然而，信托制度的出现突破了这一封建土地制度在流转当中的限制，封建土地的所有权人可以以信托的名义将土地或者房产转移至其指定人的名下，以受托人的名义持有前述财产，但是要按照信托设立人的意愿将财产分配给既定的受益人以实现永久业权地的分配与转移。委托人的死亡并不会触发封建遗产继承法规对财产分配的适用，从而保证遗产按照委托人的意愿实现继承。此时，信托的设立并不需要通过信托合同的形式实现。

但是近代以来，封建势力对财产权转让的不当限制逐渐被资本主义的法律制度所打破，人们不再需要通过信托制度完成财产权的持有与转移，转而成为一种现代的财产管理方式。因为中世纪的英国，家庭财产的内容以土地、房产为主，信托目的为保证信托财产按照委托人的意愿顺利实现遗产分配，这就决定了受托人对信托财产的管理以简单的持有为手段，并没有积极的管理权与义务。但是到了近代，财产权的内容得到了极大丰富，家庭财产的形式已不再局限于不动产，相反货币资金、有价证券等新兴的财产权利成为家庭财产的主要内容。财产权内容的极大丰富导致专业的财产管理机构出现，管理手段也不再局限于简单持有，而是需要受托人基于自身一套完善的金融风险与法律合规评价系统对信托财产进行专业化的管理。因此，财产权类型的极大丰富使得受托人的管理职能需要通过契约的方式明确信托当事人之间的权利义务内容。

（二）信托纠纷的合同法适用倾向

第一，对信托关系的界定倾向于合同关系。通过在我国裁判文书网中

---

① John H. Langbein, The Contractarian Basis of the Law of Trusts, 105 Yale L. J. 625, 632—633 (1995).

将检索的案件类型限定为民事案件，案由限定为民事案由，法院层级限定为高级法院及以上，文书类型限定为判决书，全文内容要求出现“信托法”，共获得检索结果90个案件。剔除与商事信托纠纷无关的案件，共检索有效判决书38份作为研究样本，其中围绕信托当事人之间展开的信托合同纠纷就有14件。通过对相关案件的整理分析发现，我国法院在信托合同纠纷中大多用合同法思维处理财产信托当事人之间的纠纷。例如，“江苏某机械有限公司诉上海某信托公司营业信托纠纷案”中，上海市黄浦区人民法院在民事判决书的说理部分指出，信托利益的分配与受托人报酬的支付，应当以信托当事人之间所签订的信托合同条款为依据据实支付①；在“建设银行与青岛耀来贸易公司信托纠纷上诉案”中，青岛市中级人民法院在民事判决书中认为，委托人行使信托撤销权的请求权基础是信托合同的约定。② 因此，在我国的司法审判当中，都倾向于通过合同法以及信托合同条款的约定解决信托当事人之间的争议。

第二，对信义义务的定性为合同义务。在“孙某诉中国农业银行侵权责任纠纷案”③ 中，孙某以托管人未对管理人擅自变更基金财产用途进行监管，对托管账户的资金未尽实质审查义务要求银行承担侵权责任。最终法院判决认为，农业银行已尽源于法律规定、合同约定以及诚实信用原则所产生的监督、管理和保障义务，不存在没有尽到相应义务的倾向，也不存在侵犯孙某财产权的行为。司法裁判观点将信义义务定性为一种合同义务，其中在判决中这样说道“上诉人系按托管协议约定程序，审核托管资产管理运用指令应具备的资料，从而进行托管账户资金的划付，应认定其已尽到审慎托管义务”。由此可知，托管人作为共同受托人与资管产品的监督人，其是否已尽“诚实守信”与“忠实勤勉”原则取决于托管人的行为是否符合合同条款的规定，而非作为一种抽象的法定义务存在。④ 而在

① 上海市黄浦区人民法院民事判决书，(2015) 黄浦民五（商）初字第909号。

② 青岛市中级人民法院民事判决书，(2013) 青民四商终字第16号。

③ 绍兴市中级人民法院民事判决书，(2016) 浙06民终4190号。

④ 王钊阳：“从资管新规的角度看托管人制度：法律地位、职能及完善”，《法大研究生》2019年第1辑，第494页。

"太原市东阁服务有限公司等与中国光大银行股份有限公司太原分行等营业信托纠纷上诉案"和"太原威廉企业策划设计有限公司等与中国光大银行股份有限公司太原分行等营业信托纠纷上诉案"中，法院明确指出判断信托受托人是否履行受托人职责的依据主要来自信托合同中信托条款的约定。① 从这个角度看，受托人职责的履行并不是信义义务的履行，而是合同条款的履行。因此，在司法裁判中，尽管信义义务作为与信托财产独立性具有同等重要地位的信托制度基础，但依然被视为一种合同条款的内容。

第三，尚未建立信托制度的国家在解决信托纠纷时，通常会将信托关系视为合同关系处理。根据海牙《关于信托的法律适用及其承认的公约》的讨论报告显示，诸多国家在司法实践中处理信托纠纷的关键就在于将信托放入合同法中进行讨论，即将英美法系下的信托法律关系定义为裁判地国家的合同法律关系，以此解决信托法缺失导致的信托效力问题。在"Harrison v. Credit Suisse 案"中，一位持有英国护照的自然人在瑞士苏黎世以信托合同的方式发行欧洲债券。后来，以债券发行为主要争议的信托合同被诉至法院，但是由于瑞士的民法典体系中没有信托制度，因而法院所面临的首要问题就是要以信托文件为中心，寻找信托文件所涉及法律关系在本国民法典体系当中的"坐标"。最后，瑞士的法院并没有将信托关系视为财产权关系或者物权关系，而是将信托关系定位为简单的合同关系。即"信托合同的一些特征与本国的委托代理合同、财产转移合同、赠与及第三方受益人合同具有相似度极高的特点，而在瑞士没有一种完全与预期的信托法律关系相吻合的法律机制，因此必须找出与信托最详尽的瑞士本国的法律制度，那就是合同关系"。②

（三）信托合同属于第三人利益合同

在现代商事信托实践中，信托法律关系的建立除了需要委托人与受托

① 参见：上海市第二中级人民法院民事判决书，（2010）沪二中民六（商）终字第231号；上海市第二中级人民法院民事判决书，（2010）沪二中民六（商）终字第228号。

② 邹志洪："论信托关系的法律适用"，《中国国际私法与比较法年刊》2002年第3卷，第200—201页。

人在信托契约中就设立信托的行为达成一致的意思表示，还需要在信托契约中就受托人如何向受益人分配信托利益进行相应的约定。一般认为，信托法最主要的作用是向信托当事人提供一套标准化的信托合同条款，从信托设立的功能来看，信托目的也主要是为受益人的利益服务。① 因此，在我国《信托法》颁布之前就有学者认为，信托合同具有第三人利益合同的特征。② 而英国的合同法学者认为，在英国法律的发展中，信托多被用来解决合同相对性原则对受益人行使受益权的限制，从而使得受益人可以越过合同相对性原则行使委托人赋予其的合同权利。③ 但最为激进的观点由贝恩教授提出，即“在任何一种情况下，信托交易的功能与现代的第三方受益合同没有区别，信托就是合同”。④

毫无疑问，在我国的民法理论中，将信托合同视为第三人利益合同属于合同类型中的涉他合同，其核心在于合同当事人为第三人设定了合同权利，由第三人取得合同利益。⑤ 根据韩世远教授对第三人利益合同概念的总结，可以对其法律特征做如下总结：其一，在第三人利益合同之中，契约利益的享有者并不是签订契约的当事人；其二，第三人利益合同的设立并不是为了任何一方合同当事人的利益，而是为了合同相对人之外的第三方，契约利益由第三方当事人享有。因此，信托合同的架构与第三人利益合同的特征具有高度的相似性，从本质上看可以归类为第三人利益合同。

---

① 参见：John H. Langbein，The Contractari an Basis of The Law of Trust，105 Yale Law Journal 625，632—675（1995）；王文宇：“信托法的分析框架及可行的发展方向”，《北大法律评论》2008 年第 2 辑，第 291 页；杨秋宇：“《信托法》的合同法化适用倾向及其应对”，《湖南农业大学学报（社会科学版）》2019 年第 6 期，第 70 页。

② 方嘉麟：《信托法之理论与实务》（第二版），台湾月旦出版社股份有限公司 1998 年版，第 321 页。

③ ［英］阿狄亚：《合同法导论》，赵旭东、何帅领、邓晓霞译，法律出版社 2002 年版，392 页。

④ ［美］约翰·H. 兰贝恩：“信托法的合同基础”，何美欢译，《清华法学》2004 年第 1 期，第 202 页。

⑤ 韩世远：《合同法总论》（第四版），法律出版社 2018 年版，第 97 页。

二、比较法的定位方式

（一）《法国民法典》：财产管理契约

作为民法典制定的杰出代表国家——法国，在2007年新修订的《法国民法典》中将信托吸入其中。[①] 在这之前，《法国民法典》并没有财产信托的制度，其立法机关也于1989年与1995年分别进行了两次立法尝试，但都因财政部以信托制度可以隐藏财产，作为洗钱与避税的工具为理由反对而“流产”。其背后深层次的原因在于法国的金融行业在市场竞争当中频频遭受来自英美法系国家以信托制度为基础所创造的金融产品的挑战，因此法国信托制度的推出就是为本国的跨国金融机构在国际竞争中提供制度支撑与保障。其编纂体例由“人”“财产及所有权的各种限制”“取得财产的各种方法”“担保”和“适用马特约岛的规定”五卷组成，信托的处置处于第3卷的第14编“财产信托”的位置中。[②] 其中，第2011条规定“财产信托是指一名或数名委托人将某些现有的或者将来的财产、权利或担保整体转移给受托人，受托人将这些财产与其本人的财产分开持有，并按照确定的目的为一个或数个受益人的利益实施管理行为的活动”[③]。有基于此，在我国就有学者认为，法国的信托制度是以“目的财产”理论为基础建构，即尽管信托财产被转移给受托人，但是受托人需要在财产托管登记簿上登记为目的财产，最终解决大陆法系中信托财产所有权归属以及信托财产与受托人财产分离的难题。[④] 而这种立法范式又与加拿大《魁北克民法典》一脉相承，由此认为法国也将信托视为财产权的一类。笔者对此持相反观点，原因在于：

---

① 叶朋：“法国信托法近年来的修改及对我国的启示”，《安徽大学学报（哲学社会科学版）》2014年第1期，第121页。

② 罗结珍译：《法国民法典》，北京大学出版社2010年版，第1—20页。

③ 罗结珍译：《法国民法典》，北京大学出版社2010年版，第472页。

④ 吕富强：“论法国式信托——一种对本土资源加以改造的途径”，《比较法研究》2010年第2期，第72页。

第一，法国的财产法体系并未将信托视为财产权类型的一种。法国的财产权体系主要由所有权、用益权、居住权、使用权以及地役权组成，因此法国并未将信托视为所有权的一种植入本国的财产权体系当中。反观加拿大《魁北克民法典》，信托在其财产权体系当中被规范为一种特殊的财产所有权类型。

第二，从体系解释的角度观察，信托在法国民法典体系当中的位置为有名合同，是一种财产管理契约。在法国的民法典体系中，有关财产的规定主要由财产权的类型与财产权的取得方法两部分内容组成，其中《法国民法典》第 2 卷主要对本国的财产权基本类型以及财产权的限制进行规定，第 3 卷主要对取得财产权的路径与方法进行规范，而合同属于财产权取得方法的法定方式之一。[①] 从体系解释的角度观察，法国信托在民法典体系中的位置并不是一种财产权的基本类型，而是一种作为财产权管理方式的合同，因此不应当将信托在法国民法典中视为财产权。同时，从法条当中的文义解释看，信托制度在法国的运行中需要委托人将信托财产整体（其中包含但不限于所有权与他物权等财产权利）转移至受托人名下，只不过受托人对信托财产的持有方式并不表现为自己持有，而是需要作为受托人的概括财产，在信托合同约定的管理与处分权限内运用。[②] 而在《魁北克民法典》中关于“目的财产”的规范以信托财产不归属于任何一方信托当事人为基础，因而法国的立法模式并不应以特定目的财产为理论基础。

总而言之，信托在《法国民法典》之中应当被定位为契约的一种，其是为了强化本国的金融制度而创设，具有极强的商事目的倾向。

（二）《俄罗斯民法典》：信托的财产管理合同

俄罗斯为契约模式立法例的典型国家之一。起初，在 1993 年颁布的《信托所有（信托）令》当中，时任俄罗斯联邦总统的叶利钦以“总统令”的形式在民事立法中全面引进英美信托法中的双重所有权制度，进而

---

① 罗结珍译：《法国民法典》，北京大学出版社 2010 年版，第 7—18 页。

② 罗结珍译：《法国民法典》，北京大学出版社 2010 年版，第 474 页。

将信托所有权归入物权法的范畴当中。[①] 但是，在 1996 年颁布的《俄罗斯民法典》中创设“信托财产的管理合同”的内容，第 1012 条规定“财产管理的设立人依照信托财产管理合同的约定将财产交付给受托管理人，信托期限终止后受托管理人将信托利益交付给管理设立人或者管理设立人指定的第三人”。[②]《俄罗斯民法典》的编纂体例由“总则”“所有权和其他物权”“债法总则”“债的种类”“继承法”“国际私法”以及“智力活动成果和个别化手段的权利”7 编组成。[③]

关于“信托财产的管理合同”的位置，其主要位于第 4 编“债的种类”之中，从实质上将法律位阶较低的《信托所有（信托）令》废除，进而将信托定位为合同法的一部分。由此也可以看出，俄罗斯在立法中反映出信托物权定性向契约定性的转变。同时，契约定位下俄罗斯信托在管理运作信托财产时并不将信托财产的所有权归属转移至受托管理名下，而是要求受托人在实施信托管理行为时需要表明自己的受托管理人身份。[④] 即如果管理行为不要求书面形式，受托管理人需要向交易相对人进行告知，如果管理行为要求书面形式，管理受托人需要在书面文件中于受托管理人姓名之后加注“托管”字样。除此之外，《俄罗斯民法典》为了在契约定位下塑造信托财产独立性，在不转移信托财产的所有权归属的前提下，又明确规定交付给受托人的信托财产不但独立于受托的其他财产，也独立于管理设立人的其他财产。[⑤]

三、契约定位的应用障碍

（一）合同条款与信义义务之间的法律适用张力无法消解

很明显，将信托定位为契约法，或者在信托纠纷中出现的合同法适用

---

① 张建文：“俄罗斯信托法制的本土化路径——从‘信托所有’到‘信托管理’”，《月旦民商法》第 27 期，第 118 页。

② 黄道秀译：《俄罗斯联邦民法典（全译本）》，北京大学出版社 2007 年版，第 374 页。

③ 黄道秀译：《俄罗斯联邦民法典（全译本）》，北京大学出版社 2007 年版，第 1—7 页。

④ 参见《俄罗斯民法典》第 1012 条。

⑤ 参见《俄罗斯民法典》第 1018 条。

倾向，本质上忽视了受托人义务的二重性特征。

从受托人权利义务内容的边界来看，其行为内容的合法性来源于合同规则，即委托人/受益人可以通过信托文件的约定和信托成立后发出指示的方式实现对信托目的、管理处分方式等内容的确定与修改。同时，无论是信托法规定还是信托文件约定，均无法通过合同条款穷尽受托人在管理信托中面对的所有问题，此时受托人就有义务对所面临的问题去函向委托人/受益人征求意见以获取进一步的行为权限，从这个角度观察，也可以将其视为信托文件的一种补充形式。

但是，从受托人的义务标准来看，受托人除了要遵守合同条款的约定，其行为的标准还需要遵守诚实守信与忠实勤勉的法律原则要求。在英美法系国家，大多将这种大陆法系中信托法所确立的法律原则称为信义义务，其内涵由忠实义务与注意义务组成。① 其中，忠实义务要求受托人在处理信托事务过程中始终以受益人利益为先，而注意义务则要求受托人应当尽力避免在信托行为中造成信托利益损失。② 其核心在于受托人的行为应当避免自身利益发生法律冲突，更不应牺牲受益人利益而为自己牟利。当与信托利益相关联的受益人利益与非信托当事人的外部第三人之间发生利益冲突时，受托人不应牺牲受益人利益而照顾第三人利益的取得。当受托人管理的不同信托之间出现利益冲突时，受托人应当平等对待不同信托之间的利益。当然在实务当中还存在另外一种情况就是在一个信托中存在复数受益人的可能。例如，在一个信托中设置内容不同、层次不同的受益权类别，因此就会存在为满足某一层级受益权而牺牲另一部分受益人利益的情况。此时，公平义务也就成为受托人忠实义务的应有之义。在美国，对于受托人在管理信托财产中的忠实义务履行，通过成文法的方式予以明确，《美国统一谨慎投资人法》第5条、第6条规定，受托人的信托行为应当始终以受益人的利益为出发点。当同一信托当中有多位受益人，不同的受益人群体处于不同的利益位阶之中时，还应当公平考

① 徐化耿：“信义义务的一般理论及其在中国法上的展开”，《中外法学》2020年第6期，第1576—1579页。

② 张淳：“《美国统一谨慎投资人法》评析”，《法学杂志》2003年第5期，第57—58页。

虑不同利益位阶受益人的利益，不得对不同位阶受益人的利益进行区别对待。① 由此可知，美国法不但要求受托人在进行信托行为中需要时刻以受益人的利益为先，还要求受托人要公平处理同一信托中不同受益人群体的利益。

注意义务是受托人管理信托时应当勤勉与积极地为受益人行事，对此美国学者认为所谓的勤勉与积极是一项客观标准义务。② 即受托人在为信托行为时，其行为的依据并不是自身的能力或者一般情况下的判断标准，而是应当结合其专业能力、社会运行状况以及未来趋势等方面内容作为判断依据。③ 从这个角度看，注意义务是要求受托人站在委托人/受益人的立场上对信托财产的管理运作作出判断，因而注意的标准也应当为像管理自己财产一样运作信托财产。

因此，将信托纠纷简单定位为合同纠纷进行处理，从本质上看是忽视了合同条款与信义义务在法律适用上的差异性，也间接削弱了信托法在我国的应用价值。

第一，信义义务的行为标准高于合同条款的设置。首先，合同条款设置的道德标准较低，除了合同当事人之间不得通过不正当的手段获取利益以外，鼓励当事人之间通过意思自治实现利益之间的博弈与分配。④ 因此，在某些特殊的情况下，即便执行合同条款的约定可能造成一方当事人的利益明显受损，进而出现合同的订立显失公平，获益较多的一方当事人也不需主动放弃权利。但是，信义义务对受托人的重视标准认定并不允许受托人在与受益人的利益博弈中过多考虑自身权益，特殊情况下受托人还应当放弃自身利益为受益人利益行事。⑤ 因此，信义义务当中的忠实义务与注

---

① 文杰：“信托受托人的谨慎投资义务标准研究”，《财贸研究》2011 年第 2 期，第 152 页。

② Gray Watt，Trust and Equity，5th edition，Oxford University Press，2012，p. 369.

③ 赵廉慧：《信托法解释论》，中国法制出版社 2015 年版，第 332 页。

④ 梁慧星：“诚实信用原则与漏洞补充”，《法学研究》1994 年第 2 期，第 23 页。

⑤ 徐化耿：“论私法中的信任机制——基于信义义务与诚实信用的例证分析”，《法学家》2017 年第 4 期，第 42 页。

意义务含有积极性的特征，受托人需要积极主动为受益人的权益行事。①

第二，合同条款的形成来自事前约定，信义义务的约束机制来自事后判断。如果将信托定位为合同法，即便信托成立后委托人/受益人通过指令的形式对受托人的管理行为作出调整，那也并未超出合同条款的范畴。但是在信托关系中，信托当事人无法对信托期间可能发生的所有事件进行明确具体的约定，因此信义义务的约束机制大多来自受托人的管理行为作出后的判断。② 由此可知，信托合同条款的约定具有确定性与稳定性，非经法定程序或者委托人/受益人的指示，无法作出变更与调整，因而具有静态控制的特征。而信义义务的履行是需要受托人综合判断客观环境，在遵从信托目的的条件下对信托行为作出的动态调整。这两套机制共同作为约束信托受托人行为的法律规范存在，缺一不可。

第三，合同条款中民法基本原则的应用具有模糊性和不确定性的问题，而信义义务的内涵清晰明确的特征。对于信托受托人行为边界大多可以通过阐释诚实守信与忠实勤勉原则确定，但是其内涵、外延与特征所表现出的形骸化与不确定性的特征，还需要通过立法、判例或学说的填补。③ 而填补方式大多是在问题产生之后所衍生出的解决方案，无法为当下的审判以及某一个案提供可供法官裁判的依据。与之相反，英美法系之中的信义义务虽然在形式上具有模糊性与抽象性的特征，但是从本质上来看，其内涵与应用的方式有较为清晰明确的指向。只是这种行为的标准需要受托人自行判断，而不是委托人/受益人的书面授权。以忠实义务为例，受托人在信义义务的约束下需要积极避免可能出现的利益冲突问题，为受益人利益最大化行事。

综上所述，信托纠纷的合同法适用倾向所产生的合同条款与信义义务

---

① 朱圆："论信义法的基本范畴及其在我国民法典中的引入"，《环球法律评论》2016年第2期，第89页。

② Daniel Markovits, Sharing Ex Ante and Sharing Ex Post – The Non – Contractual Basis of Fiduciary Relations, in Andrew S Gold and Paul B Miller, Philosophical Foundation of Fiduciary Law, Oxford University Press, 2014, p. 210.

③ 李秀芬："法律漏洞的特征与填补路径"，《华东政法大学学报》2019年第6期，第121—122页。

之间的张力问题无法消解，将直接导致受益人权益可能被“合法化”侵蚀的可能。

（二）商事信托合同一般不是第三人利益合同

张淳教授曾指出，信托合同属于第三人利益合同仅适用于他益信托的情况，自益信托的信托合同并不是第三人利益合同。① 笔者对此深以为然。从信托法适用的角度来看，“第三人”概念在合同法中应当解释为合同当事人以外的第三人。因此，他益信托设立以后，信托受益人并不作为一方合同当事人出现在信托合同当中，但信托的利益由信托合同当事人以外的外部第三人享有，而这个第三人并未超出信托当事人的范畴，仍然处于内部法律关系之中，此种情况下，可以将信托合同称为第三人利益合同。②

需要说明的是，无论以何种信托类型为基础所签订的信托契约，都与第三人利益合同有以下四方面相似性：其一，信托合同与第三人利益合同的生效并不以受益人的意志为转移。其二，信托关系中的受益人与第三人利益合同中的受益者既可以接受受托人向其转移信托利益，也可以拒绝接受受托人向其转移信托利益。其三，两类契约下受益人所享有的合同利益，一般情况下并不需要向任何一方合同当事人以承担义务为前提。其四，当受托人未按照信托合同或者第三人利益合同的受委托方未按照合同的约定行事，受益人均有权要求受托人或者受委托方履行相应的合同义务。

但是，当商事信托应用于资管产品基础法律关系的设计时，其信托的类型在设立阶段大多为以委托人为受益人的自益信托，以信托设立人之外的权利主体为受益人的他益信托无法成为资管产品基础信托类型。众所周知，自益信托的设立导致设立信托的当事人身份由委托人变为受益人，尽管委托人与受益人在信托法中的权利义务、法律地位不尽相同，但是并不能否认受益人没有被排除在信托契约的合同当事人之外。而在第三人利益合同中，其中的受益者一定不会是合同之中的一方当事人。或许有人会

① 张淳：“信托合同论——来自信托法适用角度的审视”，《中国法学》2004 年第 3 期，第 94 页。

② 王文宇：“信托法的分析架构及可行的发展方向——以台湾地区法制为例”，《北大法律评论》2008 年第 2 辑，第 292 页。

说，自益信托当中的受益人可以通过财产权利转让的方式将信托受益权转移至其他第三方名下，此时商事信托也由自益信托转为他益信托，从本质上看其还具有成为第三人利益契约的可能性。但是，此时忽视的客观现实就是，第三人对信托受益权的接受是以受益权转让协议的签订为基础，其实质是通过信托合同之外第三人加入的方式成为合同当事人之一，这与第三人利益合同中的受益方不是合同相对人的客观基础存在本质差别。因此，不宜将信托定位为契约，甚至将其置于民法典体系的“合同法”编之中，应当从理论、概念以及实践的周延性方面对商事信托的定位进行系统性回答。

第四节　主体性定位回应：另一种可能

一、主体性定位的理论选择

（一）非法人社团

近些年，在美国大量的养老金信托、共同基金、房地产投资基金将信托法作为其金融产品建构的基础法律关系。① 但是与我国相似，美国信托法的研究传统大多集中在民事信托领域，极少有学者关注到商事信托的法律定位问题，其原因在于信托法的原型就是民事信托，而商事信托的发端也不过是近一百年的事情。② 因此，在对商事信托进行定位时，首先应将民事信托适用进行别除，定位的范围仅限于商事目的。目前，外国只有极少数学者承认商事信托的主体性定位，大多不承认其法人属性。

美国的西特科夫教授分别从观念术语和类推适用角度对商事信托的主

① John H. Langbein, The Secret Life of the Trust: TheTrust as an Instrument of Commerce, 107 Yale L. J. 165, 165—167 (1997).

② 史提芬·L. 舒尔茨：“作为商事组织的商业信托和公司：比较法学者的研究课题”，倪受彬译，《证券法苑》2012 年第 6 卷，第 413 页。

体性地位进行证成。

一方面，在美国各个州的成文法中，商事信托是作为一种社会经济秩序当中的法律实体（Business Entity）存在，其优势在于使用的方便与灵活，并且在很长一段时间与公司法人并存，可以视为公司法人制度的另一制度“竞品”。[①]

另一方面，在美国除信托法以外的其他法律规范中，都将商事信托视为法律实体，其法律地位是在联邦税法、破产法、保险法以及投资公司法中被视为一个纳税人、保险的投保人以及破产人。[②]

因此，商事信托可以成为法律主体。然而，尽管西特科夫将公司作为商事信托的比较对象，但是他并不承认商事信托的法人化倾向，并在其文献标题中将其视为“非法人社团（Uncorporation）”。

（二）实质法律主体

在大陆法系国家日本，四宫和夫教授最早提出信托“实质法主体说”的理论定位。[③] 他认为受托人作为信托财产的管理人，其所拥有的信托财产并不是完整意义上的所有权，而是像公司治理结构之中的董事或者经理一样，仅对信托财产享有形式上的所有权与实质上的控制权，信托财产的独立性也是依靠信托财产所表现出的主体性倾向实现。[④] 其原因在于：

第一，独立的信托目的使得受托人在对信托财产行使支配权时具有相应的独立性，无法超越信托目的为信托行为，而委托人、受托人以及受益人基于其法律地位进行权利主张时，以意欲实现的目标为判断依据，在内部法律关系中具有相应的独立性与统一性。

第二，受托人只是信托财产的管理主体或者代表机关，信托财产的最终损益是由受益人所承担，因此受益人才是信托利益的真正所有权人。

第三，由于信托财产具有独立性的特征，信托当事人以外的第三人并

① Robert H. Sitkoff, The Trust as “Uncorporation”: A Research Agenda, 2005 U. ILL. L. Rev. 31, 31 (2005).

② 张淳：《信托法哲学初论》，法律出版社2014年版，第336页。

③ ［日］中野正俊、张军建：《信托法》，中国方正出版社2004年版，第22页。

④ ［日］中野正俊、张军建：《信托法》，中国方正出版社2004年版，第22页。

不会因为受托人的变更而影响信托财产内容的变化，而受托人以自己的固有财产对信托债务进行清偿的，受托人还可以向信托财产主张债权。①

因此，应当认为信托是一种不完全且民事权利能力受限的法律主体，与法人人格应当区分。②

（三）法人社团

舒尔茨教授对商事信托与公司法人在法律地位、治理机制以及外生性效果三个方面进行比较分析后认为，商事信托是一种静态组织，在特定情况下可以视为法人社团。③

第一，在法律实体地位方面，如果信托不被视为法律实体，信托受益人的权利在缺少信托登记制度下将会面临衡平法院不对其衡平法所有权确认的法律风险，信托财产将会因为失去独立性而无法实现破产隔离的法律效果。因此，出于对破产隔离的现实考虑，商人大多选择在承认信托为独立法律实体的联邦创设商事信托。④

第二，在治理机制方面，受托人或受益人的权利表现为剩余索取权，而不同层级权益人之间的利益冲突问题可以通过信托文件的约定进行消解。⑤

第三，在外部性法律效果方面，信托的投资人不必因信托所产生的债务或其他责任承担任何责任，在这点上商事信托与公司具有相似性。⑥

由此可知，舒尔茨教授不但承担商事信托的法律主体地位，还认为信托与公司具有高度的相似性，具备成为法人社团的可能。

我国学者理论观点的形成，一方面来自发现权利客体的定位在理论上的解释力不足，另一方面来自资管产品表现出强烈的主体性需求。关于前

① ［日］新井诚：《信托法》，刘华译，中国政法大学出版社2017年版，第39—40页。

② ［日］新井诚：《信托法》，刘华译，中国政法大学出版社2017年版，第40页。

③ 史提芬·L. 舒尔茨：“作为商事组织的商业信托和公司：比较法学者的研究课题”，倪受彬译，《证券法苑》2012年第6卷，第410页。

④ Steven L. Schwarcz, Commercial Trusts as Business Organizations: An Invitation to Comparatists, 13 Duke Journal of Comparative &International Law 321, 327—328 (2003).

⑤ Steven L. Schwarcz, Commercial Trusts as Business Organizations: An Invitation to Comparatists, 13 Duke Journal of Comparative &International Law 321, 330—331 (2003).

⑥ Steven L. Schwarcz, Commercial Trusts as Business Organizations: An Invitation to Comparatists, 13 Duke Journal of Comparative &International Law 321, 332 (2003).

者的研究，学者们大多将信托的定位由权利客体转向权利主体①，只有极少数学者认为可以将商事信托定位为财团法人②，其他学者并未就商事信托在我国民法典体系当中的位置问题进行进一步的论证说明。关于后者的论证路径，学者们大多通过组织法的范式对资管产品的主体性地位进行证成③，但是资管产品的主体性如何与我国民法典体系进行对接，缺少必要的探讨与论证。

二、成文法的定位方式：域外法与立法建立

（一）《埃塞俄比亚民法典》：财团法人

将信托明确为法律主体的典型国家是埃塞俄比亚。尽管《埃塞俄比亚民法典》的地位与法国的《拿破仑民法典》相当④，但是其编纂除了由法国人起草外，其编纂体例却与德国民法典相似，即在信托的法律定位上表现为权利主体。《埃塞俄比亚民法典》的编纂体例由“人”“家庭与继承”“物”“债”和“合同分则”五编组成，其中信托位于“人”编的第3题——“社团与财团”中。⑤ 在该题中，“信托”位于“财团”章的最后一节，在第516条规定“信托是将特定的财产组成一个法律实体，并且通

---

① 参见：谢永江：“论商事信托的法律主体地位”，《江西社会科学》2007年第4期，第207页以下；陈雪萍：“商事信托之商主体地位研究”，《法商研究》2010年第6期，第102页以下；于朝印：“论商业信托法律主体地位的确定”，《现代法学》2011年第9期，第37页以下；陈一新：“论信托财产的主体性”，《交大法学》2019年第2期，第66页以下。

② 参见：李清池：“作为财团的信托——比较法上的考察与分析”，《北京大学学报（哲学社会科学版）》2006年第4期，第130页以下；李宇：“论作为法人的商业信托”，《法学》2016年第8期，第12页以下。

③ 参见：姜昭：“集合资金信托商事法律关系主体化研究”，《法学论坛》2015年第2期，第91页以下；叶敏、张晔：“特殊商主体的地位与范畴：以资管计划为例的讨论”，《财贸研究》2019年第8期，第101页以下。

④ ［法］勒内·达维德：《当代主要法律体系》，漆竹生译，上海译文出版社1984年版，第534页。

⑤ 薛军译：《埃塞俄比亚民法典》，厦门大学出版社2013年版，第1—13页。

过受托人根据信托人的指示对法律实体进行管理”。①

根据《埃塞俄比亚民法典》对信托的定义，结合其第527条对信托受托人权利范围的界定可知，埃塞俄比亚在信托管理运作当中，信托财产的所有权归属于财团法人，但信托财产的支配权由受托人享有。然而，受托人虽然拥有相当于信托财产所有权人对信托财产的支配力，但这种支配力的范围将严格受到信托法以及信托设立人意思表示的限制。

（二）我国学者的立法建议

众所周知，在民法典颁布之前制定《民法总则》，对于民法典各分编的编纂具有纲举目张的效果。② 尽管在我国2020年颁布的《民法典》中，立法机关并未对信托进行属性定位并安排进相应的体系中，但是有学者曾在《〈中华人民共和国民法总则（草案）〉建议稿》中旗帜鲜明将信托归入财团法人之中。其中，第三章“法人”中对信托定义为，“信托是将特定的财产组成一个由受托人根据信托人的指示进行管理的自主的实体，只要不违反公共秩序或道德，可为任何人、行动或观念设立一项信托”。③

由此可知，此种立法建议具有两方面特点，一方面要求在民法典体系中明确信托的法人化倾向，另一方面又将商事信托排除在民法典体系之外，因为信托的设立仅能通过捐助行为实现，但其实我国信托的三大基本类型划分中，恰恰是民事信托与公益信托不需要依靠法人制度建构。其一，我国《信托法》的立法目的在于规范信托产品运作，而不是为了家族传承或者公益事业开展；其二，我国《信托法》的主要实践场域为商事信托类型下的资管产品，其特征与民事信托、公益信托有着本质的区别；其三，信托财产独立性与治理结构问题是目前商事信托实践急需解决的基础性制度问题，而民事信托与公益信托的现实需求与客观问题并未形成。因此，在重视信托成为法律主体或者财团法人的立法建议时，应当将理论研究的视野由民事信托与公益信托调整为商事信托。

---

① 薛军译：《埃塞俄比亚民法典》，厦门大学出版社2013年版，第75页。

② 张鸣起主编：《民法总则专题讲义》，法律出版社2019年版，第22—23页。

③ 杨立新：“《中华人民共和国民法总则（草案）》建议稿”，《河南财经政法大学学报》2015年第2期，第18页。

三、现实价值与有待进一步解决的问题

（一）现实价值：信托财产所有权归属的明确

依据《信托法》第二条的规定可知，我国信托制度并未遵从其他大陆法系国家的规定，通过立法的方式将用于设立信托的财产明确为受托人所有，而是以“委托给”这种并非严谨法律概念的方式模糊化处理信托财产的所有权归属问题。江平先生曾说，“《信托法》最终通过时，这种模糊写法，没准儿会被历史证明是正确的!”① 其作用，一方面可以为商事信托向民法典体系的植入留下制度对接的空间，另一方面也凸显了商事信托被权利主体定位所吸收的实践价值。笔者认为，当商事信托与民法典在权利主体中实现制度对接以后，用于设立信托的财产应当归属于谁的问题也可以在将来的信托法修改中得到相应的制度安排。

目前，用于设立信托的财产应当由信托关系当中的哪位信托当事人所拥有，我国《信托法》并未对其进行立法规范或者回答。但是，在《信托法》的实际运行当中，信托财产的实际权利由受托人所拥有，因而对其权利归属的争议甚嚣尘上，至今未得到有效解决。目前的学术观点主要由“委托人所有权说”“受托人所有权说”以及“受益人所有权说”三种组成。

“委托人所有权说”认为，通过对“委托给”三个字法律概念上的解读可知，并不能想当然理解为委托人在设立信托时，需要将信托财产的所有权转移至受托人名下，也不能由此推知受托人信托行为的作出基于自己对信托财产所有权的拥有。② 另外的原因在于，通过对《信托法》第二十八条、第二十九条的解读可知，立法表达中受托人信托行为的对象意在强调“委托人的信托财产”。但是，“委托人所有权说”的形成系基于对《信托法》进行文义解释后所形成的结论，具有一定的合理性，但是也脱

---

① 江平口述，陈夏红整理：《沉浮与枯荣：八十自述》，法律出版社 2010 年版，第 415 页。

② 张淳：《中国信托法特色论》，法律出版社 2013 年版，第 33—34 页。

离了现实的实践基础。即如果受托人对信托财产行使支配权的合法性依据来自委托人基于所有权对其的授权，那么必将面临委托权限范围的确定问题。而如果受托人基于委托人的信托对信托财产行使管理权，则无法以财产所有权人的身份对外行使支配权，其支配权的范围将大大缩小。同时，无论是信托在英美法系国家的设立，还是在我国的资管产品设立中，无一不以信托财产的有权转移为前提条件，而信托关系与代理关系最本质的区别之一就在于委托人的财产权是否真实转移。

持有“受托人所有权说”的学者认为，通过大陆法系的所有权理论分析可知，受托人对信托财产在管理、运用方面的权利与所有权人的权利能力大致相同，而从立法例的考察可知，诸多英美法系国家与大陆法系国家的信托法都明确规定受托人直接拥有信托财产所有权。① 因此，应当在立法中明确受托人对信托财产单一所有权的享有。② 此种观点的缺陷在于：第一，其看到了英美法系中受托人对信托财产所有权的享有，并未对受益人相对于信托财产所有权进行相应制度安排，这种制度安排既可以是通过规范性法律文件予以确认，也可以是行政公示制度方面的客观安排。很明显，此种观点忽视了受益人在英美法系国家中权利的形成与确认的制度背景，即忽视了信托制度的运行单凭信托法的规定是无法实现对受托人管理权的约束以及信托财产特殊性的对外彰显，其本国还需要有一套制度以维护信托财产的独立性。例如，在英美国家有衡平法院以保护受益人的受益权，而在大陆法系中承认信托财产归属于受托人的国家，也无一不通过信托财产的登记公示制度以向任意第三人告知受托人身份以及信托财产在所有权上的特殊性。而在我国，无论是衡平法院还是成熟的信托公示制度，都无法从制度环境上实现受托人所有下信托财产应当具备的公示效力。

持有“受益人所有权说”主要围绕信托税金的承担与信托受益人权益

---

① 于海涌：“论信托财产的所有权归属”，《中山大学学报（社会科学版）》2010 年第 2 期，第 194—200 页。

② 于海涌：“论英美信托财产双重所有权在我国的本土化”，《现代法学》2010 年第 3 期，第 159—168 页。

的保护展开。从税务处理的角度看，由于信托财产产生信托收益之后，对收益进行纳税的主体是受益人而非受托人，因此受益人应当成为信托财产的所有权人。① 同时，即便信托法赋予受益人以撤销权，但是撤销权的行使条件极为苛刻，与“衡平法上的追踪权”权能有本质的区别，因此我国应当在将来的信托法修改当中将信托财产的所有权明确为信托受益人所有。② 此种观点的问题在于，在信托财产归属于受益人的背景下，如何解释委托人在信托成立后还可以对受托人的信托行为作出指令，受托人又基于何种权利对信托财产进行支配。

权利主体定位方式的初步价值就在于对前述三种学术观点所对应的问题进行了较为妥善的解决，即主体性定位下的商事信托，其信托财产将不再归属于信托当事人中的任何一方，而是拟制的信托主体。信托财产因登记于法律主体名下而“天然”实现了分别管理，也解决了我国衡平法传统与信托公示制度缺失的尴尬处境。而受托人对信托财产的支配权并不会因为信托财产并未转移至其名下而有所限制，因为此时受托人作为商事信托法人机关当中的一员，并以商事信托的名义，而非受托人自己的名义对信托财产行使支配权。

（二）有待进一步解决的问题

从我国民法典体系的特色来看，我国作为典型的采取“民商合一”立法例的国家，民法典的编纂不应当脱离商事制度的基本问题片面考虑，民法典体系定位也不应局限于民事法律制度建设而忽视对商事制度的统辖作用。但是，其仍然忽视了信托制度在金融商事领域的具体应用，尤其是资管产品的应用中的覆盖面与影响力，同时也对资管领域的纠纷缺少必要的回应。因此，《民法典》与民法典体系应当对商事信托所提出的实践问题作出回应。

---

① 温世扬、冯兴俊：“论信托财产所有权——兼论我国相关立法的完善”，《武汉大学学报（哲学社会科学版）》2005 年第 2 期，第 207 页。

② 温世扬、冯兴俊：“论信托财产所有权——兼论我国相关立法的完善”，《武汉大学学报（哲学社会科学版）》2005 年第 2 期，第 208 页。

小　结

《民法典》于2020年5月表决通过，这也意味着我国已进入“民法典时代”。尽管民法典被誉为人民生活的“百科全书”，但对有些极为重要的民商事法律制度仍有所疏漏，信托法就是其中之一。信托法作为资管产品的基本法，对调整资管产品中信托当事人之间的权利义务关系、保护资本市场当中各方参与者的权益与信心极为重要。但是很遗憾，《民法典》将信托制度排除在外，对资产管理行业的发展有所不利。信托制度入典取决于立法者对信托法律定位的判断，目前关于信托定位的学术研究方向已逐步从权利客体走向了权利主体，部分国家围绕不同的定位方式实现了信托法与民法典体系的融合。但是，通过本章内容的比较分析后发现，信托传统定位方式的应用“痛点”就在于体系融入的不周延导致商事信托在《民法典》各编中的安放存在实践困境。相对于权利客体的定位方式，主体性定位初步解决了权利客体定位所面临的信托财产权的归属问题。但是，目前研究的现状并未将商事信托的主体性定位向前再推进“一厘米”，即无论是外国学者还是国内学者对主体性的认知还存有差异，或者说还未形成共识。对商事信托的权利主体定位与我国民法典体系的关系问题的探讨更是少之又少。因此，有必要对商事信托的主体性问题进行证成。

第三章

法人：商事信托主体性的理论证成

通过前一章的初步分析可知，无论是将信托定位为一种财产权、物权，还是契约，均在既有的物权与债权严格区分的抽象概念体系下难以自圆其说，也与商事信托在我国的功能定位极不相符。信托关系作为民事法律关系的一类，其内核包括权利义务的享有者与承担者，也包括具体的权利义务行为，还包括权利义务的承载客体。① 当从客体方面难以对商事信托进行法律定位时，从权利主体角度切入也是一种有意的探索，最近国内外也有诸多学术理论依托这一进路开始进行理论的分析与研究。在我国民法典体系当中，民事权利主体除了自然人之外，还有须经法律拟制所创设的法人与非法人组织，因此，应当对商事信托的权利主体谱系中的位置进行判断。

第一节　商事信托主体性地位的历史考察

无论是在英美法系还是大陆法系的信托法学者在研究商事信托制度的起源时都不约而同地将研究的逻辑起点放在信托的起源上，一种作为家庭财富的代际传承方式——用益制度（USE）。信托制度本身具备财产转移的私法功能，使得大陆法系国家开始建立自己的信托公司，进而借鉴、继受、确立本国的信托制度。因此，一般学者仍然认为大陆法系中信托法发展的障碍在于司法体系中衡平法传统的缺失，但是这不影响商事信托制度在民法典体系中的地位与角色。一方面原因是商事信托制度的成文法化，即因英美法系商事信托制度在发展过程中出现不同法院对同一法律事实判断上的差异性，需要通过成文法将其稳定化，呈现出主体性的动向；另一方面原因是信托制度应用场景的商事化，即应用的场域大多为各国资本市场当中的资管产品，而非民事信托或者公益信托。因此，有必要对商事信托的发展进行相应的历史考察，从历史当中的司法判例、司法制度改革以

① 李永军：《民法总则》，中国法制出版社2018年版，第96页。

及成文法立法寻求商事信托的本来面目与法律定位。

一、判例法的标准：从合伙到信托

（一）非法人合股公司的引入背景

早在中世纪，英国的行会最先使用“Company”（公司、社团、合伙）一词作为组织名称，如布商行会（Drapeguors' Company）、金匠行会（Goldsmiths' Company）、杂货商行会（Habdashers' Company）等。[①] 此时，行会的设立需要通过英国皇室发布特许状或者国会颁布令状的形式取得经营资格，而这一取得经营资格的过程被称为“Incorporation”。[②] 特许状除了是一种国王或国会向某一行业颁发的垄断经营许可证，也是要求行会向王室提供本行业经营范围内公共产品的法律依据。但是随着工业革命开展，特许状的授予数量无法满足经济发展与技术进步的现实需求，而获取国王与国会的许可程序烦琐、费用高昂，使得特许公司牌照成为一项一本万利的特权，从而导致商人开始在未获得国王特许状或国会许可令的条件下设立合股公司。

到了17世纪末，英国首次放开了公司设立准则，无须通过特许状的同意即可成立公司，但并未放弃特许状作为公司设立的方式之一。好景不长，这种未经国王或国会授权所设立的公司因“南海泡沫”事件的爆发而被《泡沫法案》（“The Bubble Act”）所禁止。[③] 该法案规定，禁止商人在没有得到国王或国会特许的前提条件下成立公开发行股票的公司，并对未获特许的情形及其法律效果进行了非法且无效的法律评价，其中包括：未经授权许可所设立的商业组织不得通过开立股票账户向公众募集资金、未经授权许可所设立的商业实体不得以自己的名义开展商业活动、未经授权许可所设立的商业组织的股份不能自由转让以及经授权取得许可令，但是

---

① 方流芳：“中西公司法律地位考察”，《中国社会科学》1992年第4期，第158页。

② 方流芳：“中西公司法律地位考察”，《中国社会科学》1992年第4期，第158页。

③ ［加］布莱恩·R. 柴芬斯：《所有权与控制权：英国公司演变史》，林少伟、李磊译，法律出版社2019年版，第163页。

许可令已经过期的除外。[①] 同时，《泡沫法案》还明确了特许公司法人的基本雏形：其一，在国王或国会授权并取得特许状的情况下，公司的投资者仅以出资财产为限向特许公司的债权人承担责任；其二，取得国王或国会颁发的特许状后，被赋予特许经营资格的商业实体可以以自己的名义进行商业活动，而不必以投资人的名义对外经营；其三，允许投资者通过自由转让自己持有的特许公司的份额，以实现特许公司经营的稳定性与持久性。[②]

由此可知，《泡沫法案》的颁布一方面对现代公司的雏形进行了成文法确认，另一方面也意在限制商人通过自由设立商事公司从事商业活动的行为。但是，《泡沫法案》的施行非但没有巩固国王与国会对股份公司设立的限制，反而反向刺激更多的商人选择非法人合股公司这一商业组织形式进行贸易投资，资本也通过此种方式获得更多筹集，股份也得以在不同投资者之间相互转让，信托制度与商事组织法之间也由此产生了交集。

（二）非法人合股公司的初步界定：合伙

非法人合股公司就是投资者在未经国王或者国会颁发特许经营状的情况下，与受托人之间通过签订信托契约的方式实现对这一商事组织类型的组建。由于其组织形成的基础为信托关系，因而受托人拥有用于开展经营活动财产的所有权，也由其首先承担因经营风险所产生的商业损失，而投资人作为受益人并不对信托财产所产生的债务承担责任。通过这种法律结构的设计，英国商人可以有效规避《泡沫法案》规定的特许公司设立烦琐的程序和高昂的费用，也极大方便了社会闲散资金的汇集。从此，信托制度不再作为财产转移的法律手段存在，其实践场域也逐渐开始向商事领域转向。但是，通过信托契约所设立的非法人合股公司在法律属性上应当如何界定，英国的法律体系并未对其作出规范，既有的判例也未对其进行任何解释，因而当围绕财产管理委托契约产生的争议诉至普通法院时，对非

---

① ［英］罗纳德·拉尔夫·费尔摩里：《现代公司法之历史渊源》，虞政平译，法律出版社2007年版，第51页。

② ［英］罗纳德·拉尔夫·费尔摩里：《现代公司法之历史渊源》，虞政平译，法律出版社2007年版，第51页。

法人合股公司的属性定位就成为普通法院需要首先解决的问题。

由此可知，由于非法人合股公司未被国王的特许状或者国会颁布的令状承认为公司，因此并不是法律意义上的公司，更不是法律实体，而是以信托契约为基础建立起的商业联合体。从信托的类型上来看，由于最终受益权归属于委托人本人，因此其性质属于自益信托的一种。然而，普通法院在最开始的时候并不将非法人合股公司视为信托关系，而是将委托财产管理契约的性质判定为合伙协议。其裁判观点主要来自司法裁判的影响和司法体制的约束。

在普通法裁判中逐渐形成了对这一新兴的商事组织的判断依据。即非法人合股公司的股东是否承担有限责任以及受益权凭证或股份的可转让性成为普通法院判定这一商事组织为合伙的事实依据。普通法院并不承认股东关于有限责任的主张，其依据主要来自无限责任格言以及对合伙与借贷之间区别的判断。最初由于非法人合股公司的法律地位并未如特许公司一样得到法律意义上的承认，投资人为了限制投资风险向其传导，特意在为公司命名时，在信托契约、与第三人订立的合同中加入限制股东承担责任的条款以实现委托财产与投资者财产之间的风险隔离。但是，在普通法院的审判中，并未将“有限责任”的声明作为股东有限责任成立的法律依据，因而将非法人合股公司视为合伙。在1775年“格雷斯诉史密斯案”中，英国的普通法院历史上第一次将非法人合股公司这一商业组织形式视为合伙。而“无限责任规则”也正是在这个案子中被英国的法官所塑造，即只要投资人对其商业行为享有经营收益，就要为其商业经营行为承担损失。① 同时，“格雷斯诉史密斯案”的判决还对合伙与借贷的法律标准作出了区分，即“区分合伙与借贷的核心标准就在于利润或收益是否确定，如果不确定即为合伙，如果确定即为借贷”。随后，在1793年的“沃夫诉卡文案”进一步确认了“格雷斯诉史密斯案”中所提出的“无限责任规

---

① 参见Grace v. Smith（1775）96 ER 587，588；2Wm B1997，转引自季奎明：《组织法视角下的商事信托法律问题研究》，法律出版社2014年版，第63页。

则”，判决认为，“受益人享有收益的同时就需要承担亏损的责任”。① 同时，还对合伙关系与借贷关系作出了明确的区分，即财产管理委托契约中有关收益的约定是否具有确定性是借款人与合伙人的区分标准。在商业行为中，合伙人的投资收益无法在资产投入时就确定，收益的多寡根据所投资商业的经营状况动态变化。进一步分析，合伙人在资金投入时即便使用“利息”这一法律概念确定最终的投资收益率，但是如果投资收益率的变化取决于受托人在商业经营中营业利润的多寡，仍然可以将依据信托契约所建立的法律关系定位为合伙关系，进而对商业经营所产生的亏损承担无限责任。

但是，对于投资人来说，创造非法人合股公司的目的除了规避《泡沫法案》对公司设立的限制，还希望获取有限责任制度对投资人进行风险隔离。因此，其一般由内部关系与外部关系两条路径实现。内部路径是指在财产管理委托契约约定委托人仅以出资的财产为限向第三人承担有限责任，外部路径是指非法人合股公司与交易相对人在每一份具体的合同当中约定普通股东承担有限责任条款，具体方法为在与非法人合股公司有关的企业名称、办公文件以及与第三方签署的法律文件中都对其投资人的责任进行明确限制，以定向公示的方法向外部第三人告知投资人所承担的责任范围。② 普通法院只认可第二种路径的做法，即投资者要实现有限责任就必须在与第三人缔结合同中就投资人的责任限度进行明确。但也需要说明，并非所有的公示行为都会带来司法裁判上的确认，例如在 1852 年“哈利特诉道达尔案”中，普通法院在审判中并未对在公司章程中插入有限责任条款的法律效力进行否认，但是却对交易双方签署的契约中插入有限责任条款的法律效力进行了司法确认。③

同时，股份的可转让性也成为判断非法人合股公司成为合伙组织的事

---

① 参见 Waugh v. Carver（1793）126 ER 525，2 Hy Bl 235，转引自季奎明：《组织法视角下的商事信托法律问题研究》，法律出版社 2014 年版，第 64 页。

② 刘正峰：《美国商业信托法研究》，中国政法大学出版社 2009 年版，第 92 页。

③ 参见 Hallett v. Dowdall，21 L. J. Q. B. 98（1852），转引自季奎明：《组织法视角下的商事信托法律问题研究》，法律出版社 2014 年版，第 64 页。

实依据，最先明确非法人合股公司的投资人在转让投资份额时不需要向其他投资人征求意见的裁判观点来自 1827 年发生在美国马萨诸塞州的“阿尔沃德诉史密斯案”。① 该案争议的焦点并不是非法人合股公司的信托或合伙性质，而是将审判的中心放在对非法人合股公司的投资份额转让权是否应当被限制的问题。本案原告以委托财产管理契约为基础组建酒厂，其对酒厂的受益权凭证按照契约约定转让给第三方受让人（本案的被告），当第三方受让人接受依据信托契约所取得的投资者权利之后，又怠于向原投资者支付其取得投资者份额的对应价款，进而造成对原告转让方的违约。有基于此，原告将第三方受让人诉至马萨诸塞州法院，要求被告就其取得的受益权凭证支付相应的价款。被告认为，由于酒厂的法律性质系合伙，而原告转让受益权凭证的行为因未经其他合伙人同意而归于无效，因此不应当向未生效的受益权凭证转让行为支付相应对价。最终法院判定依据委托财产管理契约所建立的酒厂虽属合伙，尽管原、被告之间的受益权凭证转让行为未经其他合伙人同意，但应当归属有效。由此可知，非法人合股公司股份或受益权凭证的可转让性并不成为阻碍法院判定其为合伙组织的事实依据之一。

从司法体制的约束来看，19 世纪末期之前，英国司法体制特点决定了普通法院无法通过运用信托法规则对争议案件进行裁判，信托法属于衡平法院的“专属领地”。② 投资人通过委托财产管理契约建立商事组织的本意是为了规避《泡沫法案》中国王与国会对特许公司设立的限制，而法院将非法人合股公司的组织形态判定为合伙的原因则在于普通法院被禁止适用信托法裁判案件，这也是法院不认为非法人合股公司是一种独立的商事组织形态，而通过司法裁判的形式认定非法人合股公司为商业合伙的原因。那时，英国的司法裁判体系分别由普通法院和衡平法院两大类组成，不同类型的司法审判机关在审判当中所适用的法律也有所区别。例如，衡平法

① 参见 Alvord v. Smith，5 Pick. 232，转引自季奎明：《组织法视角下的商事信托法律问题研究》，法律出版社 2014 年版，第 67 页。

② 季奎明：“从合伙、公司到信托：英美商事信托的演进历程及其启示”，《私法研究》2016 年第 2 期，第 184 页。

院只能适用衡平法裁判案件，所以当围绕非法人合股公司的争议诉至普通法院时，其适用法律上的限制决定了它不能通过本属于衡平法院裁判适用范围的信托法对争议进行裁判。当普通法院对财产管理委托契约的性质进行判断时，则不能将信托法作为普通法院的裁判依据，而只能适用合伙法对其判断。但是，随着19世纪末期司法体制改革的逐步推进，原来的司法裁判体系被上诉法院与高等法院所取代，不同类别的法院面对普通法与衡平法也取得了统一的法律适用资格。① 是故，法院在判决当中并不会因为委托财产管理契约的信托性质与在相关章程中的有限责任宣言判定非法人合股公司的投资人对公司债务承担有限责任，其仍需要依照合伙法承担无限责任。②

（三）非法人合股公司的后期界定：商事信托

在英国司法改革之后，上诉法院取得了适用衡平法的权力，有关非法人合股公司的性质认定问题也随之出现新的变化，其中判断的依据受受益人对受托人的控制力大小和有无受益人联合两个方面因素影响。

1880年的“史密斯诉安德森案”是第一例司法改革后上诉法院有机会用信托法规则对非法人合股公司的法律性质作出重新认定的判决。③ 在这个案子里，一个被命名为“海底电报信托”的信托契约由6位受托人发行受益权凭证，发行价为90英镑，受益权凭证的面额为100英镑，资金用途为购买共计11家不同电报公司的股份。最后共有21位委托人购买了受益权凭证，资金运作所产生的收益及受益权凭证的转让收入按照以下方式实现：第一，依据信托契约的约定，受托人向受益权凭证持有人支付6%的收益。第二，信托期限终止时，受托人应以120英镑的价格回赎面额为100英镑的受益权凭证。第三，信托文件赋予“股东会”审查受托人所提

---

① ［英］理查德·爱德华兹等：《信托法与衡平法》（影印本），法律出版社2003年版，第4页。

② ［英］罗纳德·拉尔夫·费尔摩里：《现代公司法之历史渊源》，虞政平译，法律出版社2007年版，第42页。

③ Smith v. Anderson（CA） Court of Appeal 16 July 1880；247 Smith v. Anderson ［1879 S. 120.］.

交的信托事务报告，赋予监察人在受托人无法正常履职的情况下更换、任命新的受托人的权力。初审法院杰塞德法官认为，根据《英国公司法》的规定，任何一种类型的商事组织或者联合体的设立都必须依法通过注册登记，否则不可以从事商业活动，此时商事信托所设立的联合体开始以自己的名义参与到商事经营活动之中。而“海底电报信托”尽管是一个由20多位受益人通过信托契约组成的，以获取经营利润为目的的商业联合体，但是在联合体的设立过程中并未按照法律规定的要求对其进行注册登记，因此“海底电报信托”应当被依法取缔。后来该案被上诉至上诉法院，上诉法院的法官布雷特从营业行为的界定、受益人对信托财产债务的承担以及受益人的权利范围三个维度分析了这一组织形式不是合伙，而是信托，其原因为：第一，投资行为不是商业行为。判决指出，本案受托人依据合同条款所享有的投资与再投资的权利并不属于1862年公司法中有关“商业”的范围。受托人在“海底电报信托”中所扮演的角色不是代理人，也不是公司董事，商业行为的实际控制人不是受益权凭证的持有人，而是受托人。第二，受益人不应对信托财产的债务承担责任。受托人在对外缔结合同时并不需要向交易相对人披露受益人的情况，因此受益人不应当就受托人对外签署的法律文件承担任何形式的法律责任。所以，委托财产管理契约所设立的是信托，而非公司或是合伙。第三，受益人无法控制受托人的投资行为。如果受益权凭证持有人的法律定性为合伙人，那么就需要其自己经营抑或委托他人代为处理商业行为，但是受益人在信托事务管理中仅享有审查信托事务管理报告、任命监察人及更换或选聘新的受托人的权利。显然这些权利并不能控制“海底电报信托”任何具体的商业行为，依据委托财产管理契约所设立的商事组织不是合伙，而是信托。因此，法官将依据委托财产管理契约所设立的“海底电报信托”定性为信托，从此打破了商业利润享有者即商业合伙人的普通法传统。同时，对受益人的实际控制力界定作出了初步的规定，即诸如出席受益人大会、审批信托事务报告、选聘或解任受托人或审计师等事宜不认为是对信托事务的干涉，这也是受益人与合伙人之间的本质区别。但是，有关信托组织与合伙组织之间的区分标准，在本案中并未形成完整的判断标准。

当商事信托的组织形式直接关系到税收的征收问题时，商事信托的判断标准就成为法官们无法回避的问题，于是 1913 年“威廉斯诉米尔顿居民案”成为美国法院历史上第一次尝试确立商事信托的判断标准的案件。①马萨诸塞州最高法院通过对 1870—1911 年有关商事信托的判例回顾与评述，以受益权凭证的持有人是否对受托人拥有控制权以及受益权凭证的持有人之间是否存在“股东会”形式的联合作为区分商事信托的组织形式为合伙还是信托的判定标准。从此，判断一个信托契约是否为商事信托的双重检验标准得到了确立。“波士顿个人财产信托”是 1893 年在马萨诸塞州设立的不动产信托，本案中的原告系“波士顿个人财产信托”的受托人，而被告是波士顿的市政当局。原告、被告双方争议的焦点在于“波士顿个人财产信托”名下的财产是按照信托财产应税还是按照合伙财产应税，其问题的核心在于“波士顿个人财产信托”的法律属性是信托还是合伙。以往的案例中将信托契约设立的商事组织判定为合伙的原因是：第一，受益人之间以受益人凭证为基础形成了类似于“股东会”形式的联合。第二，受益权凭证持有人是信托财产的主人，信托契约中的受托人是受益权凭证持有人的代理人，受托人需按照受益权凭证持有人共同作出的决议行事。而本案法官认为，“波士顿个人财产信托”的受益权凭证持有人没有以任何形式联系在一起，信托契约也未赋予召开“股东会”的权利，因此不应当认为受益权凭证的持有人形成了联合体。在“波士顿个人财产信托”中，受托人完全可以基于自己的判断，在不受委托人或受益人影响的情况下对信托项下的财产行使支配权，例如再投资、以信托财产作为抵押财产申请银行授信等权利。从这个意义上来说，受托人才是信托财产的所有人，而受益权凭证持有人在信托契约中的权利集中体现在要求受托人诚实守信、忠实勤勉管理信托财产，并在扣除必要的管理费用后如实向受益人分配信托利益。因此，本案法官基于上述原因认为，有鉴于“波士顿个人财产信托”中受益人无法影响受托人在管理信托财产当中的自由裁量权，

---

① 参见 Williams v. Milton，215 Mass. 1，102 N. E. 355（1913），转引自 Sheldon A. Jones，Laura M. Moret & James M. Storey，The Massachusetts Business Trust and Registered Investment Companies，13 DeL. J. Corp. L. 421，426（1988）。

受益人之间也未形成“股东会”式的联合，因此信托契约当事人之间所欲设立的商事组织为信托，而非合伙。但这只是马萨诸塞州最高法院的判例，直到1919年“克罗克诉玛丽案”①，美国联邦法院援用“威廉斯诉米尔顿居民案”中以受益人联合与控制标准作为判决一个非法人合股公司的组织形态为商事信托的依据，从此，双重检验标准在联邦法院层面成为判断非法人合股公司性质的依据。

但是，1924年美国联邦最高法院在“赫奇特诉玛丽案”中将受益人联合排除出商事信托组织形态的司法判断标准。② 该案的桑福德法官认为，判断一个商业联合体到底是信托组织还是合伙组织，本质上取决于受托人的管理权限或者管理方式。如果受托人作为信托财产的主人，其对信托财产的管理、运作与处分可以不受受益人的影响，那么这个商业联合体的性质就是商事信托。但是，如果受益人组成的联合可以对受托人的管理行为进行控制，那么受托人的身份就是受益人的代理人，商业联合体的性质也随之变为合伙组织。同时还认为，只要受益人之间没有形成类似于股东会的联合，单凭受益人对受托人的任免权以及信托的终止权，无法判定受益人对受托人拥有代理法层面的控制权。在此之后，1930年的“古特利厄斯诉斯坦本案”③、1935年的“莫里西诉国内税收专员案”④，无一不沿用“赫奇特诉玛丽案”所确立的单一标准，即商业联合中即便有类似于公司组织中股东会的设置，但只要受益人的联合并未形成对受托人的实质控制，就应当认为这类商业联合的性质为商事信托组织。

二、成文法的规则：从公司到信托

（一）为什么形成成文信托法规范

英国于1825年废除《泡沫法案》之后，信托作为一种商事组织形式

① 参见 Crocker v. Mally，249 U. S. 223（1919）。
② 参见 Hecht v. Mally，265 U. S. 144（1924）。
③ 参见 Gutelius v. Stanbon，265 U. S. 144（1930）。
④ 参见 Morrissey v. Commissioner of Internal Revenue，296 U. S. 344（1935）。

在英国的实践基本中断，而美国的商事信托制度逐渐成为成文法，展现出强大的生命力。其背后的原因一方面来自英国对非法合股公司的抛弃，另一方面来自司法裁判的统一需要。

第一，英国公司法的颁布使得投资者不必再通过信托契约设立商事组织，即公司通过“注册 + 公告”的方式即可成为法人。而后又于 1855 年通过成文法的形式对商业公司中的有限责任法律结构进行立法建构，其中从公司名称、法定资本、实缴出资确认等方面建构股东的有限责任。由此，投资者不再需要绕开特许状开展投资行为，可以直接通过注册申请设立公司，并取得股东的有限责任保护。投资者通过信托结构设立公司的方式逐渐被成熟的公司制度所取代，之前所设立的非法人合股公司也逐渐转型为法人公司或者商事合伙，而商事信托作为一种商事组织形式也随之在英国中断。①

第二，美国普通法规则适用的混乱促使成文法的确立成为必然选择。由于美国各州之间法院所形成的判例法规则在法律适用上存在理解上的差异性，导致美国各州的法官与律师在商事信托纠纷中经常适用其他州的判例法规则作为裁判或诉请的法律依据，因而有的州将商事信托视为公司。在“哈里斯诉美国案”中，法院认为马萨诸塞州信托属于该州宪法当中所规范的公司，其特征与公司法人具有高度的相似性，因此除非投资者出于避税、逃避成文法对公司管制的要求，否则没有必要采用“马州信托”这一组织形式。② 当然并非所有的州都对商事信托作为一种全新的商事组织持排斥的态度，有的州在判例中确认其为一种新型的商事主体，例如“家庭木材公司诉霍普金斯案”“斑点木头诉莫里斯案”和“爱达荷州诉 T. B. 科斯格罗夫案”。其中，“家庭木材公司诉霍普金斯案”是最早记录商事信托为一种新的商事组织形式的判决，并指出即便信托当事人对信托债务承担有限责任，投资者拥有股份凭证，但是由于未对商事信托进行相应的注

① 李清池：《商事组织的法律结构》，法律出版社 2008 年版，第 221 页。

② 参见 State v. Hinkle，126 Wash. 581，转引自季奎明：“从合伙、公司到信托：英美商事信托的演进历程及其启示”，《私法研究》2016 年第 2 期，第 190 页。

册，无法成为公司组织。①

因此，为了解决司法裁判中法律依据在适用上的混乱，统一司法裁判的标准，同时为了发挥商事信托的资本吸收优势，美国各个州开始制定相应的商事信托成文法规范。

（二）商事信托：一种全新的商事组织形式

由于商事信托具有为投资者提供有限责任保护、宽松的内部治理结构要求以及规避企业所得税三方面特征，从而吸引了大量的社会资本使用这种新型商事组织形式进行投资，并使其在州际竞争中表现出巨大的制度优势。因此，有些认为商事信托的性质为公司组织的州为了扭转制度竞争中的劣势，通过制定成文法的方式承认商事信托为一种新的商事组织形式。

1959 年的《华盛顿州"马州信托"法》第 2 条将商事信托的组织形式明确为"非公司社团商业组织"，1961 年的《堪萨斯州商事信托法》第 2 条规定，"商事信托是一种未组建为公司社团法人的商业联合体，通常被称为普通法信托、商事信托或马州信托，以信托文件为设立依据，信托财产由受托人为了受益人而保有、管理、经营、控制、投资、再投资或者运营，受益人如同营利性公司的股东一样享有有限责任的保护"。② 但是，这一时期的成文法商事信托规则大多秉持公司法默示主义，对于成文法规定中的未尽事宜，具体规则的适用更多的还需要返回各州的公司法中寻找。例如，《堪萨斯州商事信托法》第 35 条和《亚利桑那州商事信托》第 9 条均以"公司法的适用"作为章节明确有关商事信托的证券发行、年报备案、程序送达、股东个人责任的限制及经营的权限等内容需要适用公司法规则。③《华盛顿州"马州信托"法》第 6 条明确规定商事信托的受托人保护条款可以适用《华盛顿州公司法》中的"公司董事责任限制"的各条规定以实现对受托人的有限责任保护。④ 由此可知，这个时期美国部分州

① 季奎明："从合伙、公司到信托：英美商事信托的演进历程及其启示"，《私法研究》2016 年第 2 期，第 190 页。

② 刘正峰：《美国商业信托法研究》，中国政法大学出版社 2009 年版，第 162 页。

③ 刘正峰：《美国商业信托法研究》，中国政法大学出版社 2009 年版，第 163 页。

④ 刘正峰：《美国商业信托法研究》，中国政法大学出版社 2009 年版，第 163 页。

的商事信托成文法的特点是秉持公司法默示主义，治理结构上的完善需要不断援引公司法中的具体规则实现。

随着信托法规则的不断充实与完善，立法机关所采取的公司法默示主义也逐渐开始转变为信托法默示主义，对于信托法规范中的不足之处开始逐渐进行自我完善。到了 20 世纪 80 年代，以特拉华州为代表的《特拉华州法定信托法》对商事信托采取更加包容的态度，通过普通法精神不断完善商事信托的各项成文法规则，逐渐成为商事信托规则“法典化”中信托法默示主义的代表。随着公司设立的放开，商事信托这一来自衡平法的法律组织形式也不再囿于规避税收与有限责任保护的功能，更多地应用于金融投资领域当中。1988 年《特拉华州法定信托法》将商事信托确立为成文法上的一种法律实体，其目的在于摆脱普通法对商事信托的判断标准，核心属性等要素判断标准的无常变化，以成文法的形式授权信托当事人可以以契约的方式约定信托当事人各自的权利义务内容，进而强化商事信托的组织法属性。

根据《特拉华州法定信托法》的规定，商事信托是一种法定信托，拥有独立的法律实体地位。在组织法方面，可以实现受托人的信托行为只要符合信托契约的约定，就不需对信托财产的损失承担责任，受益人也以信托财产为限对信托债务承担有限责任。同时，还完善了商事信托“破产隔离”的法律效果，排除了第三人穿透法定信托实体对信托当事人追索债权。在合同法方面，信托当事人可以通过信托契约的约定，对信托当事人之间的权利义务内容进行明确。在财产法方面，特拉华州将商事信托明确为法律实体，授权受托人以法定信托的名义与其他法律实体开展民事法律行为，例如委托人对信托份额的交易，不同信托实体之间的合并或者分拆等。因此，特拉华州有关信托实体的规定，在基于传统信托法规则的基础上，提升了其在商业社会当中的交易安全与效率的功能，兼具组织性与契约性特征。

但是，通过前述公司法默示主义立法例与信托法默示主义立法例的分析可知，立法的分散与差异必然造成不同州域的法院在法律适用上的混乱。因而，为了消除司法裁判中可能存在的障碍，联邦层面有关统一州法的组织在2000年前后开始尝试在美国联邦层面制定一部统一商事信托实体法，以缓解州立法权对于统一司法裁判尺度方面的冲击。起草委员会着重比较了信托法默示主义和公司法默示主义两种立法例，重点考察了两种立法例的实践法律效果。最后，认为《特拉华州法定信托法》无论是对其他州的商事信托立法，还是组建、运行商事信托的经济效率都具有制度优势，因而将《特拉华州法定信托法》作为编纂示范法的基础法律文本。① 并于2009年正式颁布《美国法定信托实体法案》，美国商事信托的法律实体地位最终在成文法层面得到了最终确立。

三、历史考察的启示

通过对前述的历史考察笔者认为，在英美法系国家中，尽管在法学家的著述中大多将信托定位为一种财产关系或者财产权类型，但是在商事目的的应用场景中，从未脱离商事组织这个中心。晚近以来，美国通过成文法的方式确立了商事信托在法律秩序轨道当中的权利主体资格，与其财产法的定位相背离，但是在实践运行当中，符合了金融投资的现实需求。因此，从前文的历史考察中有以下三方面启示应当引起我们的重视。

第一，商事信托在英美法系的实践中以商事组织法为中心展开。无论商人将商事信托视为规避特许状的私法方式，还是司法裁判机关将其视为合伙、公司或者信托，均未超出商事组织法的范畴。从本质上看，更多的是将其视为一种法律秩序当中的商事主体，因而很难将其与财产法定位发生任何联系，或者说将信托视为财产法，更多的是以信托受益权视为财产权，并未从体系上对商事信托进行法律定位。

第二，信托法律关系的判断具有不确定性。英美法系国家的司法裁判机关对信托的法律定位经历了由合伙到信托，再到公司，最后再转回信托的过程。由此也可以发现司法裁判机关对于商事信托的法律定位具有不确定性，其判断依据的形成取决于司法系统的改革、成文法对社会发展的回

① Uniform Statutory Trust Entity Act (2009). Prefatory Note.

应以及公民对组织法制度的现实需求。因此，法律实体或者商事组织的基础法律关系能否被判定为信托，具有司法裁判上的不确定性，这也是推动商事信托成文法化的直接原因。

第三，成文法化下的商事信托具有确定的法律主体地位。依据《美国法定信托实体法案》第102条的规定可知，美国法中的“人”不仅包含公司、合伙，还包括法定信托，由此商事信托的法律主体地位不再是裁判规则上大法官的一种选择，而是成文法当中的直接法律适用依据。在学理上，美国法一般认为民事权利主体的类型主要由自然人、法人以及非法人组织三类组成，而法人与非法人组织的区别在于法律主体是否独立承担违约与侵权责任。① 因而，可以认为美国的法定信托在成文法的规训下成为权利主体当中的法人，其组织法构造由两部分内容组成。一方面，关于信托财产的权属认定问题。法定信托是一个独立于信托当事人的法律主体，一般情况下信托财产由信托当事人所设立的信托实体所拥有，同时《美国法定信托实体法案》为了与域外信托法实现制度对接，例外情况下也允许积极、消极或是保管受托人以自己的名义持有或者拥有信托财产所有权。② 由此可知，美国的法定信托跳出了法律传统当中关于双重所有权的定性与大陆法系中有关信托财产所有权归属的争议，当信托财产的所有权归属于法定信托时，信托财产“天然”与信托当事人的财产发生了私法隔离的法律效果，其实现的路径也由依靠衡平法院的司法确认转为行政机关对其主体性地位的公示登记。另一方面，关于法定信托内部的治理结构。该法允许信托当事人在法定信托内部组建由信托受益人组成的联合大会，并将执行监督机关明确为共同受托人。在权力机关中，受益人的行事规则为普通多数决，即受益人按照受益权份额的绝对比例决定是否形成生效决议。③ 执行监督机关的行事规则并未参照普通法信托中的一致行动义务制定，秉持“相对的受托人一致行动义务”，即受托人的行事规则也采取普通多数

① ［美］斯蒂芬·加奇：《商法》，屈广清、陈小云译，中国政法大学出版社2004年版，第3—5页。

② 参见《美国法定信托实体法案》第307条。

③ 参见《美国法定信托实体法案》第602条。

决的决策机制。① 由此可知，美国的法定信托除了承认其主体性地位，赋予信托财产归属于信托主体的可能，还对法定信托内部的组织结构进行明确规范，以使其呈现出强烈的组织法特征。

因此，笼统地将所有的信托类型都视为财产法的一部分，或者权利客体，并非英美法系唯一不变的法律定位方式，或者是一种片面的观点。其社会实践之中强烈的主体性倾向逐渐使之由权利客体转为权利主体。因而，我们更应当“逃离”商事信托的权利客体的定位怪圈，论证商事信托成为法人的学理可能性。

第二节 商事信托法人化的学理分析

一、民法观念中的法人

（一）权利主体的引入

在大陆法系国家当中，人法将权利主体划分为自然人、法人、无权利能力社团或非法人组织等。在《德国民法典》中，对权利主体的称谓有两种概念表达：Mensch 和 Person。其中，“Mensch”是指“能够说话与思维，并以此区别于动物的生命有机体”②，与自然人（Natürliche Person）同义。此外，“Person”在《德国民法典》系规范意义上的抽象概念，象征着权利主体对权利的享有与责任的承担，既指自然人（Natürliche Person），也指法人（Juristische Person）。

自然人，顾名思义，是指自然而生的人。③ 自然人作为权利主体，其

---

① 参见《美国法定信托实体法案》第 503 条。

② ［德］克洛泽主编：《杜登德语规范词典》，高年生编译，外语教学与研究出版社 2005 年版，第 417 页。

③ 王泽鉴：《民法总则》，北京大学出版社 2009 年版，第 110 页。

法律主体地位不依赖他人而独立存在，即其可以在法律范围内独立自主进行民事法律行为且不受他人干涉。因此，人格独立是自然人的充分必要条件。而法人是相对于自然人而言的另一类权利主体，是自然人的团体构造下的产物。根据"拟制说"，法人虽不是自然人，但是可以被法律拟制为权利主体的"人"，或者说法律赋予其以"人"的法律地位，使其和自然人一样享有法律人格并作为权利义务的主体参与社会活动。因此，法学所称"权利主体"概念是建立在法律主体上的一种立法技术表达，是对现实当中的人或者组织进行抽象化处理的结果。

人与人之间社会交往活动依靠自然人作为权利的载体即可完成，那么为什么还需要在法律上另行设立权利主体？凯尔森的解释是，"法学思想不满足于只看到某种人的行为或不行为组成义务或权利的内容，必须还存在着某个具有义务或权利的人物"。① 富勒将这一概念直接定义为，"私法中的主角是这样一位法律主体，他承担义务、享有权利，并被赋予了通过协议来解决自己同他人之间纠纷的法定权利"。② 对此，考夫曼进一步解释道，"法律主体实质活跃在法律之中，享有权利、负有义务和承担责任的人，此处所说之'人'既可以是自然人，也可以是将法人等人合组织类推为法律主体"。③ 由此我们发现，无论是凯尔森还是富勒，或是考夫曼，都倾向于将权利义务之载体作为权利主体概念的本质特点，都以"人"作为核心建构权利主体的内涵。

而法人是指由成文法规范所创设的虚拟权利主体，我国《民法典》第五十八条第一款规定，"法人应当依法成立"。④ 因此，从学理上看权利主体取得权利能力主要依靠以下两种路径获取：一种为特许制，即法人的创设以及权利能力的取得需要得到国家机关的承认与许可；另一种为规范制，即法人的创设不需要得到国家机关的承认与许可，只要设立人的设立

① ［奥］凯尔森：《法与国家的一般理论》，沈宗灵译，中国大百科全书出版社 1996 年版，第 105 页。

② ［美］富勒：《法律的道德性》，郑戈译，商务印书馆 2005 年版，第 31 页。

③ ［德］考夫曼：《法律哲学》，刘幸义等译，法律出版社 2004 年版，第 161 页。

④ 参见《民法典》第五十八条。

行为符合有关成文法规范的具体规定，例如规范的法人章程、符合法定数量的社团成员以及维系法人运作的基础性财产，在此基础上这个组织就具有权利能力了。① 但是，无论法人依靠哪种路径取得民事权利主体的资格，其功能都是为了实现法人财产与社团成员财产的分割后，可以以自己的名义为民事法律行为。

（二）法人概念的形成

纵观世界理论与立法维度对法人的元分类，可谓体系庞杂，其种类与形态在历史进程中也在根据社会现实的变化作出动态调整。

法人概念的形成并非一蹴而就，法人概念的成熟不是罗马法的产物是共识，因为那时法人权利主体资格的取得并不需要成文法或国家机关的形成确认，都是在设立人的意思表示自由之下形成。② 因为在公元前 5 世纪罗马法中，与团体人格有关的拉丁文术语包括“社团”（Associazione）、“团体”（Nuiversitas Presonarum）等，还有一些术语虽然表述为团体，但是既没有社团的概念，也无法律人格的内涵，例如 Societas、Ordo、Corpus、Collegium 等。③ 因此，一般认为社团和团体术语下具有法律人格，是社团法人概念的初始形态，而后者则无法律人格，属于合伙。其立法维度的例证来自《十二铜表法》所规定的权利主体只有自然人，未见对法人概念的规定，而理论维度的例证则来自古罗马法学家盖尤斯在《法学阶梯》中，但其第一编“关于人”中仅对自然人的权利进行了论述，未见对法人或社团的相关论述。此外，从词义方面解释，Nuiversitas 一词的含义主要是指学校、宗教团体、商业团体、士兵团体以及丧葬团体等。经学者考证，之所罗马时期会承认前述团体的客观存在，是出于交易效率的考虑，因为当人们与某一熟悉的社会团体进行商业交往，远比与某

---

① ［德］迪特尔·梅迪库斯：《德国民法总论》，邵建东译，法律出版社 2000 年版，第 815—816 页。

② 方流芳：“中西公司法律地位历史考察”，《中国社会科学》1992 年第 4 期，第 154 页。

③ ［意］彭梵得：《罗马法教科书》，黄风译，中国政法大学出版社 2005 年版，第 39 页。

一陌生人交易要值得信任得多。①

直到3世纪以后，在君士坦丁一世的宗教改革下，深受基督教对罗马法的渗透与影响，社会逐渐开始承认一种新的权利主体类型——财团（Universitates Bonorum）。② 其功能是为宗教或者慈善目的所汇集的财产提供一个“容器”，并在特殊目的指引下行使相应的权利。从这时开始，“神庙”在罗马法的制度轨道中开始以自己的名义持有财产、从事民事法律行为，进而由人与人之间所组成的联合体变成了财产集合，法人的萌芽也由此产生。

到了罗马共和国后期，航海经商的现实要求使得自然人之间需要形成合伙以解决资金的投入与风险的承担问题，但是按照市民法的形式主义要求，存在诸多现实困难：第一，法律行为的作出需要全体合伙人到场并作出一致决定；第二，合伙人与合伙财产之间的共有关系使得某一合伙人的破产直接阻断合伙事业的持续开展；第三，合伙作为被告涉诉以后，需要全体合伙人同时到场，否则诉讼无法进行。有基于此，瓦鲁斯与乌尔比安努斯分别从不同角度对为什么需要团体人格进行了深刻的论述，结论就是团体成员的变化不应当影响团体的存在，以团体名义所产生的债权和债务也应当与团体成员的财产相区分。③ 但是，此时古罗马的法学家们并未提出法人这一概念，而是将自然人从其所组成的团体当中进行了抽象的分离，直接将围绕团体成员所形成的权利义务交由团体这一抽象人格承载，使其成为权利的拥有者与责任的承担者。④ 其意义在于透过团体人格制度使得团体可以以自己的名义为民事法律行为，团体的存续不再受成员的存在或变化影响，取得了法律上永久存续的能力。此处需要指出的是，此时的团体特指公共团体或宗教团体，并不是现代法人分类当中的财团法人（Anstalt）。

---

① ［美］M. 罗斯托采夫：《罗马帝国社会经济史》，马雍、厉以宁译，商务印书馆1985年版，第231页。

② 李宜深：《日耳曼法概说》，中国政法大学出版社2003年版，第31—46页。

③ 参见：周枏：《罗马法原论》，商务印书馆2014年版，第305页；曲可伸：《罗马法原理》，南开大学出版社1988年版，第110页。

④ 胡岩：“罗马法团体人格制度研究”，《罗马法与学说汇纂》2012年第1期，第64页。

中世纪以后的大陆法系，在教会法（Canon Law）的推动下逐渐形成了财团法人（Anstalt）的概念，其定义为捐赠的财产为实现特定目的，对其财产的运作受到外部捐赠人捐赠意志的约束，以自己的名义享有权利与承担义务的社会团体。在德国概念法学的影响下，有关财团法人的概念在德国法中得到进一步的发展，并为德国民法典立法所采用。① 而社团法人概念的产生与进化一般经历了从共同态（Gemeinderschaft）概念到团体（Genossenschaft）概念，再到法人概念的三次转变。共同态就是合伙状态，系简单的多数人的集合，合伙人之间权利的行使与责任的承担均需全体合伙人形成一致意见方可开展，内部无意思形成机关，外部也无意思表示代表机关，因此没有独立的法律人格。14 世纪后，德国人在罗马法的影响下，尝试以罗马法的团体人格理论进一步发展了团体概念，最终在 16 世纪形成了法人概念。

在英美法系中，普通法中最先出现的法人类型就是独体法人，其适用范围仅限于宗教场所的神职人员。在 1448 年，法院还不承认当事人以法人的名义申请令状，但是到了 1482 年英国的法官就在一个案件中为教堂的神职人员在接受捐赠时拟制了一个抽象的法人主体。② 正如梅兰特所说，独体法人概念的提出就是为了解决人们想将土地的用益权捐赠给教堂却缺乏法律上受赠主体的问题。③ 直到 19 世纪，英国先后于 1844 年和 1862 年颁布了《合股公司法》（Joint Stock Company Act）和《公司法》（Company Act），其中对公司法人的设立程序、法律人格特征等问题进行了详细而又完整的规定。④ 由此可知，英国的公司法与大陆法系国家公司法的不同之处在于，其不但对公司的设立、组成以及运作等事项进行了详细的规定，还对公司作为法人的法律人格进行了相应的规范，因而也可以将其视为一

---

① 王涌："法人应如何分类：评《民法总则》的选择"，《中外法学》2017 年第 3 期，第 624 页。

② F. W. Maitland, State, Trust, and Corporation, Cambridge Press, 2003, p. 12.

③ 王涌：《私权的分析与建构：民法的分析法学基础》，北京大学出版社 2020 年版，第 153 页。

④ ［加］布莱恩·R. 柴芬斯：《所有权与控制权：英国公司演变史》，林少伟、李磊译，法律出版社 2019 年版，第 200—202 页。

部法人法。而在美国，尽管各个州都有自己的公司法，但还是在联邦层面将法人分为营利法人与非营利法人两种。①

对比大陆法系与英美法系有关法人概念的立法例可以发现，大陆法系喜欢通过提取公因式的方式在本国的民法典体系当中对权利主体与基本类型进行提纲挈领式的抽象归纳，而后在部门法当中对法人概念的具体应用作出进一步明确。例如，在《德国民法典》中将法人的基本元分类划分为财团法人与社团法人，而具体的法人应用形态如何规范则在具体的部门法中实现。英美法系没有民法典，因此在立法例上并不会像大陆法系一样采取“叠床架屋”般层级化立法模式，而是在一部单行法中将法人概念的一般问题与具体问题予以规定。

综上所述，纵观世界不同国家，不同法系中有关法人概念的元分类因其历史沿革、立法传统的不同而千差万别，也没有固定的立法模式。假如将商事信托的法律定位从权利客体转换为权利主体，并进一步进行学理证成，就有必要对法人概念的本质予以探讨，寻找两者之间的相似性与关联性。

（三）有关法人本质的学说争议分析

目前来看，关于法人的本质是什么这一问题，学术界有“拟制说”“否定说”与“实在说”三种。② 可以说，自法人概念提出以后争论就从未中断过。尽管目前法人的本质不再是中外学界讨论的热点话题，但是应当看到讨论法人本质的理论价值，因此将其作为本书证成的解释论前提。

普遍认为，“拟制说”是指法人的设立需要经过国家的承认与许可，因而也被称为国家特许理论，为萨维尼所首创。萨维尼认为，法人是人造的，通过纯粹拟制而承认的法律主体，也是法律规范为了某一目的而予以

---

① 王涌：“法人应如何分类：评《民法总则》的选择”，《中外法学》2017 年第 3 期，第 610 页。

② 参见：王利明、郭明瑞、方流芳：《民法新论》，中国政法大学出版社 1988 年版，第 215—226 页；朱庆育：《民法总论》，北京大学出版社 2016 年版，第 447 页；李永军：《民法总则》，中国法制出版社 2018 年版，第 364—366 页；张鸣起主编：《民法总则专题讲义》，法律出版社 2019 年版，第 183—186 页。

承认的“人”。[①] 换言之，法人是以法律规范预设的方法所创设的一种权利主体，这一学说同样对英美法系的学者产生了重要的影响。英国梅兰特对法人本质的认识与萨维尼相一致，他认为，无论是自然人还是法人，其法律主体地位的确认并不是自然规律下的产物，而是法律拟制的结果。自然规律下产生的法律主体就是自然人，而由拟制产生的法律上的人就是法人。[②] 这一观点与英国法早期的公司特许制度相关联，例如英国的东印度公司就是经许可状的办法所建立的海外贸易公司，其性质属于股份公司，学者将这些公司称为由“特许状”所拟制的法人，或称为普通法的法人。[③] 因此，在自然人之外没有不经国王或政府特许设立的民事权利主体。这一学说的可取之处在于权利主体取得法律人格，必须要得到法律规范的授权与认可。但其缺陷也十分明显，即如果被拟制的权利主体所行之法律行为超出拟制的目的范围，就有可能被宣告法律行为无效，或者视该法人不存在。在我国改革开放初期，司法系统在裁判中倾向于将法人的行为能力与法律效力相关联。[④] 尽管现在司法系统一般不再将经营范围与行为能力、法律行为的效力相关联，但是我们仍旧可以感受到法人“拟制说”对我国的强大影响力。因此，不可否定只要法人被拟制，就会成为一种事实上的客观存在，并不因法律行为是否超出行为能力的范围而被视为不存在。此外，有关法人的目的范围，既可以被解释为抽象范围，也可以被解释为具体范围。很明显，前述解释的逻辑前提是将法人的目的圈定在某一具体的范围之中。但是，从法人的分类方式中我们发现，法人的目的范围还应当包括抽象范围，即营利与非营利之分。因此，不应当片面否定法人“拟制说”的理论价值与学术影响。

---

① ［德］弗里德里希·卡尔·冯·萨维尼：“萨维尼论法人的概念”，田士勇译，《中德私法研究》2013 年第 9 期，第 38 页。

② F. W. Maitland, State, Trust, and Corporation, Cambridge Press, 2003, p. 8.

③ 王利明、郭明瑞、方流芳：《民法新论》，中国政法大学出版社 1988 年版，第 217 页。

④ 在金坪华侨企业公司与南昌市中外合资裕华服务企业有限公司购销避孕套合同纠纷请示案与申诉案（1988—1993 年）中，一审法院南昌市中级人民法院与江西省高级人民法院均以金坪公司销售避孕套属超出经营范围而判定裕华公司和金坪公司之间避孕套买卖合同无效。

第二种有关法人本质的学说是法人“实在说”，即法人不是由法律规范拟制所产生，而是一种客观存在的法律主体。法人人格不是法律规范所创造的结果，而是早于法律却又超越法律的产物，法律必须要承认法律人格的真实存在。① 此种学说之下还有两类子学说：一种是德国法学家基尔克的“有机体说”，他认为权利主体与意思表示相联系，自然人通过自身的语言或行为表达作出意思表示，其当然成为法律上的权利主体，而法人是由组织当中的成员集合形成统一的意志，并通过代表机关将统一的意志上升为意思表示，因此当然成为法律规范下的权利主体。② 值得一提的是，基尔克还撰写了四本鸿篇巨制用以说明公司团体就像自然人一样是具有独立意志的有机体。另一种学说是法学家米修与撒莱德的“组织体说”，其理论内涵在于法人之中社团成员的意思表示和权利义务归属于法人这一权利主体相区分，它并不是天然的社会运行秩序当中的一员，而是法律秩序当中的有机体。③ 前两种子学说所具有的共性在于，都在强调法人是法律运行秩序当中的一员，其成立是团体成员意思自治的结果，而忽视了法人的主体性是法律建构的结果。与财产权法定主义相似，法人的形态之所以需要法律规则确定，是因为法人组织外部关系的对世性超出了社团成员之间意思自治的范围。第三人判断某一组织体或有机体是否为法律主体，除了需要法律规范的规定，还需要法律主体设立的公权力确认，否则无法被社团成员以外的第三人识别。因此，此种学说的缺陷在于指明了法人一经设立，就是具有内部组织构造的客观实体，片面强调意思自治对法人设立的能动作用，而忽视了对世性的建构无法通过意思自治实现，或者说通过意思自治的方式实现对世性所需社会成本极高，因而需要通过法律规范对法人的形态、种类与内容明确后，并经法定程序确定。但是，仍然应当看到此种理论的学术贡献在于法人作为法律主体，一经设立就客观存在，并

---

① Ron Harris, The Transplantation of Legal Discourse on Corporate Personality Theories: From German Codification to British Political Pluralism and American Big Business, 63 WASH. &LEE L. REV. 1421, 1422 - 1478 (2007).

② 王利明、郭明瑞、方流芳：《民法新论》，中国政法大学出版社 1988 年版，第 223 页。

③ 梁慧星：《民法总论》，法律出版社 2017 年版，第 119 页。

且内部具有实体构造。

有关法人的第三类学说为“否定说”，也是对前两种学说观点的否认。其观点并不承认法人是独立的民事权利主体，而是将团体财产并于管理人、受益人的名下，甚至不明确团体财产权的归属，将其视为具有独立目的的财产。其中，布林资将团体财产视为具有独立目的财产的学说称为“目的财产说”，他认为有的财产所有权归属于某一具体的权利主体，有的财产所有权被其特殊的目的所控制，因此财产集合体的所有权并不属于某一具体的个人，而是为了一定目的而形成的无主财产，即“目的财产”。[①]此种观点不但否定了法人须经拟制后方能使财产集合体产生对世效力，也忽视了法人内部的实体构造对社团成员之间关系的塑造。耶林所提出的团体财产所有权归属于受益人的观点被称为“受益人主体说”，他认为法人只是作为一个抽象的团体财产的承载工具，实际利益的享有者在社团法人当中是社员，在财团法人当中是财团目的所指向的对象。[②] 胥耳德尔与宾德尔认为团体财产的所有权，由谁支配，方才由谁享有团体财产的所有权，因而并不承认团体的财产由一个虚拟的法律主体所拥有。[③] 此种观点也被称为“管理人主体说”，其逻辑前提在于将法人财产在性质上要么确定为不同于按份共有与共同共有的集体财产，要么归类为合伙财产。这两种学说与美国分析法学家霍菲尔德对权利主体的分析具有相似性，他认为法人人格只不过是一种用来解决自然人集合体所涉及的复杂法律关系的法律技术，围绕集合体展开的法律关系最终可以化约为自然人之间的法律关系。很明显，这两种学说是对法律关系、法律主体的一种“过度解构”，不应当成为法人本质的定位焦点。

综合比较第一种学说与第二种学说，笔者认为，两者的共性均强调团体性是法人建构的基础特性，不同之处在于国家是否赋予公民以自我组织、管理社团的权利。由此可见，对法人本质问题的不同回答虽然不足以

---

① 刘得宽：《民法诸问题与新展望》，三民书局 1991 年版，第 440 页。

② 狄骥：《〈拿破仑法典〉以来私法的普通变迁》，徐砥平译，中国政法大学出版社 2003 年版。

③ 王利明、郭明瑞、方流芳：《民法新论》，中国政法大学出版社 1988 年版，第 221 页。

全面反映法人的基本特征，但观点当中的内容却构成了现代法人制度的不同维度。其实，通过对法人概念形成进行梳理后我们发现，现代法律秩序下，法人主体资格的确认必须要得到立法与行政机关的确认，否则其法律主体地位在法律秩序的运行轨道上将无法得到承认。同时，法人一经立法与行政机关的确认，其行为能力的范围却又不仅仅局限于其设立目的，更具体地说不局限于经营范围，是一个客观存在的权利主体。① 因此，关于法人之法律地位的形成，一方面需要立法机关与行政机关对法人的基本类型进行公权力的明确，另一方面还需要其客观实在地作为民事法律主体为一定行为，即便行为超出目的范围，也不影响其法律地位的存在。

二、再论我国法人的基本特征

在我国民法典体系中，民事权利主体的元分类方式为自然人、法人以及非法人组织。其中，法人由营利法人、非营利法人以及特别法人三类组成。②

在我国，“法人”第一次作为正式的法律概念出现在民事法律规范当中是在1981年的《中华人民共和国经济合同法》（以下简称《经济合同法》），其中第二条将法人规定为该法所调整与规范的权利主体之一，但是在《经济合同法》中并未对什么是法人进行更进一步的定义。③ 随后，在1986年颁布的《民法通则》中，首次对法人的概念进行定义，即“法人是依法独立享有民事权利，承担民事义务与责任的组织”，而后数次民事法律规范的修改与制定，均未对法人概念进行调整与修改，可以认为这一概念在我国已具稳定性。④ 因此，在对商事信托法人化进行证成之前，有

---

① Eric W. Orts, Business Person—A Legal Theory of the Firm, Oxford University Press, 2013, p. 33.

② 参见《民法典》第三章规定。

③ 参见《经济合同法》第二条。

④ 参见《民法通则》第三十六条、《中华人民共和国民法总则》（以下简称《民法总则》）第五十七条以及《民法典》第五十七条。

必要从我国的法人概念出发，归纳出法人概念在我国民法典体系之中的基本特征。

（一）法人需要私权主体的积极创设与公权力的认证

商事组织的建立需要依照组织成员之间共同的目的，内部形成实体构造，按照一定条件组建法律主体。从这个角度观察，法人是建立法律秩序的一种技术概念，也是政府治理的结果，而法人的主体性确立由两方面因素构成：一方面是政府管制，法律规范的授权以及行政法规的许可；另一方面是结社自由，或者说组织成员之间共同的设立意愿。其中，前者反映的是国家干预主义[①]下的政府管制，也可以称为国家特许理论（Concession Theory），即商业组织的存在是国家创设的结果。在中世纪的英国，各个行业的商会最先使用“Company”一词作为其命名组织的名称，国家以特许状的方式给予这些商事社团以法人地位，正是为了可以使商事社团以自己的名义拥有一种垄断权资格，进而改造成推行公共政策的工具。[②] 因而，此种理论之下商事社团被视为政府的附属物，社团的设立、活动受到了公权力的调动、监督与制约，其本质与国家垄断相联系。后者体现的是古典自由主义下民事权利主体对个体自由的现实主张，也可以称为参加者理论（Participant Theory），即政府允许公民自由创设社团，国家不享有社员在社团拥有的权利和利益。但是，由于此两种理论过于强调政府管制或个人自由对法人创设的能动作用，片面强调了“看得见的手”与“看不见的手”对市场主体的影响，进而又发展出介于两者之间的第三种理论——制度理论（Institutional Theory），即法人的主体性是由组织成员所创设，同时受到公权力的授权与认可，从形式上看兼具政府管制与组织成员的意思自由。

前述三种理论均不同程度影响到公民对法人设立的意愿，进而调整一

---

① 国家干预主义是西方国家公共管理职能发展的一个阶段，主要是指反对自由放任，主张扩大政府机能，限制私人经济，由国家对社会经济活动进行干预和控制，并直接从事大量经济活动的一种经济思想和政策。国家干预主义最初集中表现为欧洲封建社会晚期的重商主义，在当代则集中表现为凯恩斯主义。

② 方流芳：“中西公司法律地位历史考察”，《中国社会科学》1992 年第 4 期，第 157—158 页。

个国家的经济维度。从公权力的角度看，通过“看得见的手”以自上而下的方式可以影响法人的类型、创设、规范与管理，如果政府放任私权主体在法人的设立方面采取完全放任模式，则可能引发诸多滥用法人主体性地位的市场失序行为。从私权主体的角度看，通过“看不见的手”以自下而上的方式提升个人在商事活动中的活力，提升市场主体的数量以及经济活力。如果政府完全“垄断”私权主体法人的创设与管理，一方面会为权力的滥用大开方便之门，另一方面会抑制市场活力，总体来看都是一种对国家竞争力的削弱。

综上所述，管制与自由两者之间的张力决定了公权力在立法、适用、修改当中对商事权利主体的类型设定、调整与执法监管变化，既要坚持对公权力法人类型数量的限定，还要顾及公民的结社自由与市场活力，两者之间的平衡取决于制度的弹性与主体自由的界限。因而，法人的本质在主体性中应当表述为“经过拟制说改造过的实在说或者经过实在说改造过的拟制说”。①

（二）法人具有民事权利能力

对于权利能力的解释，民法基础理论有以下两种解释论：第一种解释论认为权利能力是一个总括意义上的法律概念，与法律主体、权利主体、法律人格等概念等同，权利能力与主体地位可以等同；② 第二种解释论是肯定权利能力是一种等同于法律人格的总括法律概念，包括具体的权利能力的大小与范围。③ 与自然人权利能力的获取相类似，法人的权利能力始于公权力许可与确认，也就是法律意义上的“出生”，在时间维度上的一致性、连贯性决定了法律人格的确认也就意味着权利能力的获取。但是，法人与自然人同作为民事权利主体，其权利能力的范围并不能画上等号，

① 王涌：《私权的分析与建构》，北京大学出版社2020年版，第157页。

② 相关学术观点分别参见：梅夏鹰：“民事权利能力、人格与人格权”，《法律科学》1999年第1期，第56页以下；李永军：“论权利能力的本质”，《比较法研究》2005年第2期，第40页；张其鉴：“民法总则中非法人组织权利能力之证成”，《法学研究》2018年第2期，第101页以下。

③ 柳经纬：“权利能力的若干基本理论问题”，《比较法研究》2008年第1期，第87页以下。

例如亲属、政治等权利内容就不被法人的民事权利能力所涵摄。因此，无论是总括意义的民事权利能力还是具体范围的民事权利能力，其概括的面相不过是一个硬币的两面，我们既不能同时看到两个面，也不能放弃两个面，而是要同时承认有关权利能力两种解释论的事实。在这个意义上，可以承认权利能力是法律人格，但不能承认两者之间具有等同的逻辑关系，否则或地区各国立法不会专门对法人的权利能力范围予以明确。

从比较法的角度观察，各国或地区有关法人民事权利能力范围的规定，包括正向授权式与反向限制式两种。正向授权式明确了法人作为民事权利主体下民事权利行为的抽象范围。例如，《德国民法典》第 43 规定，法人权利能力的取得基于章程的授予，其谋求章程规定目的之外的其他目的时，可以剥夺其权利能力。① 此时社团法人被剥夺权利能力以后，其本身将作为无权利能力社团存在，社团财产的所有权归属也将发生变动。②《日本民法典》第 34 条规定，"法人依照法律规定，在章程及其他基本条款规定的目的范围内，享有权利，承担义务"。③ 而从我国民事法律规范的历史沿革来看，并未对法人概念从章程或者目的范围的角度对其权利能力与行为能力进行任何形式的限制，但是没有限制是否意味着没有边界？必然不会。《中华人民共和国公司法》（以下简称《公司法》）第五条就对营利法人的权利能力范围作出概括性规定，即公司法人的经营行为应当在法律、行政法规的框架内从事活动。④ 而在诸多民事判决书中，我们也可以看到司法裁判对法人行为能力的影响。⑤ 反向限制式则通过禁止法律行为、否定的法律效果的方式对法人的权利能力予以反向限制，例如《瑞士民法

---

① 杜景林、卢谌译：《德国民法典评注：总则·债法·物权》，法律出版社 2011 年版，第 19 页。

② 杜景林、卢谌译：《德国民法典评注：总则·债法·物权》，法律出版社 2011 年版，第 19 页。

③ 刘士国、牟宪魁、杨瑞贺译：《日本民法典》，中国法制出版社 2018 年版，第 11 页。

④ 参见《公司法》第五条。

⑤ 参见：通辽市科尔沁区人民法院民事判决书，（2018）内 0502 民初 7777 号；最高人民法院民事判决书，（2017）最高法民终 529 号；江苏省高级人民法院民事判决书，（2014）苏商初字第 00027 号。

典》在法人的定义当中对法人的权利能力进行相应的限制，我国台湾地区“民法典”也有同样的限制。[①] 总而言之，法人作为法律拟制后在法律秩序中客观实在的民事权利主体，必然拥有民事权利能力，其范围要受到设立目的、自然属性以及相关规范性法律文件的约束。但是从整体上看，其权利能力应当成为其基本特征之一。

（三）法人拥有独立的财产权，以自己的名义独立承担责任

一般认为，此处提到的责任特指以法人名义签订合同所对应的责任，也就是合同相对人针对法人拥有请求权内容的有限权利。[②] 2017 年，我国《民法总则》颁布以后，有关法人的基本元素是否包括独立责任一直是学术界争论的焦点，其核心直指我国商事权利主体的分类方式，即营利法人与非法人组织区分的概念的合理性与体系上逻辑自洽。在这之前，责任独立并没有成为困扰法学家判断法人基本特征的问题，早在《民法通则》颁布之时，就有学者对法人独立人格的内涵作出了学理上的描述，即以法人的名义拥有独立的财产以及以法人的名义承担独立的责任，其中独立责任是一个社会组织是否具有法人人格的最终标准，也是独立财产的最终体现。[③] 但是，质疑责任独立能否成为法人基本要素的声音从未中断过，总结之，主要有以下三种观点：

第一，独立责任与法律人格并不具有必然联系。法律人格是法律规范对社会组织的权利主体地位的私法确认，只要是权利主体，就得独立承担责任，并不是所有类型的权利主体之中的成员都对组织承担有限责任，组织的独立责任与成员的有限责任并不具有关联关系。[④]

第二，大陆法系传统中并不以是否独立承担责任作为判断法人特征的基本元素。不承担独立责任的组织在大陆法系国家或地区已被改造为无限

① 参见：《瑞士民法典》第 53 条；我国台湾地区“民法典”第二十六条。

② ［美］莱纳·克拉克曼、［美］亨利·汉斯曼等：《公司法剖析：比较与功能的视角》，罗培新译，法律出版社 2012 年版，第 11 页。

③ 中国政法大学民法教研室：《中华人民共和国民法通则讲话》，中国政法大学 1986 年版，第 69 页。

④ 柳经纬：“民法典编纂中的法人制度重构”，载于《法学》2015 年第 5 期，第 15—16 页。

公司并入商法典当中。因而无论是合名公司①、两合公司，还是可以发行股份的公司，其法律人格的取得以公权力的确认为前提。在《日本公司法》中，直接将所有的公司类型视为法人，其中就包括社团成员承担无限责任的合名公司。② 在我国台湾地区“公司法”中，作为对移植日本立法例的延续，也采用公司作为法人，包括无限公司、有限公司与股份有限公司的立法例。③ 而在《意大利民法典》当中，采取了更为直接的立法例，第 13 条直接规定法人包括公司与合伙两类权利主体，此外在第 5 编第 5 章对财产法人的具体应用问题进行了规定，并未将责任范围作为法人的成立要件的判断依据。④ 由此可见，无论法人资格的取得是以注册登记为准，还是将无限公司纳入法人的体系框架，或是将合伙与公司作为两个不同的权利主体放入法人范畴当中，大陆法系的立法例似乎均不认为独立责任是法人特征的基础元素。

第三，独立责任使得法人的体系框架变小，破坏了民法典背后所蕴含的知识谱系。这一观点背后的原因在于，将独立责任视为法人的基本特征，直接导致合伙、个人独资企业等权利主体“鸠占鹊巢”般被并入非法人组织当中，使得真正的“非法人组织”无处安放。⑤

前述观点均有一定的理论合理性，但是应当考虑到法人制度在我国的历史背景与现实价值。正如江平先生所说，“法人拥有独立的财产是其具有法律人格的基础与前提条件，是法人独立地享有民事权利能力和承担民事义务的物质基础”。⑥

第一，从我国法人制度形成的历史背景来看，强调法人的独立责任与改革开放以后不断推动国有企业改制的政治任务相联系，并为我国法人概

---

① “合名公司”，这一名称起源于日本明治时期，是指由两个以上成员组成，每个成员对公司债务负有无限责任的无限公司，在日本这种形式比较常见。

② ［日］近藤光男：《最新日本公司法》，梁爽译，法律出版社 2016 年版，第 6—12 页。

③ 虞政平：“法人独立责任质疑”，《中国法学》2001 年第 1 期，第 131 页。

④ 费安玲、丁玫译：《意大利民法典》，中国政法大学出版社 1997 年版，第 13 页。

⑤ 王涌：“法人应如何分类：评《民法总则》的选择”，《中外法学》2017 年第 3 期，第 638 页。

⑥ 江平：《西方商法概要》，法律出版社 1984 年版，第 43 页。

念的基本特征打下了有限责任烙印。当时，法人概念的推出并不是为了建立公司法人制度，而是为了实现国有企业在经营责任方面实现与国家资本的有效分割。[①] 因此，我国法人制度在创立之初就要实现生产者和经营者的自负盈亏，也即通过法人制度在企业负债与国家作为出资人之间建立一道“防火墙”，以阻隔企业债务与国家资产之间的联系。时至今日，国有企业在我国市场经济当中仍占有十分重要的主体地位，也将保持这种主体性地位，因而独立责任对于法人的基本特征来说仍然具有重要的现实意义，制度环境与政策需求应当成为我们首先考量的维度。

第二，从《民法典》对营利法人与非法人组织当中合伙企业的分类依据来看，两者最本质的区别就在于是否独立承担责任。关于法人的责任承担问题，《民法典》第五十七条规定，“法人是……依法独立享有民事权利和承担民事义务的组织”。[②] 同时，《民法典》第六十条又规定，“法人以其全部财产独立承担民事责任”。[③] 其本质内涵就在于法人独立承担民事责任，且法人的内部成员原则上仅以自己对法人的出资为限承担有限责任。由此可知，在我国的民法典体系当中，法人制度的特色就在于可以以自己的财产独立承担民事责任。与之相对应，作为非法人组织的合伙企业在《民法典》中的责任限度问题恰恰与法人制度相反，第一百零四条规定“非法人组织的财产不足以清偿债务的，其出资人或者设立人承担无限责任”。[④] 通过对我国民法典体系中两类完全不同的权利主体的特征比较后可知，法人与非法人组织的划分即以商事组织是否具有独立承担责任的能力、组织成员是否原则上仅以出资财产为限向第三人承担责任为依据。

第三，在德国法中，无限公司与两合公司在本国民法典当中的上位概念是合伙，而不是法人。从大陆法系各国或地区有关法人制度的立法例来看，判断独立责任是否是法人的基本特征，不应在本国或地区民法典当中孤立观

① 参见《中共中央关于经济体制改革的决定》(中国共产党第十二届中央委员会第三次全体会议 1984 年 10 月 20 日通过)。

② 参见《民法典》第五十七条。

③ 参见《民法典》第六十条。

④ 参见《民法典》第一百零四条。

察，应当将各国或地区的民法典与商法典结合起来分析。例如，《德国商法典》第105条第3款规定，"对于无限公司，以本章无其他规定为限，适用民法典关于合伙的规定"。[①] 由此可知，在德国商法与民法对接的过程中，无限公司作为商事权利主体，并不与作为德国民事法律主体的自然人、消费者、企业者或是法人产生任何交集，而是与其民法典当中的合伙进行法典上的制度对接。而在《德国民法典》中，合伙的基本特点就在于合伙人对合伙所产生的债务承担共同责任。由此可知，在以民商分立为特色的德国民法典体系中，无限公司的上位概念并不是法人，而是位于"各种债务关系"章的合伙契约之中，与法人的区别就以社团成员是否承担无限责任为边界。此外，德国两合公司的性质在与民事主体相对接时，也不适用法人的规定，《德国商法典》第161条规定，"对于两合公司使用关于无限公司的规定"。因此，在德国法中并不认为无限公司与两合公司为法人概念的二级子分类，也无法推定德国法中认为无限责任是法人的基本特征之一。

总而言之，法人制度在我国落地生根之时，有限责任就已经成为基本特征，此时如果将合伙的无限责任并入法人制度当中，必将在社会实践中破坏公民对制度的期待可能性，提升司法成本与教育成本。同时，在大陆法系中，并没有标准而又统一的立法例可资借鉴，有限责任是否应当成为我国法人的基本要素之一，应当结合我国的历史演变、制度环境与政策需求综合判断。

（四）法人可以内部形成意思表示，对外作出意思表示

与自然人不同，尽管法人不是生物世界的有机生命体，但是在法律轨道当中作为拟制的民事主体，还需要法律对其内部组织机构进行搭建。其原因，一方面是法律拟制下法律规则的客观要求，另一方面是社会运行中法律行为的现实需要。其中，前者代表着法人的意思表示机关、职能机关以及监察机关的设立都应当按照规范性法律文件的要求予以建构，进而保证法人组织机构的健全与协调，后者意味着法人通过意思表示机关形成法人的独立意志，并通过意思表示机关支配法人的民事法律行为，而监察机关的设立

---

① 杜景林、卢谌译：《德国商法典》，中国政法大学出版社2000年版，第47页。

还可以保障法人作为法律意义上生命体的健康。① 因此，营利法人的组织机构的基本组成部分由意思形成机关、意思表示机关与监察机关构成。

一般认为，意思形成机关即社团成员大会，由全体社团组成。在公司法中，社团成员资格的取得以实缴或认缴出资入股为前提，因而在公司法中将社团大会称为股东大会。股东大会作为法人的意思形成机关，意思表示的作出一方面依据公司章程，另一方面来自股东会决议，两者法人意思的形成，均来自社团成员的集体意志，因而应当认为社员大会是法人的最高意思形成机关。但是，社员大会只能形成法人的意志，并不能代表法人作出具体的民事法律行为，参与社会的经济交往活动中，因此法人还需要在内部设置意思表示机关。

有关法人的意思表示机关，各国或地区规定大相径庭，并没有统一的模式，也没有统一的称谓。例如，在《德国民法典》中，董事会就是法人的意思表示机关，其功能在于对外作出社团的意思表示，具有法定代理人的地位。② 而法人意思表示的作出，由董事会成员代表作出，对相对人意思表示行为的接受由董事会成员一人作出即可。《瑞士民法典》第69条规定，"董事会有权利和义务按照章程管理社员和代表社团。"③ 我国台湾地区"民法典"第二十七条规定，"董事就法人一切事务，对外代表法人，除章程另有规定外，各董事均得代表法人"。④ 在我国《民法典》中，则明确要求法人的意思表示机关是董事会或者执行董事，一般情况下，法定代表人由董事长、执行董事或者负责人担任。⑤

此外，有关法人内部监察人的设立与监督方式，各个国家或地区的规定不一，大相径庭。有的国家或地区的法律通过强制性法律规范要求法人内部必须设立监察人，有的国家或地区法律则通过在董事会设立独立董事实现对公司执行机关的监督，因而可以将前者视为"事后监督模式"，后

---

① 江平主编：《法人制度论》，中国政法大学出版社1994年版，第286—287页。
② 参见《德国民法典》第26条。
③ 于海涌、赵希璇译：《瑞士民法典》，法律出版社2016年版，第30页。
④ 参见我国台湾地区"民法典"第二十七条。
⑤ 参见《民法典》第六十一条。

者则属于“事前监督模式”。例如，我国台湾地区“民法典”规定法人机关必须设立监察人以监督法人事务的执行情况①。我国《民法典》并没有对此作强制性法律规定，其中第八十二条规定，“营利法人设监事会或者监事等监督机构的，监督机构依法行使检查法人财务，监督执行机构成员、高级管理人员执行法人职务的行为，以及法人章程规定的其他职权”。② 在《美国示范公司法》中，则没有关于监察人的设立的规定，而是通过独立董事在公司作出意思表示之前通过表决权对法人行为的执行作出影响。③ 总而言之，法人机关的权能是决策、指挥与监督的统一体，同时这三种权能又表现出相互依存、相互制约的关系，进而保障法人作为法律拟制的权利主体在社会经济活动中的正常运行。

三、商事信托法人化的学理证成

判断商事信托是否是权利主体之下的法人，不仅需要基于《民法典》对民事主体的分类方式加以分析，还应当结合商事信托的具体实践场域——资产管理产品及与其有关的法律规范、金融监管规则以及金融实践惯例来分析。

（一）主体性是商事信托法人化的实践基础

首先，商事信托有自己的主体名称。目前，商事信托的主体性虽然并未获得《民法典》层面的承认，其名称权未被《民法典》或《信托法》所确认，但是，在其他法律、行政法规、部门规章或规范性法律文件当中，均不同程度明确以信托关系为基础的资管产品都应当有自己的专属名称，使受托人管理的不同资管产品实现名称上的区分。例如，我国《证券投资基金法》第五十三条规定证券投资基金应当有自己的目的和名称。④ 在查阅诸多上市公司的股东名册后发现，但凡由证券投资基金持有的上市

① 参见我国台湾地区“民法典”第二十七条第三款。

② 参见《民法典》第八十二条。

③ 沈四宝编译：《最新美国标准公司法》，法律出版社 2006 年版，第 262 页。

④ 参见《证券投资基金法》（2012 年修订）第五十三条。

公司股票，均以“托管银行名称/资产管理机构名称/保险公司名称+基金名称/保险产品名称”作为股东名称列入上市公司的股东名册。以贵州茅台股份有限公司为例，截至2020年3月31日股东名册中前10大股东，有4位股东为资管产品持股，其名称为“深圳市金汇荣盛财富管理有限公司—金汇荣盛三号私募证券投资基金”“中国工商银行—上证50交易型开放式指数证券投资基金”“珠海市瑞丰汇邦资产管理有限公司—瑞丰汇邦三号私募证券投资基金”“中国人寿保险股份有限公司—传统—普通保险产品—005L—CT001沪”。① 由此可知，尽管民法典未对商事信托的主体性法律地位予以确认，商事信托制度在金融实践中不但有自己独立的名称，还以自己的名称作为股东参与到资本市场的运作当中，并形成商业惯例。从这个角度看，商事信托法人化下的名称权虽然未被规范性法律文件所明确，但是已由金融商事实践所塑造。

其次，以自己的名字开立账户。在商事信托的实践场域中，管理受托人需要为每只资管产品开立独立的信托财产专户，以实现对不同产品的分别管理与记账。但是，以管理受托人名称命名的财产专户只能方便受托人对不同资管产品下的财产进行相互区别，以及与管理受托人自己的财产相区分，并不能实现向第三人公示其独立性的功能。因而在金融实践过程中，有的监管机关开始要求资管产品下开立信托财产专户采取专门的命名方式，例如《证券公司集合资管产品实施细则》第二十九条要求，集合资产管理计划的资金账户名称应当是集合资产管理计划的名称，其证券账户的名称应当为证券公司的名称、资产托管机构的名称以及集合资产管理计划名称的结合体。② 由此可知，在商事信托的实践中，不再以管理受托人自己的名称对资管产品进行命名，而是开始尝试采用与之相区别的独立名称对商事信托进行命名的规范。

---

① “关于贵州茅台（600519）的详细股东名册中的股东名称”，引自东方财富网http：//f10.eastmoney.com/f10_v2/ShareholderResearch.aspx？code=sh600519，2020年6月1日访问。

② 参见《证券公司集合资管产品实施细则》（2013年修改）第二十九条。

最后，商事信托是独立的纳税主体。[①] 近些年，我国财政与税务机关已通过下发部门规范性文件的形式明确要求对资管产品进行增值税征税。[②] 因此，尽管增值税的纳税主体为单位和个人，《关于资管产品增值税有关问题的通知》明确说明，管理受托人是资管产品的缴税主体，但是纳税额的计算并不是以管理受托人经营当中的增值总额计算，而是需要分别核算每只资管产品的应纳税额。[③] 在税法当中，税务机关从本质上是将每只资管产品都视为纳税单位，而这个纳税单位恰恰是一个拟制的法律主体，管理受托人的缴税行为并不是为处理自身税务问题而形成的法律行为，而是在管理资管产品中所形成的一种信托行为。因此，一只资管产品应当被视为一个纳税单位，商事信托也由此成为独立的纳税主体。

（二）独立的信托财产是商事信托法人化的物质前提

对于法人来说，“……作为归属于个人的权利中心，是对于财产的权利”。[④] 因此，信托的设立离不开信托财产，这也是信托概念当中的核心“原子”之一。当信托财产从委托人的财产分离出来以后，并不与受托人的自有财产发生法律上的混同。正如赵廉慧教授的比喻，“受托人身上背有两个钱袋子，一个里面装的是受托人个人的财产，一个装的是信托财产”。[⑤] 因此，信托财产是商事信托取得法人属性的物质前提，也是资管产品中受托人为信托行为的财产基础。

信托财产之所以具有独立性，原因在于信托设立后，通过资产分割将作为概括财产的信托财产与信托当事人的财产相分离，也被称为积极型资产分割，即特别财产的债权人不能就主财产主张债权。[⑥] 这点与法人的基

---

① 陈一新：“论信托财产的主体性”，《交大法学》2019 年第 2 期，第 68—69 页。

② 参见 2017 年 6 月 30 日，财政部与国家税务总局联合下发的《关于资管产品增值税有关问题的通知》（财税〔2017〕56 号）。

③ 参见 2017 年 6 月 30 日，财政部和国家税务总局联合下发的《关于资管产品增值税有关问题的通知》（财税〔2017〕56 号）。

④ ［日］星野英一：《私法中的人》，中国法制出版社 2004 年版，第 28 页。

⑤ 赵廉慧：《信托法解释论》，中国法制出版社 2015 年版，第 217 页。

⑥ 有关资产分割理论，参见 Henry Hansmann，Reinier Kraakman，The Essential Role of Organizational Law，110 Yale L. J. 387，387 - 440（2000）；张永健：“财产独立与资产分割之理论架构”，《月旦民商法杂志》2015 年第 12 期，第 99 页以下。

本要素具有高度的相似性与重合性，而在现有法人制度之下，最典型的例子莫过于公司法中有限（股份）公司股东的有限责任。在积极型资产分割下，信托财产独立性可以实现以积极型资产分割的法律效果：

第一，受托人和第三人之间，受托人的债权人不能向信托财产主张权利。① 一方面，信托财产不因受托人与第三人的债务而被查封、扣押与冻结；另一方面，当受托人可能或者已经陷入破产状态，其管理的信托财产将不被视为受托人的破产财产。从这个角度观察，信托财产独立性起到了节约信息收集与监督成本的作用。一方面，如果没有信托财产独立性，债权人在与受托人发生交易行为过程中就可能对受托人的资信实力产生虚幻的信赖。此时，若受托人不能清偿债权人的债务，而信托财产又无法进入破产财团，则必然导致债权人的期待利益受损。另一方面，信托设立以后，在英美法系中，受托人拥有法定对物性财产权利，在大陆法系中，受托人形式上拥有完全的信托财产所有权。如果没有信托法对信托财产独立性的规范，因委托人或受益人无法事无巨细地监督受托人每一项信托行为，也无法核实受托人是否将信托财产用以清偿自身的债务，其监督受托人按照信托目的管理信托财产的监督成本将大大上升，失去特色与优势的信托制度将没有存在的必要。②

第二，委托人和第三人之间，第三人不能向委托人已经设立信托的财产主张权利。③ 因为当信托设立以后，信托财产的所有权将从委托人名下转移至受托人名下，委托人不再是信托财产的所有权人，因而第三人无法以委托人是信托财产所有权人的身份向信托财产主张权利。④ 此处需要说明的是，资管产品视域下，由于信托类型为自益信托，第三人可以就委托人法律地位转为受益人时所享有的收益主张权利。但是，并不是所有的信托一经设立，信托财产均可以排除债权人向委托人的权利主张，在我国的

---

① 赵廉慧：《信托法解释论》，中国法制出版社 2015 年版，第 217 页。

② Henry Hansmann, Ugo Mattei, The Functions of Trust Law: A Comparative Legal and Economic Analysis, 73 N. Y. U. L. Rev. 434, 454 (1998).

③ [日] 新井诚：《信托法》，刘华译，中国政法大学出版社 2017 年版，第 283—284 页。

④ 董慧凝：《信托财产法律问题研究》，法律出版社 2011 年版，第 73 页。

《信托法》、日本的《日本信托法》，以及我国台湾地区“信托法”中均有对信托财产的财产权类型限制。例如，台湾地区“信托法”规定设立信托的财产不能侵害委托人的债权人的利益①。

第三，受益人与第三人之间，第三人可以将信托受益权作为受益人的财产主张权利，但无法径直向信托受益权下的信托财产主张权利。② 对其原因的解释也很简单，从法律规则的设定方面看，信托法并未将信托财产明确为受益人的财产，外部债权人因受益人不享有所有权而无法向其主张权利；另外，受益人基于信托法所拥有的对物权具有较为严格的适用前提，即只有在受托人违反信托文件或者信义义务的情况下才能触发。因此，第三人无法因其对受益人拥有债权而对受益权份额项下的信托财产主张权利。

由此可见，通过积极型资产分割，排除了第三方债权人在信托存续期间向信托当事人主张权利的可能性，除了具有保护受益人利益、减少监督成本的功能，还可以保障信托成立后的稳定运行。在商事信托当中，大多数资管产品的委托人是由人数众多的投资者所组成，如果信托法允许第三方可以基于合法的债权向信托财产主张权利，则商事信托的运行必将受到因信托财产退出的消极影响，破坏信托财产作为财产团体的稳定性，使得其他投资者的期待利益受损。

（三）独立责任是商事信托法人化的人格标志

独立责任用资产分割理论可以表述为防御型资产分割，即个人主财产的债权人，相对于特别财产的债权人，优先以组织成员个人财产主张权利。③ 根据前文对我国民法典体系法人基本特征分析可知，独立责任是其中之一。有鉴于此，笔者认为我国商事信托的独立责任内涵主要由两方面内容组成：其一，信托当事人仅以信托财产为限向第三人承担责任。信托成立以后，因管理与运用信托财产所产生的违约或侵权责任，其所对应的

① 参见台湾地区“信托法”第六条第一款。

② 参见《信托法》第四十七条。

③ Henry Hansmann, Reinier Kraakman, The Essential Role of Organizational Law, 110 Yale L. J. 387, 393 (2000).

债务由信托财产承担。[①] 其二，信托当事人以外的第三人仅能就信托财产为限向信托当事人主张权利。由此可知，商事信托的独立责任在法律结构上与法人独立责任的基本要素相似，制度功能也基本相同。

转换到对资管产品的应用中分析，信托关系建立之后，投资者不再对自己的资产享有财产权，在没有特殊约定的前提下，投资者也无法控制信托财产的管理与运作。信托设立之后，管理受托人对信托财产的支配权并不是一种绝对权，而是要受到信托目的的规范与约束，虽然在外观主义下的财产权归属与自有财产基本无异，但仍然囿于信托目的的限制。对于受益人来说，其法律地位系信托利益的接受者，而非义务的承担者。因而我们发现，如果没有信托法，仅依靠合同法与代理法实现资管产品的交易结构是不现实的，即便实现，也意味着高昂的社会运行成本。从商法的基本价值看，也有违效率价值。同时，通过防御性资产分割明确商事信托的独立责任，也避免了信托当事人承担资产管理运作当中因可能存在的道德风险、商业风险所产生的监督成本。正如美国学者所说，有限责任是附属于投资的属性，应当认识到以投资为限的有限责任并不是公司法的专利，而是大多数投资性商事组织的共同特性，商事信托对其债权的有限责任承担也应当被视为其中之一。[②]

（四）组织机构是商事信托法人化的组织框架基础

与法人的基本要素相似，商事信托也具有一套完整的内部组织机构，以平衡信托当事人之间的决策、执行与监督。在商事信托的组织机构内部，委托人充当决策机构的角色，而受托人则充当执行机构的角色。信托设立之时，委托人与受托人之间通过信托文件的形式对信托目的、信托期限等与信托事务有关的事宜予以约定，其本质与法人团体的章程具有相似性，受托人行为的范围也由此确定。信托存续期间，受托人的管理行为主要表现为对信托财产的支配，其法律效果将直接归于信托财产，间接归于受益人，因而可以视为代表信托对外执行事务的行为。对于信托文件尚未

---

① 参见《信托法》第三十七条。

② ［美］弗兰克·伊斯特布鲁克、［美］丹尼尔·费希尔：《公司法的经济结构》，罗培新、张建伟译，北京大学出版社2014年版，第40—54页。

明确的事宜，受托人还可以通过致函的形式征求委托人的意见。而有关监察机关的设置，一般有两种实践路径被广泛运用，一种是在治理结构中设置专门的信托监察人以实现对受托人行为的监督；① 另一种是设置两名以上的受托人，通过受托人之间的监督与制衡达到监督管理人执行信托事务的目的，在立法层面体现为共同受托人制度。此外，除却《信托法》层面对商事信托组织机构的规范，还应当考虑商事信托具体应用领域——资管产品对《信托法》提出的新的时代要求。例如，在信托计划中的受益人大会、基金产品中的基金份额持有人大会等均可作为商事信托的最高权力机构与决策机构存在。

因此，从商事信托内部组织机构的设置方式上看，商事信托与公司法人在组织框架方面并没有结构性差异或功能性不同，也是通过决策机构、执行机构以及监察机构的设置实现权、责、利的平衡与完善。

第三节　商事信托法人化的组织法比较

一、投资者所有权的性质

（一）股权的性质

在公司组织中，有关投资者所有权的称谓可谓是五花八门，例如股票、股份、股权，都是对投资者所有权的法律表达，在此，将其统称为股权。可以说，通过立法统一的投资者所有权设计，公司的股东权利实现了标准化。一方面，有利于外部第三人对公司法人与股东身份的识别与判定，减少了外部成本；另一方面，通过单位化的分割方式，形成了标准的

① 参见《信托法》第六十四条和第六十五条。此处需要说明的是，尽管在我国信托监察人的设置仅被《信托法》明确在“公益信托”当中，但是在日本的《日本信托法》与我国台湾地区“信托法”，监察人或监督人的应用并不局限于公益信托一隅。

股东权益计算方式，降低了股权转让过程中的测算成本。

目前，有关股权性质的界定问题，有多种争议。其中，“股东身份说”的观点由日本学者松田二郎提出，他认为股权从性质上看是一种法律对股东身份的承认，而股东正是基于股东身份而取得股东权利，因此从本质上看股权是一种身份权。① 另一种比较重要的观点是“债权说”，我国学者曾指出股权的权利内容是基于股东相对于股利与分红所形成的债权，很难通过表决权影响到公司法人的行为，因而表现为一种相对于公司法人的债权请求权。② 此种学说认为，20 世纪之后，经济全球化的发展导致股份公司成为公司设立的主要类型，进而导致股东的所有权与控制权分离后，控制权被逐渐削弱，股权逐渐沦落为一种反映债权关系的权利凭证。还有一种学说是“所有权说”，此观点认为以英美法系的双重所有权概念为基础，股权从本质上看是股东的一种所有权，应当与公司法人财产所有权相区分。

对此，笔者持第三种观点，即“所有权说”。从本质上看，股权的性质应当被定位为股东所享有的所有权，集中表现为一种财产权，但是要在民事权利谱系中找到股权的位置，目前无法通过某一特定法律概念表达实现，原因在于传统物权概念体系僵化，民法典体系的解释力不足。③ 众所周知，大陆法系中财产权二元划分为债权与物权，但现代社会不断衍生出新的财产权的种类与内容，无法简单用物权支配权与债权请求权表达。因而股权无法精准放入财产权体系中的任何一方，导致其性质在物权与债权之间游离。所以，在对股权性质进行界定时出现了无所适从的情况，有必要深入股权的内容一探究竟。总的来看，这种所有权由对内权利与对外权利两部分组成，其中对内的权利主要表现为公司股东基于股权凭证可以向

① 刘哲昕：“股权与公司法人财产权性质研究”，《华东政法学院学报》1999 年第 6 期，第 64 页。

② 范世乾：“论法人财产权和股权的性质”，《北京化工大学学报（社会科学版）》2007 年第 2 期，第 23—24 页。

③ 马俊驹、梅夏英：“财产权制度的历史评析和现实思考”，《中国社会科学》1999 年第 1 期，第 90 页。

公司主张的权利，而对外的权利主要表现为股权作为一种财产权，公司股东将其向第三方转让、设定权利负担的行为。从我国公司法来看，股权相对于股东的所有权，其不仅包含股东相对于公司法人的收益权，还包括公司法以及公司章程中赋予股东的在重大事项上的表决权。① 因此，前者集中表现为一种财产权，后者表现为一种身份权。

对内的权利，各国公司法中并没有统一的描述，也没有统一的法学术语统辖，但是经济学术语表达却可供法学所借鉴。产权理论将前者表现为股东基于股东权利拥有的索取权，而后者表现为股东基于股东身份拥有的控制权，企业产权理论将两者分别称为“剩余所有权”（Residual Rights）和“剩余控制权”（Net Earning）。② 其中，前者表现为公司法人在偿还员工工资、融资费用以及原料成本后的剩余净收益，后者则主要表现为股东可以通过表决权的行使对公司法人名下的财产权进行间接支配。当然这两种“剩余”的权利在现代公司法中，尤其是在股东人数较多的公众公司中因集体行动困境而较难实现，因而有时候也被认为是一种名义上所有权，但是不应否认股权权能的内容，因而将股权性质称为剩余所有权，即在法律、行政法规以及公司章程规定之外，决定公司法人的资产如何使用、议价以及盈余分配的权能的总和。

对外的权利则表现为股权作为财产权的一种，具有可让与性与可负担性。可让与性表现在，任何类型公司的股东权利，在不违反强制性法律规定、公司章程约定的前提条件下都可以作为财产权而自由转让。③ 可负担性表现在股权可以作为财产权利用以出质。④ 股东用出资换取公司股权，在对外权利中表现为财产性权利，符合财产流动性特点，也有利于公司股东通过股权转让对公司的决策产生影响，维护自身合法权益。

（二）合伙份额的性质

有关合伙企业中合伙份额的性质问题，管见以为，从本质上看，是一

---

① 参见《公司法》（2018 年修正）第四条。

② ［美］亨利·汉斯曼：《企业所有权论》，于静译，中国政法大学出版社 2001 年版，第 13 页。

③ 参见《公司法》（2018 年修正）第七十一条和第一百三十七条。

④ 参见《民法典》第四百四十条。

种契约。一方面原因在于，契约既反映了合伙人依靠合伙契约在合伙企业中所取得的合伙事务执行权，又包括利润分配、亏损承担和入伙、退伙。另一方面原因在于，在比较法的视野中，合伙在民法典中无一例外被"合同法（债法）"编所规范，例如中国、德国、奥地利、日本。除此之外，合伙企业在合伙人份额与股权在性质方面也有诸多区别。此处需要说明的是，合伙人份额中有关对内权利的内容，将沿着股权性质的论证思路对合伙人份额中的控制权与索取权问题分情况进行讨论。

首先，在控制权方面，合伙人对合伙企业的直接控制力要远大于股权。第一，在合伙企业中，每一位合伙人均具有合伙事务的执行权利，而执行权利的让与需要通过契约或全体合伙人决议的行使方可转让。① 第二，合伙人不执行合伙事务，也天然拥有监督其他合伙人执行合伙事务的权利。② 由此可知，合伙人作为合伙企业的成员，其成员权的权利内容要远远大于股权，应当可以将其称为"全面控制权"，而非剩余的控制权。但是在公司组织中，股权相对于股东却是一种剩余控制权，公司事务的执行与监督原则上需要通过股东会、董事会或监事会作为中间机构代表公司执行股东的集合意志。特别是在股东人数众多的公众公司中，单一股东或股权份额比例较小的股东很难直接对公司行为产生影响。

其次，在索取权方面，合伙人除了需要按照合伙人份额享有索取权权利，也负担"被索取权"义务。一般认为，有关合伙人相对于合伙组织的财产权利可以分为合伙财产的取回权与利润分配权。有关合伙人在合伙企业中财产的取回问题，一般情况下只能通过对合伙企业进行清算解决，不能直接取回合伙财产。③ 利润的分配问题合伙人之间可以通过合伙协议的约定予以实现，当有合伙人退伙时，也只能对合伙的财产份额主张权利，而不能对自己的入伙财产主张权利。④ 但是，合伙份额中索取权的反面还有承担无限责任的内容，即合伙企业只有在有营业利润的情况下

① 参见《合伙企业法》（2006 年修订）第二十六条。
② 参见《合伙企业法》（2006 年修订）第二十七条。
③ 参见《合伙企业法》（2006 年修订）第二十一条。
④ 参见《合伙企业法》（2006 年修订）第十八条。

才拥有索取权，不应当忽视如果合伙企业存在债务负担，退伙的合伙人还应当对合伙企业的债务承担无限责任。① 相较于公司法人的剩余索取权，以公司资产扣除负债后的余额计算，当负债大于资产时，债权人一般情况下不能穿透公司的法律人格向股东主张权利。因而，合伙份额与股权，两者虽然在索取权方面存在相似性，但公司的剩余索取权与公司的净资产差额大于等于零，而合伙份额可以享有利润分配，也应当承担合伙企业的经营损失，因而索取权既可以是正数，也可以是负数，或者称为“被索取权”。

最后，在外部关系方面，合伙份额更多的表现为合伙人的一种债权请求权，不具备特定财产权之所有权人的权能。一方面，在没有合伙协议特别约定的情况下，合伙份额的转让以其他合伙人一致同意为前提。另一方面，合伙份额与股权不同，无法在份额之上设定权利负担，而这也是由于合伙份额的契约属性所造成的。

总之，合伙份额与股权不同，无论是控制权、索取权，还是与合伙份额所对应的外部关系中，其权利的内容与法律关系的建立都是以契约为连接点，法律虽然赋予了合伙企业以主体性地位，但是未给予合伙企业对于外部第三人的对世性。因而外部第三人也可以轻松突破合伙企业的主体性地位向合伙人主张权利，这也是合伙份额契约属性的必然法律结果。

（三）信托受益权的性质

信托受益权是指信托受益人基于信托而对受托人享有的权利。② 在大陆法系国家或地区的信托立法中均有所体现，基本上将受益人的权利统称为信托受益权。例如，在《日本信托法》的第4章“受益人”中，第2节专门就信托受益权的让与（第1款）、受益权之放弃（第2款）、受益权的性质（第3款）以及受益权收取的请求权（第4款）作出了具体的规定。而在我国《信托法》中，虽然并未对信托受益权作出专门的规定，但是在

---

① 参见《合伙企业法》（2006年修订）第三十九条。

② 赵廉慧：《信托法解释论》，中国法制出版社2015年版，第418页。

第四章“信托当事人”中，对受益人的权利进行规范的同时还明确了受益权的内容，例如对信托受益权的取得时间、信托受益权的放弃及其法律效果、信托受益权的转让等内容予以规定。①

尽管在前文中关于信托的传统定位方式，由于信托受益权具有物权内容而将信托定位为物权法不无道理，也有的学者认为信托受益权是债权请求权的一种②，但是关于信托受益权的性质问题，并不能简单将其定位为物权或者债权的一种。因为在传统民法典体系当中，绝对的物债二分已经使得商事信托的实践场域中缺乏必要的解释力，而信托的功能在历史的演进中也发生了蜕变，对信托受益权的权能提出了更多的挑战。一方面，绝对的物债二分使得大量非标准化的中间形态财产权无处安放③，像货币资金、应收账款、股权等财产性权利并不能将其严格的标准的置入物权法体系当中；另一方面，在信托的历史演进变化中，信托已经从一种不动产的转移手段、持有方式，转变为以持有金融资产为目的的财产管理方式，因而物权法或是契约法都无法周延描述信托受益权所应当涵摄受益人基于信托所享有的民事权利。④ 这两方面原因，前者说明了现代商事信托中信托财产的非标准化特征与财产权体系的融合之间存在张力，而后者则说明了信托功能的转变使得传统的民事信托与现代商事信托在交易安全与交易效率之间存在矛盾。因此，信托受益权的性质在传统民法典体系中寻找答案与缘木求鱼无异。

在张力与矛盾之间，其实可以通过借鉴企业产权理论对我国的信托受益权性质作出恰如其分的解释，即信托受益权可以是剩余索取权与剩余控制权的结合体。在我国，信托受益权的索取权内容具有两重性的特征，不仅代表受益人在信托财产的基础上向受托人主张债权，也代表受益人要接

---

① 参见《信托法》第四十四条、第四十六条以及第四十八条。

② 张天民：“论信托财产上权利义务的冲突与平衡”，载梁慧星主编：《民商法论丛》（第 9 卷），法律出版社 1998 年版，第 632 页和第 662 页。

③ 赵廉慧：《财产权的概念——从契约的视角分析》，知识产权出版社 2005 年版，第 1 页。

④ John H. Langbein, The Contractarian Basis of the Law of Trusts, 105 Yale L. J. 625, 629 (1995).

受受托人在管理运作信托财产中因政策风险、流动性风险、不可抗力给信托财产造成的损失。[①] 因此，信托利益的多寡并不取决于信托当事人在信托文件当中的明确约定，而是表现为受益人对受托人管理信托财产后，扣除必要的费用后所剩余部分的权利主张，也表现为剩余索取权。同时，商事信托大多为自益信托，在实践场域中委托人与受益人的身份关系存在重合，或许可以用“两块牌子，一套人马”形容。在司法裁判中，由于法院的合同法适用倾向导致受托人的管理行为完全以合同条款的约定为依据，对于合同约定模糊或者尚未约定的内容，都需要通过委托人或者受益人以团体授权的方式确定行为依据。因此，信托受益权的内容还包括受益人对信托文件当中的未尽事宜在信托期间进行完善、变更的授权，其本质也表现为剩余控制权。

综上所述，信托受益权的性质用剩余索取权与剩余控制权解释更加合适。此外，早在1946年“美国证监会诉豪威公司案”中就已明确认定投资合同的四个标准，并将其纳入证券法的监管。[②] 而我国于2019年颁布的《证券法》中，也将资管产品的份额明确为证券[③]，进一步说明信托受益权的性质不单单是物权或者契约，立法机关也突破对传统民事信托的固有认识，直面资管产品发展的现实需要，通过将信托受益权明确为证券以说明受益人相对于受托人的权利性质为剩余索取权与剩余控制权。

此处需要说明的是，讨论信托受益权的性质问题应当与讨论商事信托的传统法律定位问题相区分，前者的核心特指信托受益人相对于受托人的财产权与身份权，而后者的核心在于商事信托作为一个整体应当在民法典体系中如何安排。因此，前文所提及的传统定位应用“痛点”与本部分所讨论的信托受益权性质是两个完全不同的问题。

---

① 参见《关于规范金融机构资产管理业务的指导意见》第二条第二款。

② 马其家、王森：“美国证券法上投资合同的司法认定标准及启示——‘美国证监会诉豪威公司案’评析”，《法律适用》2018年第6期，第110页。

③ 参见《证券法》第二条。

二、财产防御的边界

在我国《民法典》中，以独立财产为划分依据的民事权利主体通过类型法定化的方式确立，而有关独立财产的上位概念，却鲜有规范，但是其在学术界已有讨论。王泽鉴教授认为，法律上权利主体的财产由主财产与特别财产组成，前者指某人的财产，后者指从某人的一般财产中分离出的财产。有关特别财产，存在两种可能，一种是特别财产为数人共同共有，另一种是一个人的主财产之外还有一个或数个特别财产。[①] 张永健教授以此为基础，并结合亨利·汉斯曼的资产分割理论，对拟制权利主体中财产防御的边界予以建构，主要包括主财产防御与特别财产防御。[②] 本部分将围绕公司、合伙企业以及商事信托组织形态中财产防御的边界进行分别讨论。

（一）公司法人：以完全的财产防御为原则，以“刺破公司面纱”为例外

无论是大陆法系的公司法，还是英美法系的美国《标准商事公司法》，都对公司的主财产防御与以公司财产作为公司股东的特别财产防御予以明确规定。以我国《公司法》为例，其中规定公司以公司法人名义所享有的财产对公司在经营管理中的债务承担责任，而公司股东以其出资额或者股份为限对公司承担责任。[③] 从法人的概念视角观察，公司财产属于公司法人的主财产，但是从股东的出资财产来看，股东的出资又是其特别财产，与股东的主财产以及其他特别财产相区分。以此为基础，《民法典》与《公司法》在公司法人与公司股东之间建立起了完全的财产防御体系。在这种防御体系之下，公司的债权人不能突破公司的主财产向公司股东主张债权，而公司股东的债权人只能通过取得公司的股权实现债权，并不能清

---

① 王泽鉴：《民法总则》，北京大学出版社 2009 年版，第 218 页。

② 张永健：“资产分割理论下的法人与非法人组织——《民法总则》欠缺的视角”，《中外法学》2018 年第 1 期，第 60 页。

③ 参见《公司法》（2018 年修正）第三条。

算公司，也不能直接向公司法人主张债权。

但是，在人文社科领域中普遍存在着“原则/例外”的辩证关系，在法学领域内也是如此。立法者在立法过程中，首先需要面对的是社会生活中的一般性问题，并制定出针对一般性问题的具有普遍适用价值的法律规范。但是，社会的运转无法保证时刻在普遍性规则的轨道之上，例外性规则由此产生，正如古谚所说，“例外常设于最后”。① 同样在公司法中，完全的财产防御也存在例外，在美国判例法中，法官将否认公司完全的财产防御称为“刺破公司面纱”；在德国的司法审判当中，法院同样会基于公平与立法目的否认有限责任公司的法律独立地位。② 我国《公司法》也以成文法的形式明确了公司法人制度下完全的财产防御的例外性规则，其中第二十条规定公司股东不得滥用公司法人的独立地位和有限责任损害第三方债权人的利益，否则应当对公司的债务承担连带责任。③ 由此可知，法人内涵当中的责任独立只是相对于其他非法人组织的一种原则性规定，同时在原则之中还包含例外情况，即司法裁判机关对法人人格独立的否认。当然，为了保障此项制度的公信力，各国司法审判机关对“法人人格否认”的适用也是慎之又慎，例如我国的司法审判机关在适用《公司法》第二十条时确定否认公司法人人格更多的是基于客观上股东与公司之间存在财产混同、营业混同或者人员混同，股东在主观目的上存在故意利用公司法人有限责任地位逃避债务的情形很少。④ 因此，从资产分割的角度来看，应当认为法人制度为公司财产防御边界建立起强行性财产防御规则，原则上有效保护了公司与股东不受其各自债权人向上或向下穿透式的主张债权。同时，虽然例外性规则对股东可能存在的滥用公司法人有限责任地位损害第三方债权人的行为予以限制，但是在司法审判中的认定较少，并不构成对原则性规范的消解。

---

① 易军：“原则/例外关系的民法阐释”，《中国社会科学》2019 年第 9 期，第 68 页。
② 王军：《公司法》（第二版），高等教育出版社 2017 年版，第 51 页。
③ 参见《公司法》（2018 年修正）第二十条。
④ 黄辉：“我国公司法人人格否认制度实证研究”，《法学研究》2012 年第 1 期。

（二）合伙企业：以不完全的财产防御为主，以有限合伙为例外

与完全的财产防御概念相对应，合伙企业中以不完全的财产防御作为财产防御的边界。其内涵与完全的财产防御相对应，即作为特别财产的合伙企业的债权人，优先于特别财产所有者的债权人就合伙企业求偿，同时作为特别财产所有者合伙人的债权人也可以要求转让、变卖特别财产或者分解特别财产以实现其债权或者其他权益。① 因此，之所以将其称为不完全的财产防御，是因为无论是特别财产的债权人，还是特别财产所有者的债权人，对资产分割的击穿都需要以主财产不能清偿为前提，只不过击穿的路径以成文法的形式予以明确，具有一般规范性与普遍适用性特征。或者说在公司法人制度当中，其默认的规则为完全的财产防御，而在普通合伙企业中，以不完全的财产防御为默认规则。

在世界各国的立法当中，不约而同地将不完全的财产防御作为合伙企业的责任财产边界。在《美国统一合伙法》中，对作为合伙人的特别财产与合伙企业的主财产进行了十分具体的规定，其中第 6 条规定合伙财产为全体合伙人共同共有，包括合伙人出资的特别财产以及在合伙经营中所取得的财产。② 同时，第 40 条规定，合伙企业成员的债权人对合伙成员的个人财产拥有优先权，合伙企业的债权人对合伙企业的财产拥有优先权。当合伙企业的财产不足以清偿债务时，债权人可以向合伙企业的成员主张债权，当合伙企业成员的财产不足以清偿债务时，也可以向合伙企业的其他成员主张权利。③ 由此可知，在美国，合伙企业成员之间相对于合伙财产的关系为共同共有，与公司法人制度下的完全的财产防御不同，在责任限度上表现为不完全的财产防御，合伙企业的资产偿付能力一方面取决于合伙企业的主财产，另一方面取决于合伙企业成员的主财产，在责任形式上表现为无法对外独立承担责任。在德国，也将不完全的财产防御作为合伙企业资产分割后的责任形态，其中《德国商法典》规定，商事普通合伙企

---

① 张永健："财产独立与资产分割之理论架构"，《月旦民商法杂志》2015 年第 12 期，第 102 页。

② 参见《美国统一合伙法》第 6 条。

③ 参见《美国统一合伙法》第 40 条。

业作为债务人时，合伙人应当作为连带债务人向第三方债权人承担连带责任。① 在我国，作为上位法的《民法典》与作为部门法的《中华人民共和国合伙企业法》（以下简称《合伙企业法》），从非法人组织与合伙企业两个层次对合伙企业的财产防御状态作出明确规定，即当合伙企业无法清偿债务时，合伙人应当承担无限责任。

但是，合伙企业的这种不完全的财产防御作为原则并不绝对，同样有例外性规定的存在，在世界各国也普遍允许有限合伙企业的存在。众所周知，有限合伙从康孟达（Commenda）演进而来，佛罗伦萨于 1408 年就以规范性法律文件明确了资本所有者的有限责任，而法国、美国与英国分别于 1673 年、1822 年和 1907 年确立了有限合伙这一组织形式。② 另外，在我国《合伙企业法》中也有关于合伙企业的相关规定③。但是，有限合伙是否否定了合伙企业以不完全的财产防御作为责任财产限度的一般性要求？管见以为，即便存在例外性规定，也不意味着有限合伙企业否定了合伙企业的不完全财产防御状态。从合伙人的成员组成来看，一方面原因在于，有限合伙企业的组建离不开普通合伙人的参与，即有限合伙企业当中至少有一位普通合伙人作为其组织成员。④ 另一方面原因在于，有限合伙人的权利范围要远远小于普通合伙人，其法律地位决定了其不能代表合伙企业执行合伙事务。⑤ 此外，如果第三方对有限合伙人产生普通合伙人身份上的误解，则有限合伙人可能需就该笔交易承担与普通合伙人相同的责任。⑥ 由此可知，有限合伙企业作为《合伙企业法》中一种例外性规定下的商事组织形式，并没有忽视第三方债权人的利益，也没有颠覆合伙企业不完全财产防御的基本面。

---

① 参见《德国商法典》第 128 条。

② ［美］拉里·E. 利伯斯坦：《非公司制组织的兴起》，罗培新译，法律出版社 2018 年版，第 83 页。

③ 参见《合伙企业法》（2006 年修订）第三章“有限合伙企业”的相关内容。

④ 参见《合伙企业法》（2006 年修订）第六十一条。

⑤ 参见《合伙企业法》（2006 年修订）第六十八条。

⑥ 参见《合伙企业法》（2006 年修订）第七十六条。

（三）商事信托：与公司法人相似

通过公司法人与合伙企业的比较分析后可以得出，在信托法的建构之下，信托关系中的信托当事人与外部第三人通过资产切割，建立起的财产防御机制属完全性的。对此，世界各国的信托法与国际公约均予以承认。

在英美法系中，以美国为代表，《美国法定信托实体法案》第 304 条与第 305 条，分别就信托财产与信托当事人财产之间防御的边界作出了明确规定。其中，第 304 条主要就信托财产的债务与信托当事人之间的关系进行明确，信托当事人无须因信托当事人的身份直接或间接对信托或系列信托的债务、义务或其他责任承担个人责任。同时，以信托或受托人名义持有的信托财产所产生的债务，以信托财产为限被扣押或被执行。[①] 第 305 条主要就信托当事人的债务与信托财产之间的关系予以明确，信托当事人的债权人不得占有法定信托或系列信托的财产，也不能主张普通法或衡平法上的救济。[②] 由此可知，在英美法系中关于商事信托中信托当事人的责任限度问题，也将完全的财产防御作为一般性要求。在新加坡，《新加坡商业信托法案》对财产防御的边界也作出与《美国法定信托实体法案》相类似的规范。[③]

在大陆法系当中，无论是《日本信托法》，还是我国《信托法》，或是我国台湾地区“信托法”，均通过成文法的形式对商事信托的完全性财产防御作出明确具体的规定。以我国《信托法》为例，其明确规定受托人要通过信托财产登记与分别管理“两驾马车”实现信托财产与信托当事人债务的风险隔离。当信托财产的资产价值大于零时，从信托设立的时点来看，除信托成立前债权人已对信托财产享有优先受偿权外，信托存续期间信托财产不得被委托人的债权人主张权利[④]；从信托当事人的行为能力来看，委托人、受托人的死亡、依法解散、依法被撤销或者被宣告破产，信

---

① 参见《美国法定信托实体法案》第 304 条。

② 参见《美国法定信托实体法案》第 305 条。

③ 参见《新加坡商业信托法案》第 32 条和第 34 条。

④ 参见《信托法》第十七条。

托财产无法作为其遗产或清算财产①。当信托财产的资产价值小于等于零时，受托人的信托行为在没有故意或重大过失的情况下，无须用自己的固有财产向受益人支付信托利益。②

此外，海牙《关于信托的法律适用及其承认公约》第11条也对商事信托的完全性财产防御边界予以明确。

此处需要进一步说明的是，我国的商事信托制度中有关完全的财产防御规则也存在例外性规定。实践中信托财产可能负担债务的动因，一方面来自受托人在接受信托财产之前就已经负担债务，另一方面来自信托成立后，因受托人的信托行为所产生的信托债务。依据我国《信托法》第三十七条的规定可知，信托设立后，受托人因处理信托事务所产生的债务，仅以信托财产为限向第三人承担责任。③ 这就意味着在我国的信托法实践中，如果信托财产在信托设立之前就已经负担债务，那么就可能在信托设立后不会给受托人带来完全的财产防御效果，即外部第三方债权人可以以受托人为信托财产所有权人为由向其主张债权，而受托人也应当在信托财产无法清偿这类债务的情况下自行承担责任。由此可知，商事信托财产防御的边界也存在例外的可能。

三、组织治理的框架

（一）公司法人：组织法搭建的垂直式阶层组织

根据科斯的企业理论可知，公司治理在本质上是通过一组契约实现参与约束与激励相容约束两项条件。④ 前者参与约束的目的在于提升投资者设立公司，而经营者成为投资者的代理人的意愿，后者激励相容约束的目的在于投资者有积极性选择和监督经营者，使其可以忠实勤勉为投资者创

① 参见《信托法》第十五条和第十六条。

② 参见《信托法》第三十四条和第三十六条。

③ 参见《信托法》第三十七条。

④ 张维迎：《理解公司：产权、激励与治理》，上海人民出版社2014年版，第181页。

造价值。①

在公司发展的早期，对于公司章程没有规定或股东会尚未作出决议的事项，董事会无法自主对该事项作出决定并付诸执行。② 但是随着商业的发展，公司经营活动中的事项已无法事无巨细通过章程或决议向执行机关授权执行，也与商业运转的效率需求相违背。进而董事会的角色越来越重要，对其授权的方式也由授权式转变为缺省式，即除了由公司法或公司章程明确规定由股东会行使专项的权利，董事会可以行使公司的其他所有权利。同时，将决策机关与执行机关连接起来的契约，也无法准确预测或者描述可能发生的问题，即便可以预测或描述，高昂的契约撰写成本也会让当事各方望而却步。在合同理论中，将这种契约称为不完全契约，而公司治理结构的设计就是为了解决不完全契约所产生的代理成本问题。③

在世界各国的公司法中，公司的内部治理结构通过二元结构或三元结构对权力机关、执行机关与监督机关之间的权利进行分配、制约与监督。④ 其中，二元结构由公司的股东会与董事会组成，代表国家为美国、英国以及澳大利亚；三元结构由公司的股东会、董事会以及监事会组成，代表国家为中国、德国和日本。当然，中国、德国和日本的公司法对商事公司内部结构的规范，还存有差异。比如，在德国公司法中，其监事会的位置高于董事会，其权利范围不但包括对董事会的监督，还包括对董事会成员的提名⑤；而在中国与日本的公司法中，监事会的位置与董事会齐平，主要是对董事会的经营行为进行监督。剔除二元结构与三元结构中共存的股东会，我们发现这两类治理框架以执行机关与监督机关的权利范围、设立方式的差异为划分标准。

---

① 张维迎：《理解公司：产权、激励与治理》，上海人民出版社 2014 年版，第 181 页。

② 参见 Clifton v. Mount Ltd. （1940） 40SR （NSW） 31，转引自黄辉：《现代公司法比较研究：国际经验及对中国的启示》，清华大学出版社 2020 年版，第 175 页。

③ 黄凯南：“不完全合同理论的新视角——基于演化经济学的分析”，《经济研究》2012 年第 2 期，第 135 页。

④ 赵旭东主编：《公司法学》，高等教育出版社 2015 年版，第 280 页。

⑤ ［德］托马斯·莱赛尔、吕迪格·法伊尔：《德国资合公司法》，高旭军等译，上海人民出版社 2019 年版，166—168 页。

二元结构的代表为美国、英国与澳大利亚，其公司的内部治理框架中并没有独立的监督机构，即没有独立的监事会设置，而是在董事会中实现董事之间合作与监督，以保证公司正常与健康运转。在二元结构的代表国家中，董事会内部的董事类型可以分为执行董事（Executive Director）、非执行董事（Non – Executive Director）以及独立董事（Independent Director），其中执行董事与非执行董事、独立董事的区别在于是否与公司存在劳务关系。① 独立董事通过经济、身份的独立性承担监督公司管理层的职责，主要内容包括公司的财务状况、董事的信义义务履行以及公司的经营合法性问题。在美国，《萨班斯·奥克斯利法案》（Public Company Accounting Reform and Investor Protection Act）颁布后，纽约证券交易所随即要求所有的上市公司在公司治理结构当中董事会成员必须有一半以上的董事为独立董事。② 同时，纽约证券交易所还对独立董事的会议召开方式作出进一步的具体规定，“为了赋予非管理层董事可以更好、更有效地对管理层进行监督，每家上市公司必须定期召开没有管理层出席的会议”。③ 此外，根据美国学者的数据分析显示，1950—2000 年，美国公司执行董事的占比已从 49% 下降到 16% 。④ 与美国相类似，英国公司法作为二元结构立法的代表性国家，也将公司内部监督职能赋予独立非执行董事，在英国的《公司治理准则》（The UK Corporation Governance Code）中明确要求公司的董事会成员至少有一半必须是独立的非执行董事，在小型公司中也应当至少配备两名以上的独立非执行董事。⑤ 同时，董事会中应当有一名高级独立非执行董事，其职责在于每年至少召集一次独立非执行董事，在没有执董事会主席参与的情况下对董事会主席的工作进行独立评价。⑥ 此外，澳

① 黄辉：《现代公司法比较研究——国际经验及对我国的启示》，清华大学出版社 2020 年版，第 169 页。

② 参见《纽约证券交易所上市公司指引》（Listed Company Manual）第 303A. 01 条。

③ 参见《纽约证券交易所上市公司指引》（Listed Company Manual）第 303A. 03 条。

④ Jeffrey N. Gordon, The Rise of Independent Directors in the United States, 1950 – 2005: of Shareholder Value and Stock Market Prices, 59 Stan. L. Rev. 1465, 1514 (2007).

⑤ 林少伟：《英国现代公司法》，中国法制出版社 2015 年版，第 416—425 页。

⑥ 林少伟：《英国现代公司法》，中国法制出版社 2015 年版，第 425 页。

大利亚作为英国曾经的殖民地与联邦，对执行董事的监督也采取与美国和英国相似的方式。

与二元结构的代表英美国家不同，三元结构的代表德国与日本没有通过在公司董事会内部植入独立非执行董事实现对执行机关的监督，而是在内部组织结构当中设置独立的监督机关以实现对董事会的监督。当然，在这种立体式框架当中，德国与日本仍然存在差异。在德国，监事会夹在公司权力机关与执行机关之间，作为股东会与董事会之间的桥梁，既负责对外代表公司，也负责对董事会执行事务进行监督。[①] 其职能集中表现在五个方面：第一，监事会作为公司代表机关对外代表公司[②]；第二，监事会的产生早于董事会的产生，监事会有权任命或撤销任命董事会的主席与成员[③]；第三，监事会有权决定董事会成员的薪酬[④]；第四，对董事违反竞业禁止行为主张损害赔偿[⑤]；第五，监督董事会执行业务，检查公司的账簿、文件与财产，接受董事会提交的报告[⑥]。因此，在物理的空间位置上，德国公司法将股东会置于治理框架的顶层，第二层是监事会，第三层是董事会。但是在日本，董事会与监事会在立体式治理框架中处于水平位置，即董事会与监事会人员的选任，统一由股东会决定，其职能并不能对外代表公司，仅负责对公司董事行为的监督以及要求董事停止行为[⑦]。因此，从内部组织机构的组成来看，日本虽然属于三元结构，但是在立体框架下，其治理框架由两层组成，第一层为股东会，统领董事会与监事会的权利、内部成员任免等事宜，第二层为董事会与监事会，后者主要负责对前者的制约与监督。[⑧] 此外，在我国的公司法中，尤其是在我国的上市公司

---

① ［德］托马斯·莱赛尔、吕迪格·法伊尔：《德国资合公司法》，高旭军等译，上海人民出版社2019年版，234—236页。

② 参见《德国股份公司法》第112条。

③ 参见《德国股份公司法》第84条。

④ 参见《德国股份公司法》第87条。

⑤ 参见《德国股份公司法》第88条。

⑥ 参见《德国股份公司法》第90条。

⑦ 参见《日本公司法》第329条。

⑧ ［日］近藤光男：《最新日本公司法》，梁爽译，法律出版社2016年版，第267页。

治理框架内，采取的是将二元结构与三元结构相结合的模式，这种立体式的治理框架一方面在治理架构中引入监事会监督董事会的行为，另一方面在董事会中引入独立董事作为对公司董事执行事务的监督。

通过前述二元结构与三元结构的比较分析可知，尽管两者治理框架的设计存在诸多不同，但是共同之处在于物理空间状态上表现为垂直式的阶层组织。即决策机关、执行机关以及监督机关呈自上而下的顺序纵向排列，同时，每一层级的内部机关，也承担不同的治理职责。

（二）合伙企业：水平式契约

相较于公司，合伙企业并没有立体式的治理框架，其权力机构、执行机构以及监督机构均由合伙人之间通过契约安排实现。或者说合伙企业的决策、执行性与监督“三位一体”归于合伙人中，因此合伙企业的组织治理框架呈扁平化、水平式的特点，而这一特点在世界各国的合伙企业法当中并没有什么区别。在德国，合伙事务的决策权由全体合伙人共同参与行使，执行的权利既可以由全体合伙人共同承担，也可以由部分合伙人承担，其余无合伙事务执行权的合伙人可以通过检查权了解合伙企业的经营状况、财务报表以及公司文件。① 与德国相似，《美国统一合伙法》中对授权声明、合伙人作为合伙的代理人执行合伙事务以及合伙人的知情权作出明确的规定。② 而在其他国家，合伙企业的治理结构也都呈现出水平式契约的治理框架特点，其根本原因在于即便合伙企业被法律赋予法律实体的外衣，但其无法独立承担责任的财产防御边界使得每一个合伙人都是合伙事务的决策者、执行人与监督员，其经营的亏损最终都需要合伙人承担。因此，并不需要对合伙企业内部进行立体式的组织框架搭建与权力分配上的平衡。

（三）商事信托：契约搭建的阶层组织

在我国，尽管商事信托的实践呈现出向特殊商主体发展的趋势③，但

① 杜景林、卢谌译：《德国商法典》，法律出版社2010年版，第53页。

② 沈四宝、张丹：《美国统一合伙法及典型案例分析》，对外经济贸易大学出版社2007年版，第57页。

③ 叶敏，张晔：“特殊商主体的地位与范畴：以资管计划为例的讨论”，《财贸研究》2019年第8期，第101页。

是信托关系的建构以信托契约为中心。虽然资管产品的运作特色仍是以信托契约为连接点建构投资者、管理人、保管人之间的法律关系，但是通过“民商法规范 + 监管规则 + 契约”的塑造，契约式的资管产品也可以模拟出与公司型共同基金相类似的垂直式阶层组织。以证券投资基金为例，我国基金产品的组织体系由投资者组成的基金份额持有人大会及其常设机构、管理受托人以及保管受托人组成。投资者在信托关系中既是委托人，也是受益人。基金份额持有人大会作为证券投资基金的最高权力机构，主要负责表决有关基金变更的重大事项，例如转换基金的运作方式、更换基金管理人或者基金托管人、提前终止基金合同、与其他基金合并。[①] 而管理人负责募集资金、进行证券投资、信息披露以及以基金管理人名义代表基金份额持有人利益行使诉讼权利等事宜。[②] 因此，应当认为基金管理人在基金中的角色主要负责基金财产的执行，与美国的共同基金相比，融合了董事会的部分职能与投资顾问的全部职能，在治理结构中为基金的执行机关。此外，在证券投资基金的治理结构当中，还有一个不可或缺的角色，即基金托管人。由于基金份额持有人与基金管理人之间存在信息不对称，除了在基金管理人行为方式上强调受托人的信义义务以外，还应当在治理结构中加强对基金管理人的监督，因此基金托管人的职能一方面是保障基金财产的安全，另一方面是监督基金管理人的投资行为。[③] 从法律结构的设计上来看，保管受托人的角色植入除了保障基金财产安全，同时还期待利用其在治理结构中的信息优势地位实现对管理受托人信托行为的实时监督，以防止投资者利益受到管理受托人的侵蚀。综上所述，尽管在我国的证券投资基金当中，基金当事人各方的权利义务关系通过水平式的契约连接，但是在证券投资基金法以及监管政策的塑造下，其内部治理结构呈现出垂直式的阶层组织特点。

总而言之，公司法人与商事信托相比，两者内部的组织形式与治理结构均呈现出垂直式的阶层组织特点。一方面，两者都需要通过权力机关对

---

① 参见《证券投资基金法》（2015 年修正）第八十六条。

② 参见《证券投资基金法》（2015 年修正）第十九条。

③ 参见《证券投资基金法》（2015 年修正）第三十六条。

执行机关进行授权，以约束其行为的范围与内容；另一方面，也需要通过引入监督机关监督执行机关的行为，以保障权力机关当中成员的合法权益。因而从物理形态上看，两者都属于垂直式的阶层组织。

小　结

本章从历史、学理以及组织法三个维度对商事信托的法人化倾向进行了理论证成。

从历史的维度考证，商事信托制度经历了合伙组织、“类公司法人”以及法定实体三个阶段，其主体性、权力机关的性质判断以及主体责任的分割方式也在历史的长河中逐步被英国与美国的法院所关注，直至通过成文法的形式承认商事信托的法律实体地位。由此，也反映出我国信托制度研究的一个问题，即信托制度作为一种金融工具引入我国后，在我们过多关注信托制度在起源时作为一种以财产持有为主要管理方式的财产转移手段，而忽视后续发展中，信托已成长为与公司、合伙同属于商事组织形式的一种，同时也无法否认商事信托的主体化趋势在社会实践中已经形成。

从学理的维度分析认为，作为权利主体的法人与非法人组织的本质区别在于股东或合伙人是否仅以自己的出资对组织的债务承担有限责任。以此为基础，在与资管产品相关联后发现，商事信托在主体性实践、信托财产独立性、有限责任以及组织机构方面与法人有高度的相似性，具有承认其法人属性的理论可能性。

对公司、合伙以及商事信托在投资者所有权、财产防御的边界以及组织治理的框架进行比较分析，我们认为，商事信托的投资者所有权与公司法人的投资者所有权极为相似，同属于剩余所有权与剩余控制权。而合伙人的权利则来自契约，其权利义务较法人的剩余权具有更加具体确定的内容。同时，股权与信托受益权还可以作为一种财产权利被权利人处分，这也是合伙人份额所不具有的特性。在财产防御的边界问题上，商事信托与公司法人都在团体及其成员之间建立了一道“防火墙”，组织的债务一般情况下不得穿透组织向投资者追偿，而投资者的债权人也只能就投资者在组织中的份额主张权利。对此，在合伙组织中，无论是合伙组织的债权人还是合伙人的债权人，都可以在其债权无法得到满足的情况下向合伙人或合伙组织主张权利。最后，在三种不同商事组织的组织治理框架问题上，商事信托与公司法人同时呈现出立体式的组织框架，在其治理结构当中分别需要设置权力、执行以及监督机关，以实现对组织权利的合理分配，并减少代理成本的问题，而合伙组织则呈现出一种水平式契约的组织治理框架，其中合伙人基于其法律地位与责任承担方式的特殊性，决定其职责范围涵盖了对合伙事务的决策、执行与监督，因而无法在物理形态上呈立体式的组织架构。

总而言之，商事信托在历史发展中已呈现出主体化的趋势，在学理上成为法人并不存在什么障碍，在组织法的比较中与公司法人具有高度的相似性，因而商事信托成为我国法人类型的一种并不存在理论障碍。

第四章

商事信托法人化的信托财产独立性

前三章对我国商事信托的实践场域进行了界定，并打通了商事信托成为法人的理论进路，论证的结果是，将商事信托定位为法人并不存在理论障碍。但是，我国《信托法》的实践已有近20年的历史，信托业的发展也有40多年，为什么要将原本运行良好的《信托法》在民法典体系中定位为法人，或者说生效裁判在依据信托法作出判决时，出现了哪些问题导致需要将商事信托定位为法人？有必要以信托的核心元素为理论框架分析目前塑造信托财产独立性存在的制度问题，论证法人化定性下主体性登记对于信托财产独立性塑造的现实意义。

第一节　信托财产的独立性概述

一、内涵与功能

（一）信托财产独立性的内涵

信托财产独立性是大陆法系将信托制度引入本国（地区）后将其与民法典体系结合的产物，对此大陆法系的学者将其分为狭义上的与广义上的信托财产独立性。其中，“狭义说”的观点以信托财产的所有权归属为理论支点提出。① 日本学者认为信托财产独立性是指信托财产区别于受托人固有财产，其理论依据来自受托人对信托财产享有所有权，其内涵来自受托人对信托财产遗产分配的禁止、强制执行的禁止、债务抵消的禁止以及破产财团的排除。② 另外，还有学者以信托财产的所有权在我国《信托法》

① 胡旭鹏：《信托财产独立性与交易安全平衡论——以信托外部法律关系为视角》，法律出版社2015年版，第50页。

② 参见：王志诚、赖源河：《现代信托法论》，中国政法大学出版社2002年版，第81页；［日］能见善久：《现代信托法》，赵廉慧译，中国法制出版社2011年版，第46页。

下并未转移至受托人名下为由，认为信托财产独立性是指信托财产相对于委托人未设立信托的财产而具有的独立性。① 由此可知，此种学术观点主要围绕如何将受托管理的财产与其法律意义上的所有权人的财产实现区隔展开。“广义说”则认为，信托财产独立性是指信托财产独立于委托人未设立信托的财产、受托人的固有财产与其他信托财产以及受益人的固有财产。② 此种观点在承认“狭义说”观点的基础上，将“独立”所涵摄的范围由信托财产的所有权人扩大至信托内部法律关系当中的每一位当事人。

在本书中，对于信托财产独立性的解释，主要采“广义说”。其原因在于，信托关系并不简单包含信托财产与受托人之间的关系，还包括信托财产与委托人、受益人之间的关系，因此“狭义说”的观点忽视了信托财产相对于其他信托当事人所形成的对世效力。同时，“狭义说”的提出与学者所在国家或地区的信托法规则相关联。“广义说”的理论框架是以我国《信托法》第十五条、第十六条、第十七条、第十八条以及第四十七条为基础形成的，与“狭义说”对比具有理论形成上的完整性与周延性。具体释之，主要由以下四个内涵：

第一，信托财产独立于委托人未设立信托的财产。③ 信托成立后，委托人相对于信托财产的权利只有依法向受托人了解其管理运作的状况、变更管理方法以及要求赔偿或者行使撤销权。④ 从本质上看，委托人相对于信托财产的权利都需要向受托人主张实现，进而间接对信托财产的支配产生相应的法律效果，因此信托财产与委托人的其他财产相独立，既不能归入委托人的破产财团当中，也不得作为委托人的遗产进行继承或分配。⑤

第二，信托财产独立于受托人的固有财产。⑥ 尽管信托设立后，受托人将成为信托财产的所有权人，但是应将信托财产与自己的固有财产相区

① 张淳：“信托财产独立性的法理”，《社会科学》2011 年第 3 期，第 102 页。

② 参见：周小明：《信托制度：法理与实务》，中国法制出版社 2012 年版，第 212 页；赵廉慧：《信托法解释论》，中国法制出版社 2015 年版，第 217—243 页。

③ 参见《信托法》第十五条。

④ 参见《信托法》第二十条、第二十一条以及第二十二条。

⑤ 参见《信托法》第十五条。

⑥ 参见《信托法》第十六条。

别，其内涵一方面表现为受托人对信托财产支配权的行使需要遵从委托人所指定的信托目的要求①；另一方面表现为信托财产不得用于清偿受托人的债务或者作为遗产分配②。即信托财产不被受托人的债权人追索，也不列入受托人的清算财产进行清算，且不作为受托人的遗产向继承人分配。此外，受托人也不得主动将信托财产用以清偿自身的债务。③

第三，信托财产独立于受益人的固有财产。④ 信托设立以后，受益人即享有针对受托人的受益权请求权，但无法直接向受益权“射程”范围之内的信托财产进行支配或者处分。如果不通过规范性法律文件对信托财产的独立性进行私法确认，则有可能导致受益人的债权人、遗产继承人向受托人就信托财产主张所有权，其法律效果必然消解委托人对于信托目的的要求，也肢解了信托财产作为众多委托人所集聚之财产的整体性。有鉴于此，信托法则赋予信托财产可以对抗受益人的债权人的追索，也避免将其列入受益人清算财产、遗产进行分配的可能。

第四，受托人管理不同信托项下的信托财产之间的债权债务不得互相抵消。⑤ 在现行信托法秩序下，如何对在所有权归属于受托人的条件下，可能发生的信托财产抵消行为进行甄别？对此，信托法则对受托人的管理行为作出强行法要求，即分别管理义务。当然，除信托法则对此问题作出一般性的要求，在商事信托的实践场域中，具体的监管规则也会对金融机构受托管理资产的独立性问题作出明确要求，即“单独建账、单独管理、单独核算”。这一监管精神也与国际性监管规则相一致，国际证监会组织（IOSCO）的《集合投资计划监管原则》第 4 原则规定，监管体制必须寻求保全基金资产物理上和法律上的完整，将基金资产与管理人的资产、其他基金资产及托管人的资产分离。⑥ 那么，为什么世界各国的信托法则与

---

① 参见《信托法》第二十二条和第二十三条。

② 参见《信托法》第十六条。

③ 参见《信托法》第十八条。

④ 参见《信托法》第四十七条。

⑤ 参见《信托法》第十八条。

⑥ 张国清：“基金托管制度靠得住吗？对证券投资基金治理结构的法律研究”，《中国证券期货》2004 年第 3 期，第 41 页。

国际组织的管理规则均不约而同对信托财产的独立性问题如此关注？笔者认为，主要是出于对交易与财产安全的考量。

（二）信托财产独立性的功能：权属安全

郑玉波教授认为，法律上的权属安全主要由动态安全与静态安全两部分组成。前者主要指财产的交易安全问题，其本质主要表现为交易相对人如何确信被交易的财产为所有权人合法所有；后者主要指财产的持有安全问题，即所有权人如何安全持有、使用财产，且不受任意第三人非法干涉或主张权利。①

从交易安全的角度来看，信托财产独立性的实现有利于外部第三人识别信托财产之所有权的信托表征。一般情况下，信托的设立就意味着信托财产权实现了由委托人向受托人的转移，为了使受托人管理运作行为始终在信托目的的框架内，保护受益人的期待利益，各国均不同程度承认受托人的追及权或撤销权。在英美法系中，就存在普通法上的追索制度与衡平法上的追回。前者追回的前提是无论财产权如何流转，受益人只要可以识别被侵犯财产的原始形态或变化形态，就可以行使"普通法下返还原物的对人请求权"作为救济手段。② 后者则是通过"Diplock's Estate 案"确立了一般的衡平法上的追回原则，即只要争议当事人之间的关系被确认为信托关系，信托受益人就可以基于衡平法上的对物性财产权利追回信托财产，但是出于善意目的且支付相应对价的第三人除外。③ 因此，受托人在管理、运作信托财产中，如果出现违反信托目的处分信托财产或者改变信托资金用途获取其他利益的情况，受益人一方面可以调查并追回信托财产及其产生的孳息，另一方面可以通过行使衡平法上的留置权向受托人主张

---

① 郑玉波：《民商法问题研究（一）》，三民书局 1980 年版，第 39—45 页。

② 参见 Lipkin Gorman（a firm）v Karpnale Ltd，HL and Westdeutsche Landesbank Girozentrale v Islington London Borough Council［1996］AC 669，［1996］2 All ER 961，967，HL，per Lord Goff，转引自［英］菲利普·H. 佩蒂特：《佩蒂特衡平法与信托法》（下册），石俊志译，法律出版社 2020 年版，第 770 页。

③ ［英］菲利普·H. 佩蒂特：《佩蒂特衡平法与信托法》（下册），石俊志译，法律出版社 2020 年版，第 774 页。

损害赔偿。[①] 而在大陆法系的信托法当中，大多通过成文法的方式赋予委托人或者受益人对受托人行使追及与撤销的权利。我国和日本，以及我国台湾地区的成文法，均明确委托人可以通过行使撤销权对受托人违反信托目的处理信托财产的行为进行撤销，也可以向受托人主张赔偿损失或者恢复原状。[②] 由此可知，无论普通法上的追索制度和衡平法上的追回制度，还是大陆法系中赋予信托受益人的撤销权，其适用都是以受让人主观恶意受让受托管理财产为前提。因此，信托财产独立性可以成为支撑司法裁判机关判断外部第三人获取信托财产主观目的的依据。

从财产安全的角度看，信托财产独立性有利于防止受托人混同管理信托财产。通常情况下，一个受托人或信托机构会管理两个以上的信托，不同的信托持有不同的信托财产，代表着不同的委托人与受益人群体的利益。因而有学者提出，信托财产的损益独立性也是信托财产独立性理论的延伸与拓展。如果不对信托财产的相互抵消予以禁止，则意味着“资金池”业务获得了合法性的依据，受托人管理的不同信托财产之间的关系将成为担保关系，必将破坏以信托法为基础的信托关系，信托法的私法价值也将受到冲击。因此，为了防止同一受托人的管理行为导致信托财产之间的不当抵消或者减损，从保护信托财产安全的角度，需要信托财产独立性对不同信托财产作出强制区分的管理要求。

综上所述，尽管世界各国或各地区的信托法规则都赋予委托人或者受益人对信托财产已经生效的交易行为进行撤销或者追回的权利，并已然成为两大法系关于保障信托利益的核心方式与共识。但是由此带来的问题是，倘若委托人或受益人肆意对受托人的信托行为行使撤销权，则必然对已经生效的法律关系产生破坏，从而影响经济生活中商事交易的稳定性与安全性。同时，为了避免受托人不公平对待不同信托项下的财产，也对受托人的分别管理义务作出相类似的要求，防止因利益冲突对信托财产的内

---

① ［美］爱德华·C. 哈尔巴赫：《吉尔伯特信托法》，张雪楳译，法律出版社 2017 年版，第 239 页。

② 参见我国《信托法》第二十二条和台湾地区“信托法”第十八条，以及《日本信托法》第 27 条。

部安全问题造成威胁。

但是，尽管信托法与资管产品的监管规则赋予信托财产以独立性，可是受托人除了需对信托财产与固有财产之间作好区别管理，也需要对不同信托项下的财产作好分区。然而，这种简单的强制性的法律要求并不能为外部第三人带来区分识别的法律效果，还需要通过公示公信机制向外部第三人彰显其财产所有权归属的特殊性。基于此，为了向信托当事人和外部第三人彰显信托财产的独立性，失去衡平法的大陆法系国家或地区在建立本国或地区的信托制度时，不约而同地对信托公示作出相似的要求，以平衡信托当事人和外部第三人在信托财产识别上可能存在的公信力问题。

二、传统实现路径

（一）物理标识

无论在英美法系还是在大陆法系，都普遍承认将物理标签方式作为信托财产独立性的塑造方法之一。在英国，并没有专门的信托财产登记制度，信托财产独立性的塑造主要依靠判例法规则中的分别管理实现，并且以有形财产与无形财产作为分别管理方式的划分依据，其判断的标准在于受托人是否对信托财产的归属进行专项指定或是否实际分别管理。[①] 以“Re London Wine Co（Shippers）案”为例，葡萄酒商家将自己库存的葡萄酒卖给客户，同时接受客户的委托为其保管所购买的葡萄酒，客户在购买葡萄酒时会收到葡萄酒商家出具的一份产权证书，用以证明公司为其设立以葡萄酒为标的物的信托产品。[②] 后来葡萄酒商家因经营不善被申请破产，其名下的财产也被列入破产财团，此时买受人想通过行使针对信托的对物请求权以取回自己购买的葡萄酒。法院判决认为，虽然葡萄酒商家接受客户作为委托人的委托，将客户购买的葡萄酒作为信托财产设立了信托，但是在客户购买葡萄酒并将其设立信托之后，葡萄酒商家并未对客户购买葡

---

① 楼建波：“信托财产分别管理与信托财产独立性的关系——兼论《信托法》第29条的理解和适用”，《广东社会科学》2016年第4期，第222页。

② 参见 Re London Wine Co（Shippers），（1975）126 NLJ977。

萄酒进行信托标识。因此，作为信托财产的葡萄酒并不具有独立性，应当归入葡萄酒商家的破产财团当中。

由此可知，在英国，法院对于有形物信托财产独立性的判断取决于受托人是否在受托管理的财产上作出区别于自己或其他信托财产的物理标识，而这一判决所确立的信托财产独立性的判断标准也被“Re Goldcorp Exchange Ltd 案”① 所沿用。该案中，黄金交易商 Goldcorp 与他的客户就黄金买卖形成信托契约，其内容是在交易黄金之后由 Goldcorp 帮客户保管所购买的黄金，并对不同客户的黄金进行单独管理。在客户提出提取黄金的要求时，Goldcorp 应当保证可以随时将客户的黄金交付于客户。但是在后续的信托管理中，Goldcorp 并没有遵守信托契约的约定将不同委托人的黄金分别独立存放，使得信托财产的所有权归属处于混同状态。后来 Goldcorp 因为经营不善破产，银行基于与 Goldcorp 所签订的浮动抵押合同向黄金主张行使抵押权，但是客户以黄金系信托财产向法院主张基于受益人的对物权。最终法院认为，由于 Goldcorp 没有对不同客户购买的黄金分别存放，也未对其进行标签识别，因此黄金并不能作为信托财产被客户取回。

对于此种通过在有形信托财产上设立物理标签彰显其独立性的公示方法，在民法法系的日本也被作为塑造信托财产独立性的商业惯例之一。在日本的信托实务中，如果信托财产以动产设备为主，则一直采用的是“明示方法”实现信托财产的独立性。例如，在动产设备上设置信托财产标识的指示牌以对外彰显其财产权的特殊性与独立性。

（二）专用账户

另外，还有一种方式是无形财产通过不同账户的区隔实现信托财产独立性。实践中存在着大量以银行存款、股份、有价证券等无形资产作为信托财产的商事信托，对此世界各国或地区并没有将信托财产登记作为赋予信托财产独立性的唯一准则，而是通过设立信托专用账户，或者在账户资金中加入信托声明实现。

---

① 参见 Re Goldcorp Exchange Ltd（in receivership）（1995）1AC 74。

在英国的“Bank of Montreal 案”[①] 中，法院认为通过开立专用存款账户保持信托资金与受托人财产分离是设立信托的一个标志，但如果没有设立专用存款账户，或者没有采用其他信托标识，则应当认为受托人专用存款账户内的资金不是信托财产。在“关于雷曼兄弟国际（欧洲）（行政管理）案”中，受托人作为存款账户的持有人，因无力偿还债务而面临信托财产被外部债务人追偿的可能，受益人据此诉至法院，主张账户内的存款为信托财产。法院认为，根据英国法律规定，受托人只是将委托人的存款存放于不同的银行账户，并不足以证明资金的所有权应当归属于受益人，而非账户的持有人，如果受益人想要证明对账户内的资金享有所有权，还应当证明受托人已经对持有的银行账户发出信托声明。[②]

在韩国以及我国台湾地区，对于信托财产独立性的塑造也未囿于信托财产登记一条路，是根据信托财产的财产权特性有的放矢予以区别对待。[③] 如前文所述，在东亚的几个国家的信托法立法中，对于无形财产的独立性也是通过在财产账户录入信托声明或者建立专用账户实现。因此，无论是设立存款专用账户，还是在账户下设置信托声明，只有这两种因素同时出现时，才能保障信托财产在受托人无力偿还自身债务时得到信托法规则的完整保护。但是，在我国的信托法实践中，尽管金融监管规则也要求管理受托人在信托的设立中通过开立信托财产专户存放信托财产，例如在《信托公司集合资金信托计划管理办法》与《证券投资基金法》中，均对作为信托财产的货币资金应当存放于专门账户作出强制性要求[④]，但由于并未对账户设立方式进行更进一步的规范，因而对实践中存在的问题笔者将在下一节中进行分析。

（三）财产登记

在大陆法系中，失去了衡平法规范的信托法，又是如何保障信托财产

---

① 参见 Air Canada v. M & L Travel Ltd. （1994） 94 BCLR （2d） 281。

② 参见 Allison （Appellant） v. Her Majesty's Advocate （Respondent） （Scotland） （2010） UKSC 6。

③ 参见《韩国信托法》第 3 条；我国台湾地区“信托法”第四条。

④ 参见《信托公司集合资金信托计划管理办法》第十八条；《证券投资基金法》（2015 年修正）第三十六条。

的交易安全呢？1922 年，由于缺少编纂成文的普通法可资借鉴，《日本信托法》在参照 1872 年《加利福尼亚民法典》和 1882 年《印度信托法》的基础上①，首次在大陆法系中通过借鉴物权法当中的不动产登记制度找到了理想的答案，即信托财产登记制度。其中，《日本信托法》第 14 条就明确规定，信托财产的取得或变更应当登记或注册，否则不得以该财产为信托财产向第三人主张对抗效力。② 同样，在我国台湾地区“信托法”中③，也将信托财产的登记或注册作为对抗效力产生的逻辑起点。在我国《信托法》中，则“更进一步”，直接将信托财产的登记与信托的效力相关联，即未对信托财产进行相应的特殊性登记将直接影响信托的设立效力。④ 官方立法机关对信托财产登记生效主义的解释是“对其已设立信托的事实予以确认，有利于保护第三人的利益”。⑤

在英美法系的司法制度之外，是否还有维护信托财产独立性的制度工具？据我国学者考证，英美法系的成文法中还有信托公示制度。例如，在美国的《统一遗嘱法典》第 7—101 条规定，受托人有在法院进行信托登记的义务。⑥ 由此可知，尽管信托财产独立性的实现方式主要依靠衡平法院进行司法确认，但是在某些特定类型的信托实践中，仍然需要按照成文法的要求对信托财产进行相应的注册登记。这些都是受托人所应尽的信义义务的集中表现，经过登记的信托财产也将通过公权力的确认而获取确定的独立性地位。因而，从本书研究的角度可以说明，在英美法系中，判例法与成文法均关注到信托登记不但关系到信托财产独立性的实现问题，也与信托财产的交易安全问题相关联。

总而言之，英美法系与大陆法系均为了维护交易安全、保障受益人利

---

① 何锦璇、李颖芝主编：《亚洲大陆法系国家和地区中的信托法》，查松译，法律出版社 2020 年版，第 17 页。

② 参见《日本信托法》第 14 条。

③ 参见我国台湾地区“信托法”第四条。

④ 参见《信托法》第十条。

⑤ 卞耀武主编：《中华人民共和国信托法释义》，法律出版社 2002 年版，第 12—13 页。

⑥ 王涌：“论信托法与物权法的关系——信托法在民法法系中的问题”，《北京大学学报（哲学社会科学版）》2008 年第 6 期，第 100 页。

益，在成文法中设置了一套保障信托财产独立性实现的公示制度。通过将信托财产的独立性公之于众，才使信托财产产生了对世效力，当任何第三方与受托人就信托财产进行交易时，就必然会注意到信托财产所对应的信托关系与信托财产的特殊目的，进而在衡量交易安全与交易风险的基础上作出综合判断。此种交易的法律效果，使得交易的双方当事人不需再为悬在头顶的"达摩克利斯之剑"而担心交易的法律效果存在被追回或者被撤销的可能。因此，信托公示制度通过将信托财产的内容予以公示来实现保护善意第三人，维护交易安全的目的。

第二节 司法裁判与争议分析

一、"爱建信托案"的争议分析

（一）以信托财产外部独立性为争议焦点

信托财产的外部独立性是信托财产的债务与外部第三人之间的关系问题。无论是信托法基础理论分析，还是比较法考察，其内涵与信托财产的财产防御边界相关联。长期以来信托法在具体金融商事实践中司法审判争议较少，其背后的原因在于金融机构内部对金融产品的合规性审查体系较为完善，进而导致诉至审判机关的商事纠纷较少，很难观察到我国的司法审判机关对于信托财产在防御边界这一问题上的态度。因此，直到2019年"上海爱建信托有限责任公司等与方大炭素新材料科技股份有限公司股东损害公司债权人利益责任纠纷案"（以下简称"爱建信托案"）二审判决书的公布，才给了我们一个观察司法裁判对这一问题的态度的切入点。①

"爱建信托案"的基本案情较为复杂，争议的焦点一方面与资本公积

① 参见北京市高级人民法院民事判决书，(2017) 京民终601号。

金转增注册资本的法律效力问题相关，另一方面是信托公司作为信托计划的受托人对信托财产的债务承担限度问题，与本章内容相关的问题系后者。基本案情如下：

作为信托财产的三门峡慧能热电有限责任公司（以下简称惠能公司）股权，最初来自陕县财政局在公司设立时所持有的50%股权，后经数次增资、转让，2004年陕县财政局和陕县热电厂将各自持有的惠能公司股权全部转让给中原信托投资有限公司（以下简称中原信托）。自此，陕县财政局和陕县热电厂对惠能公司的持股，变为由惠能公司干部职工及社会自然人等以股权设立信托的持股。2006年3月，第四次股权变动中，中原信托放弃对增资的认购，因而在惠能公司增加注册资本以后，中原信托的持股比例由增资前的55%缩小至增资后的20.855%。至此，信托端与其他法人、自然人股东的持股并不存在欠缴出资的情况，也不存在任一股东被剥夺优先权的情况。由此可知，在惠能公司前四次股权变动过程中，并没有发生资本公积转增注册资本的事实，因而本案争议的焦点起源于惠能公司第五次股权变动情况的发生。2006年9月以后，在惠能公司第五次股权变动中，出现了两个前四次没有发生过的特殊情况：第一，刘国锁通过设立财产权信托的方式，使得上海爱建信托有限责任公司（以下简称爱建信托）合计持有了中原信托和英属维尔京泛域发展有限公司（以下简称泛域公司）持有惠能公司的55%的股权；第二，惠能公司的董事会通过资本公积转增资本的方式对惠能公司进行增资，对于资本公积转增资本不足部分，由各个股东按照持股比例补缴。随后受益人代表刘国锁向爱建信托出具《授权书》，并向受托人转账870万元用以爱建信托向惠能公司缴付出资。而后，被上诉人方大炭素新材料科技股份有限公司（以下简称方大公司）对惠能公司向金融机构的借款提供保证担保，惠能公司也对其担保行为提供了相应的反担保措施。但是，由于信托公司所持股的公司贷款逾期，被上诉人方大公司按照保证合同的约定履行保证责任，并向惠能公司进行追偿。但因惠能公司暂无财产可供执行，随后方大公司以爱建信托等公司损害公司债权人利益为由将其诉至法院。

审判中，原审原告、二审被上诉人方大公司的答辩理由为：第一，本案不适用信托法的原因在于爱建信托是工商登记中所记载的股东，依据最高人民法院《关于适用〈中华人民共和国公司法〉若干问题的规定（三）》（以下简称“公司法解释三”）第二十六条的规定，公司股东应当在未履行出资本息范围内对公司的债务承担补充赔偿责任。① 因此，爱建信托作为惠能公司的股东，应当对股东的瑕疵出资行为承担相应的法律责任。第二，爱建信托通过信托方式持有惠能公司股权的信托文件，未在工商登记中记载，方大公司也无法从工商档案中得知爱建信托与惠能公司之间的信托关系，而信托关系系约束信托当事人之间的法律关系，并不产生对抗外部第三人的法律效力。第三，从工商档案的查询记录可知，爱建信托在受让股权时书面承诺履行出资义务，且在股权转让协议中未体现任何信托持股的意思表示。第四，对于爱建信托提交的在上海信托登记中心登记的信托文件的真实性、关联性与合法性不予认可。

而爱建信托的上诉理由主要基于以下三点：第一，爱建信托对惠能公司的持股属信托持股，因此所持有的股权系信托财产，并非信托公司的固有财产。第二，保证合同的签订时间是 2004 年，而瑕疵增资行为的发生在 2006 年，损失的发生与惠能公司的瑕疵增资行为之间并没有因果关系。第三，惠能公司已按照主管行政机关的审核与要求完成增资行为且获得行政确认，惠能公司的瑕疵出资行为在事实上并不存在。

本案的一审法院认为，爱建信托基于何种原因持有惠能公司股权系公司内部法律关系，爱建信托不能以内部关系向外部债权人主张抗辩。而二审北京市高级人民法院（以下简称北京高院）则认为，尽管爱建信托提交了惠能公司职工持股受益人大会的决议与信托登记材料的复印件，但由于前述证据材料未在工商行政机关或其他具有公示效力的行政机构登记，且方大公司对复印件材料的真实性不予认可，因此对爱建信托的证据材料不予采纳，最终认为对爱建信托所主张的信托持股的法律效力不予确认。②

---

① 参见最高人民法院《关于适用〈中华人民共和国公司法〉若干问题的规定（三）》第二十六条。

② 参见北京市高级人民法院民事判决书，(2017) 京民终 601 号。

（二）司法裁判忽视信托财产外部独立性

依据“爱建信托案”的生效判决我们可以发现，人民法院在司法裁判中并不承认围绕信托财产建立信托关系具有对世效力，即以受托人未依照信托法进行信托财产登记而认为用于设立信托之股权并非信托财产，应是信托公司的固有财产，因而应当对其固有财产上的债务承担偿还责任。此外，也不承认信托公示所产生的对世效力。整体上观察，分别从法律适用的依据、信托财产独立性基本原理和比较法三个维度分析，均表现出人民法院在司法裁判过程中忽视信托财产的外部独立性。

首先，笔者对“爱建信托案”一审法院裁判观点存有疑问。现阶段，人民法院并不承认信托财产外部独立性的。依据《信托法》第三十七条规定可知，受托人在对信托财产的管理运作当中，仅以信托财产为限向第三人承担责任。① 然而，在本案一审当中，人民法院并没有采纳爱建信托对惠能公司的股权系信托持股的主张，认为信托当事人之间围绕信托财产建构的信托关系，仅对信托当事人具有约束力。如果信托财产的债务是在信托给受托人之前产生的，受托后如果信托财产无法清偿债务，人民法院可以对受托人名下的其他财产采取司法强制措施。同时，《信托法》对受托人承担赔偿责任的前提条件已有明确规定，即只有在受托人将信托财产转入固有财产时，或受托人将自己的固有财产与信托财产进行交易时，受托人方才承担赔偿责任。② 而这种赔偿责任的承担，虽然并未对赔偿的对象作出明确规定，但是从受托人混同行为结果所影响的法律主体来看，应当特指受益人。从信托行为的责任限度与责任承担方式来看，不应当对信托财产在交付受托人之前因未实缴出资而产生的债务承担责任。因此，从法律适用的角度分析，“爱建信托案”的一审判决中的财产观点，反映出人民法院在审判实践中并未将信托财产的债务与受托人自身的债务相区分，将应当由信托财产承担责任的范围扩大至受托人所有的财产，通过对受托人固有财产的追偿以实现清偿第三方债权人的债权的目的。

---

① 参见《信托法》第三十七条。

② 参见《信托法》第二十七条和第二十八条。

向更深的理论层面挖掘，依然可以发现“爱建信托案”中人民法院的判决在试图撼动信托财产独立性的理论基础。周小明教授认为，信托财产的独立性不但包括独立于委托人、受托人以及受益人的固有财产，还具有损益上的独立性。在信托存续期间，受托人因管理、运用、处分信托财产或处理其他信托事务的收益，归于信托财产，而非因受托人的过错导致信托财产对第三人债务以及信托财产损失的，也仅以信托财产为限承担责任。① 由此，信托设立后的信托财产独立性必然因“闭锁效应”产生免责性的法律效果，即信托设立的法律效果必然导致委托人设立信托的财产转为受托人名下的信托财产，委托人、受托人和受益人三方信托当事人中任何一方的债权人都不得对信托财产进行追索。② 对于受托人来说，尽管信托财产的所有权归属于受托人，但此时的信托财产因属于“目的财产”而天然有别于受托人的固有财产。③ 以此为基础，“目的财产”的债权人除了不得向受托人主张权利，也无法向信托受益人主张权利。因为尽管信托受益人对“目的财产”（也有学者将其称为是受托人名义下的被特别对待的财产）所产生的收益享有受益权，但由于无法直接对其受益权所涵摄范围内的信托财产进行支配与处分，因而外部第三人也只能就信托受益权主张权利。

从比较法的角度观察，英美法系下的信托制度虽然在形式上要求受托人在外部关系中承担无限责任，但实质上仍然以信托财产为限承担有限责任。④ 而在《日本商事信托法纲要说明》第711条第3款明确说明，对于商事信托中的受托人在管理、运作信托财产中所产生的债务，第三方债权人不得对信托财产的范围外的财产进行强制执行。⑤ 言下之意，在《日本信托法》中存在受托人对归于信托财产的债务承担无限责任的可能，尽管受托人可以在承担赔偿责任后向受益人主张，但是当受益人放弃受益权或

---

① 周小明：《信托制度：法理与实务》，中国法制出版社2012年版，第219页。

② 方嘉麟：《信托法之理论与实务》，中国政法大学出版社2004年版，第3页。

③ 胡旭鹏：《信托财产独立性与交易安全平衡论——以信托外部法律关系为视角》，法律出版社2015年版，第58页。

④ 周小明：《信托制度的比较法研究》，法律出版社1996年版，第14页。

⑤ 日本商事信托研究会：《日本商事信托立法研究》，朱大明译，法律出版社2019年版，第46页。

失去偿还债务的能力时将转换为受托人的负担。因此，在《日本商事信托法纲要说明》中明确将受托人的对外责任限定在信托财产的范围以内。①

在二审法院的审判中，人民法院认为由于爱建信托提供作为证据的惠能公司职工持股受益人大会决议与上海信托登记中心所登记信托文件的复印件，方大公司在证据的真实性上不予认可，因此不予采纳爱建信托主张其对惠能公司持股为信托股权。此外，二审法院又以工商登记中的股东名册显示为爱建信托，且未对爱建信托的信托持股予以标识为由，认为爱建信托系惠能公司的股东，并不存在信托持股的情况。

从法律适用上来看，《信托法》第十条仅对信托财产的登记作出明确规定，并未对登记是否对第三方债权人的权利主张产生对抗效力予以明确。此处，人民法院并未以信托法为基础否认信托登记的对抗效力，而是从证明效力的角度否认受托人对信托公示后信托财产独立性的主张。同样的证明逻辑，在其他案件中也有体现，例如在（2019）粤执保 47 号裁定书中，渤海信托股份有限公司在申请解除对银行账户的查封中就以信托登记文件作为证据材料，证明所查封之账户系信托专户，随后人民法院对此信托保全的解除也是以异议人没有否认证据材料的真实性，且未提供相应的证据予以反驳为依据。② 从这个角度看，《信托法》的不完善直接使人民法院在司法裁判中忽视信托公示对信托财产独立性塑造的法律效果。

此外，法谚有云，“法律不强人所难”。就工商登记来看，翻阅我国《公司登记管理条例》后可知，工商登记并未对信托持股的登记问题予以规范，对于信托公司来说，想要在市场监督管理部门就作为股权的信托财产予以登记，也是无法实现的现实。因此，在我国《信托法》未对信托财产登记的法律效果与第三人之间的关系进行规定的大背景下，人民法院绕过实体法通过程序法对信托公示的效力作出否定性的裁判，在本质上是将

---

① 日本商事信托研究会：《日本商事信托立法研究》，朱大明译，法律出版社 2019 年版，第 46—47 页。

② 赵廉慧：“十评九民纪要（9）：信托财产的独立性和诉讼保全（第 95 条）”，载微信公众号“inlawwetrust”，2020 年 8 月 13 日，https：//mp. weixin. qq. com/s/MPYx-OfIUqOCJrAyo6kOSvA。

其效力问题交由对方当事人来选择。即如果第三人承认信托财产登记的法律效果，人民法院的裁判即可承认登记所产生的对抗效力，如果第三人否认信托财产登记的法律效果，人民法院的裁判也随之对这一事实主张进行否认。从这个角度来看，信托登记制度的改革，应当成为《信托法》修改时的一项议题，也是规制信托财产独立性的核心问题。

二、"中诚信托系列案"的争议分析

（一）以信托财产内部独立性为争议焦点

内部独立性是指信托财产损益的独立性，即外部第三人或者司法机关是否可以向受托人管理的其他信托下的财产，或者其固有财产主张权利的。[①] 其争议较大的典型案例应当是2014年开始围绕中诚信托有限责任公司（以下简称中诚信托）的系列执行异议案（以下简称"中诚信托系列案"）。[②]

"中诚信托系列案"的案件细节较为简单，案件的起因是北京市第二中级人民法院（以下简称北京二中院）在执行以北京中创科技大厦有限公司（以下简称中创公司）为被执行人的系列案件过程中，冻结中诚信托在招商银行东四环支行账户中的存款37930572.53元，随后中诚信托以前述账户的存款系信托财产为由向北京二中院提出执行异议，要求法院解除对账户的冻结查封。[③]

中诚信托认为：第一，北京二中院所查封冻结的财产是信托计划项下的专用财产，并非受托人为维系日常经营所需的自有银行账户财产。信托公司对其的管理完全是依据信托文件约定，即信托资金的投资范围包括银行定期存款，所查封之账户系信托资金用于投资定期存款的账户，属于对信托财产的管理运作方式之一。第二，北京二中院错误地向中诚信托所分

---

① 周小明：《信托制度：法理与实务》，中国法制出版社2012年版，第219页。

② 参见：北京市第二中级人民法院执行裁定书，（2014）二中执异字第00105号；北京市第二中级人民法院执行裁定书，（2019）京02执异997号；北京市高级人民法院执行裁定书，（2019）京执复212号。

③ 具体案件情节详见北京市高级人民法院执行裁定书，（2014）二中执异字第00105号。

配的案款系另一信托计划的对应的债权，法院错误地分配财产的责任应当由另一特定信托计划下的信托财产承担，而非随意对任一信托计划项下的财产采取司法强制措施。第三，依据我国《信托法》第十七条规定，北京二中院对信托财产的查封与冻结并不符合对信托财产强制执行的法定情形。

北京二中院认为：第一，信托专户的判断标准取决于信托文件的记载，但是在中诚信托所主张的信托计划中，信托文件并未将信托专户约定为法院所查封与冻结的账户，因此并不存在错误查封扣押的问题。第二，北京二中院向中诚信托追回错误分配的案款系最高人民法院于 2012 年 8 月 6 日向北京高院下达的（2012）执监字第 26 号执行监督函（以下简称监督函），因此查封冻结行为于法有据。总之，基于前述两点理由，北京二中院未对中诚信托的执行异议予以支持。

随后中诚信托不服北京二中院的裁定，向北京高院申请复议。2017 年底，北京高院作出（2014）高执复字第 22 号执行裁定书，裁定解除对中诚信托案所查封账户的冻结。①

但是，案件到此并未结束，北京高院在作出复议执行裁定的同时，北京二中院又基于同一执行依据随即查封中诚信托在工商银行安贞支行账户中的银行存款 39677065.59 元，后中诚信托继续向北京二中院提出执行异议。其中，中诚信托认为：第一，北京二中院所查封冻结的财产系受托人的固有财产，与所管理项下的信托的财产相区别，不应将其列为信托项下的财产而采取司法强制措施。第二，中诚信托虽然以自己的名义对案涉款项进行申请执行，但是案涉债权所对应的货币资金已向受益人进行分配，最终利益也归属于受益人，与受托人无关。第三，中诚信托作为受托人依据委托人/受益人的指令已提前终止信托计划，受托人在扣除相应的服务费用之后已将剩余全部信托利益向受益人按照相应的份额进行分配，受托人义务已经终止。案款的追回应当由北京二中院向受益人主张权利，而非受托人。对此，北京二中院不再围绕《信托法》中有关分别管理的规定以

---

① 有关（2014）高执复字第 22 号执行裁定书，我国裁判文书网并未对全文进行披露，有关此项裁定书的结果来自（2019）京执复 212 号裁定书对其内容的提及，其中仅对案件的结论予以披露，说理部分不详。

及北京高院的监督函对中诚信托进行反驳，而是以执行法院已将查封冻结的案款发还，所提出的异议内容由于并未在执行结束前提出，驳回其异议申请。随后，中诚信托继续向北京高院就北京二中院的裁定提出执行异议裁定的复议，这一次北京高院没有驳回北京二中院的复议申请，而是以中诚信托违反“一事不再理原则”对北京二中院的裁定予以认可，认为中诚信托不应以《信托法》对受托人的分别管理义务及其对应权利主张执行异议。

（二）司法裁判“刺破”信托财产内部独立性

从“中诚信托系列案”的生效裁定来看，人民法院在执行信托财产的过程中，并未通过相应的司法审查手段对信托公司名下的各类账户进行甄别，以实现对投资人群体、目的类型不同的信托财产进行准确的司法控制，其结果导致执行裁定径直“刺破”信托财产所具有的内部独立性以解决上级人民法院下发的监督函。

从法律适用的角度来看，无论人民法院查封冻结受托人管理的其他信托下的银行账户，还是受托人的固有账户，均与我国《信托法》有关分别管理的规定有出入。因此，人民法院通过“刺破”信托财产的内部独立性，在执行其他信托项下财产不得之后，以执行受托人的固有财产实现监督函的目的，其合法性值得商榷，也与监管规则的制定目的相违背。此处需要指出的是，北京高院以程序性规则驳回中诚信托的复议申请，实质上依然是对中诚信托的实体性权利的否认，其涉及程序正义与实体公正之间的价值位阶问题。

而在信托法基础理论层面审视“中诚信托系列案”，人民法院的裁判也与信托法规则有区别：

第一，信托财产不是第三方债权人的担保财产。有学者认为，信托财产的独立性问题从本质上看是法律拟制的一种。① 因而在信托法的作用下，信托财产的内部独立性之所以可以得到保护，其本质在于无论是受托人的

---

① 王舒：“论信托财产的独立性——兼析《信托法》第16条”，《中国地质大学学报（社会科学版）》2002年第2卷第3期，第75页。

债权人，还是其他委托人、受益人的第三方债权人，都不得将信托财产作为其债务的担保财产。① 在“中诚信托系列案”中，面对已经结束的信托项目，原本应当由信托或受益人承担的责任转嫁至受托人名下，受托人的固有财产衍生出了作为信托财产的担保财产的功能，这无疑会对信托法基本原理产生不小的破坏，更多的还会增加系统性的金融风险。

第二，信托财产的确定性范围应当指什么？换句话说，信托财产是否意味着必须是信托专户当中的财产问题，人民法院是否可以因信托财产的财产权形态的变化而否认受托人对信托财产分别管理下的独立性？商事信托与民事信托最大的不同在于，将信托制度由财产持有转变为财产管理，因而受托人接受委托人转移的财产权，并不会维持财产权转移前的状态，需要通过对财产权的管理、运作实现信托目的。所以，在现代商事信托中无法将信托财产的确定性范围圈定在委托人所委托的信托财产权种类当中，也应当将运作后所变化的财产纳入信托财产范畴。在本案中，只要根据受托人提供的证明材料可以证明现时的信托财产系由初始信托财产转换而来，就应当认为是信托财产，不应以信托财产并未在信托专户内而否认其内部的独立性。

同时，从比较法的视野来看，这种对信托财产内部独立性的要求，也成为各国信托法与资管产品专门法的共识。在英国，《2000年金融服务与市场法》第138条明确规定金融监管机关可以通过制定金融监管规则的方式实现对受托人行为的公法规制，基于此，监管机关为规范受托人对持有信托财产的管理方式，专门制定保管细则以实现信托财产与受托人之间财产的分离。② 其中，为投资者资金保管账户的开立与运作方式提供两种制度选择，一种方式是为某一特定投资者开立专用的资金账户，另一种方式是将投资者的资金首先存入受托人自己的账户，而后在投资者的虚拟账户中存入金额相等的资金，以实现会计报表的借贷平衡。③ 基于“法定信托”

① ［日］中野正俊、张军建：《信托法》，中国方正出版社2004年版，第77页。

② 参见英国《2000年金融服务与市场法》第138条。

③ 楼建波：“信托财产分别管理与信托财产独立性的关系——兼论《信托法》第29条的理解和适用”，《广东社会科学》2016年第4期，第223页。

的原理，客户账户中的本金和利息都是托管机构为客户持有的，托管机构必须恪尽簿记之责，并且不得擅自动用该账户中的资金。[①] 在欧洲，无论是《欧洲信托法原则》，还是《欧盟另类投资基金管理人指令》，都表现出对信托财产内部独立性的规范性、强制性要求，前者在第3条、第5条中对信托财产和受托人的固有财产，与其他信托财产的分离作出了明确规定，而后者在第21条第8款规定，存管人应当确保资产记入的账簿为独立账户，且账户应当以另类投资基金的名义，或以代表另类投资基金管理人的名义开立，以便外部第三人可以随时清楚辨认出账户的基金性质。[②] 在《日本信托法》中，第34条除了规定受托人应当分别管理信托财产、受托人财产外，还对分别管理的方法作出明确规定，其中将分别管理的方法分为可以进行信托财产的登记与注册和无法进行信托财产的登记与注册两类，前者在信托财产登记之后方才产生对抗第三人的效力，而后者则需要采取外形上或会计计算上得以区分的方法对信托财产进行区分。[③] 由此我们可知，无论是在欧洲，还是在日本，也无论是在信托法层面，还是资管产品法层面，均对信托财产的分别管理作出了具体的要求。在英国与日本，更是对分别管理的方法作出了进一步规范以赋予信托财产对世效力。我国的《信托法》颁布后，并没有依据其第十条为信托登记建立相应的金融基础设施以赋予信托财产独立性，反而将登记与否与信托效力相关联，最终导致在司法审判中出现“刺破”内部独立性的问题，可以说是一种逻辑的必然。因为从信托财产的归属上来看，缺少信托登记的信托财产使外部第三人无法辨识信托财产的真实权属状况，受托人的单方主张也无法向司法机关提供具有公信力的证据材料，进而造成信托财产对世效力缺失的问题，最终导致法院直接“刺破”信托财产分别管理下的内部独立性。

对于前述案例的反思，或许有人会提出笔者所列示的案例数量太少，

---

① 楼建波：“信托财产分别管理与信托财产独立性的关系——兼论《信托法》第29条的理解和适用”，《广东社会科学》2016年第4期，第223页。

② 参见：《欧洲信托法原则》第3条和第5条；《欧盟另类投资基金管理人指令》第21条。

③ 参见《日本信托法》第34条。

无法代表法院在信托财产独立性上的全部裁判观点。但是，从样本案例的发生概率与判决结果的影响上来看，其极具代表性。

从样本的发生概率来看，在现行信托法的适用范围内，唯有信托业与证券投资基金的基础法律关系适用信托法，而前述两类金融机构内部都有完善、成熟的法律合规部门对资管产品设计的监管合规性与法律风险予以客观评估，且在信托文件中对可能存在的法律风险予以披露。在检索的案例当中，大部分案例以信托公司胜诉为主，鲜有其败诉的案件发生，因此信托公司承担赔偿责任的案件极具代表性。从判决结果的影响来看，前述案例中法院的裁判内容与信托法规则的既定内容有出入。21 世纪初，电视剧《大法官》中一句经典的台词至今萦绕在脑海当中，其中说到"万分之一的错误，对一个当事人来说，那就是百分之百的灾难"。当法院卸下信托财产的"盔甲"时，信托财产的独立性将不复存在。

第三节　中国式信托登记的现实困境

众所周知，在现代商事信托当中，信托财产的所有权类型已由起源时的不动产转为金融资产，其特点是没有固定的物理形态，没有统一的注册登记方法，在交易过程中流转频率很高。对于我国来讲，信托制度的引入也是为了吸引外资，即信托财产的所有权形态为以货币资金为主的无形财产，这也决定了机械套用传统物权变动模式下的信托财产登记会表现出塑造信托财产独立性力所不逮的疲态。同时，从前文对信托财产独立性的传统实现路径分析可知，没有一个国家将信托财产登记作为信托财产独立性的唯一实现方式。2013 年底，国务院办公厅发布《关于加强影子银行监管有关问题的通知》中明确要求建立完善的信托产品登记和信托受益权流转机制。① 随后，2017 年 8 月中国银行业监督管理委员会（以下简称中国银

① 参见《国务院办公厅关于加强影子银行监管有关问题的通知》（2013 年实施）。

监会）发布《信托登记管理办法》，标志着金融监管首次对信托登记的法定要求作出制度回应。围绕《信托登记管理办法》，结合《信托法》，中国式的信托登记的现实困境是什么，值得分析，这也是为什么要对信托财产登记制度进行改造的根本原因。

一、登记规则虚置

（一）登记生效主义：比较法中的“孤岛”

目前，我国《信托法》第十条将信托财产的登记与否与信托效力相关联，即我国立法对信托登记所采取的态度是登记生效主义。[①] 从法律适用的效果来看，如果受托人未对信托财产进行登记，成文法将不会认可信托设立事实的法律效力。然而，信托财产登记的功能主要在于赋予信托财产特殊性标识，以实现其公示公信的目的。因此，《信托法》对信托财产登记的强制性法律要求能否实现，取决于信托财产登记制度与登记机构是否得到创设，否则信托设立必然面临登记规则虚置的困境。其实，纵观世界各国（地区）的信托法规则，没有一个国家（地区）将信托财产是否登记与信托的设立效力相关联，并且在他国或地区的信托法实践中已然发现信托财产登记适用前提的局限性。

在《日本信托法》中，对可以办理登记注册的财产与无法办理登记注册的财产进行区分，也反映出日本在信托立法中已经观察到传统物权体系与现代财产权谱系存在还未弥合的裂痕。其中，第14条明确规定，当信托财产可以进行注册登记时，信托财产产生对抗信托当事人以外第三人的法律效力以受托人对信托财产进行相应的登记或注册为前提，例如不动产所有权、不发行股票的公司股份、记账式国债等。当信托财产无法进行登记注册时，信托财产的对抗效力需要以信托当事人对实体性信托关系的客观证明为前提，例如一般动产、货币资金、有价证券等。2002年1月17日日本最高法院的判决认为，以受托人名义开立的专用存款账户作为信托财

① 参见《信托法》第十条。

产，其功能上具有破产隔离的功能。① 值得我们反思的是，在日本的旧信托法第 3 条中，并没有对信托财产是否可以登记注册进行区分，一律以是否登记注册作为信托财产是否产生对抗效力的评判标准，因此在信托财产登记制度推行之初，对不动产物权进行信托公示是没有制度障碍的。② 而在证券交易方面，一方面并没有专门的信托财产登记制度，另一方面受托人因频繁进行证券交易操作所带来的有价证券登记程序将十分烦琐，于是在立法当中逐渐抛弃了对货币资金、有价证券的信托公示要求。③

在《韩国信托法》中，也没有对信托财产的登记问题“一刀切”地作出登记的要求，而是在其第 3 条中对信托财产进行了基本分类，并对每种类型的财产权如何实现其对抗效力予以初步明确。④ 以不动产物权为例，需要受托人在信托财产的主管登记机关实现登记公示，而像股票或者公司债券类无形财产，则需要在股权登记机关或者债券登记机关对信托财产进行相应的登记公示，因而在韩国的信托法中对信托财产登记效力的认定与日本信托法相一致，采取登记对抗主义。⑤

同样，在我国台湾地区“信托法”中，对于信托财产登记的效力，也采取登记对抗主义。⑥ 我国台湾地区“信托法”第四条规定，信托财产对抗效力产生的前提是，所设信托财产之财产权可以注册登记的，注册登记后产生对抗效力；所设信托财产之财产权系有价证券的，如果没有在主管机关或可以证明其权利的文件上记载为信托财产的，不产生对抗效力；所设信托财产之财产权内容为股票或公司债券的，以信托设立的事实通知发行公司为产生对抗效力的条件。

由此我们发现，在东亚国家或地区的信托法中，创设信托财产登记的目的无外乎想要实现对受托人持有信托财产的特殊性标识与区别管理，并

---

① ［日］新井诚：《信托法》，刘华译，中国政法大学出版社 2017 年版，第 309 页。
② ［日］能见善久：《现代信托法》，赵廉慧译，中国法制出版社 2011 年版，第 27 页。
③ 扈纪华、张桂龙编：《中华人民共和国信托法条文释义》，人民法院出版社 2001 年版，第 24 页。
④ 参见《韩国信托法》第 3 条。
⑤ 胡旭鹏：《信托财产独立性与交易安全平衡论》，法律出版社 2015 年版，第 104 页。
⑥ 参见我国台湾地区“信托法”第四条。

未将其与信托的设立效力相关联，只将其作为判断信托财产是否产生对抗效力的依据。因此，对抗主义所产生的法律效果只是针对信托当事人以外的第三人来说起到标识其所有权归属的特殊性作用，从法益保护的角度并未达到否定信托的内部法律关系以及围绕信托关系所组建的各类交易结构法律效力的标准。但是在我国，信托财产的登记与否将直接决定信托产品是否有效，而信托法围绕信托财产所塑造的独立性，也将不会得到法律的认可。从立法机关的解释来看，将信托财产登记与信托的设立效力相挂钩，纯粹是出于保护委托人利益的目的，但是也难免反映出立法机关的"父爱主义"倾向。

（二）为什么登记生效主义会被虚置

法律上的父爱主义（Paternalism）又称家长主义，根据《法律哲学：百科全书》显示，它来自拉丁语 pater，意思是指像父亲那样行为，或对待他人像家长对待孩子一样。① 在法哲学上对父爱主义进行分类，可以分为软（Soft）父爱主义与硬（Hard）父爱主义。其中，软父爱主义是指法律只有对不自愿、不真实以及不成熟的法律行为进行限制和干涉。② 正如范伯格所说，软父爱主义保护当事人不受"不真实反映其意志的危险的选择"的危害。③ 因此，从软父爱主义的内涵来看，其宗旨在于保护公民所为民事法律行为是在真实意思表示的前提下，其本质并不在于限制公民的意思表示自由，而是对意思表示真实、自由的保护与提升。硬父爱主义是指法律出于提升公民合法权益，或者防范公民的合法权益被不法侵害的善意考量，不顾公民的主观意思表示而限制其行为自由或否定其行为效力的行为。因此，硬父爱主义主要由法律的善意目的、对公民意志的限制、对

---

① 参见 Philosophy of Law: An Encyclopedia, Christopher B. Gray (ed.), II. 632, Garland Pub. Co, 1999，转引自孙笑侠、郭春镇："美国的法律家长主义理论与实践"，《法律科学（西北政法学院学报）》2005 年第 6 期，第 110 页。

② 孙笑侠、郭春镇："法律父爱主义在中国的适用"，《中国社会科学》2006 年第 1 期，第 48 页。

③ Joel Feinberg, Moral Limits of the Criminal Law, vol III: Harm to Self, Oxford University Press, 1989, p. 99.

公民行为的限制以及对公民法律行为效力的判断四部分组成。①

那么，既然法律上的“父爱主义”都是出于保护公民利益的目的，结合我国信托登记生效主义，我们可以看出法律上的父爱主义的内涵在《信托法》中的具体表现也是保障信托当事人和任意第三人利益的目的：其一，从保护信托当事人的角度来看，将信托登记与否与信托设立的法律效果相关联，反映出立法机关的目的系出于增进委托人或受益人福祉，避免受益人的利益受损。因为只有受托人按照信托法的要求对信托财产进行相应的公示登记，方才赋予其所有权归属特殊性方面的公示力而被外部第三人所知晓，其法律效果当然会保护到受益人的利益不会被委托人、受托人的债权人主张权利。其二，从保护任意第三人利益的角度来看，强制信托财产登记必然给意欲与信托财产交易的第三人一个信号，提醒其财产权背后的法律关系及其内容的特殊性，从而保障将来交易结果的稳定性与确定性。其三，从公共利益的角度，这也是社会资源的一种节约方式。

但是，信托法将信托财产登记作为信托设立效力实现的前置条件，其本质是公权力对信托设立效力的肆意垄断，也扩张了民法规则之合同无效的法定类型。在民法典体系中，信托关系作为民事法律关系的一种，合同效力的判断取决于信托当事人的行为能力、信托目的的真实性、与强制性法律规范是否违背、是否违反公序良俗以及是否通过恶意串通损害他人利益等情形。② 因此，即便信托受托人未对信托财产进行相应的公示登记，立法的态度都不应当轻易决定信托当事人之间法律关系的无效，其本质也是对信托当事人行为能力的不当限制。因为，意思自治从法哲学的层面观察，其本质是公民自主选择、自主参与、自主行为以及自主负责的产物，而从私法的层面来观察，其又属于私法自治。③ 即在不违反强制性法律规

① 孙笑侠、郭春镇：“法律父爱主义在中国的适用”，《中国社会科学》2006 年第 1 期，第 48—49 页。

② 参见《民法典》第一百四十四条、第一百四十六条、第一百五十三条以及第一百五十四条等。

③ 江平、张礼洪：“市场经济和意思自治”，《法学研究》1993 年第 6 期，第 20 页。

定的前提下，公民有权自由选择为民事法律行为，多个民事主体之间缔结的契约也优先于私法规范。由此可知，意思自治不但是公民权利义务的来源，也是其发生的根据。[①] 将信托登记生效主义与意思自治原则联系后可以发现，立法机关简单地将登记生效主义作为信托设立的一般准则，虽然在立法目的上系出于确立信托关系，保护第三人利益的考量。但是，无形之中否认了信托当事人在信托设立上的自由，也忽视了信托当事人作为“理性”人所具有为自己行为承担责任的可能性。其负面影响就是登记生效主义并未成为阻碍信托当事人设立信托的条款，反而成为一项被民事主体所虚置的条款，本质是对立法权威性的挑战。

同时，在我国《信托法》颁布以后，“父爱主义”下的立法机关并未通过法律、行政法规，甚至是部门规章也没有对信托财产登记制度进行完善。时至今日，作为以信托为主要经营内容的信托业，并没有一家信托机构履行信托财产登记的登记义务。而这种“没有履行”，并不是受托人未尽信义义务，而是信托财产登记制度缺失所导致，是否应当认为21.6万亿元[②]的信托规模都因未完成信托登记当归于无效？因此，从这个角度来看，信托财产登记规则是在法律“父爱主义”下的产物，其本质造成信托登记规则的虚置，破坏当事人意思自治下的法律效果。

二、登记效率低下

自从“信托”引入我国以来，其实践场域也从改革开放之初为我国企业吸引投资的“金融百货公司”，转变为为“受人之托，代人理财”的资管产品提供基础性制度保障的民事法律关系，而《信托法》第三条所说的民事信托和公益信托，始终没有成为信托制度应用的主流。[③] 笔者认为，

---

① 尹田：“论意思自治原则”，《政治与法律》1995年第3期，第38页。

② 参见“2019年度中国信托业发展评析”，http://www.xtxh.net/xtxh/statistics/45929.htm，最后访问日期为2020年8月20日。

③ 夏小雄：“得形、忘意与返本：我国信托法的理念调整和制度转型”，《河北法学》2016年第6期，第89页。

《信托法》之所以无法成为普遍适用的民事法律规范，一方面原因在于成文信托法规范的颁布是为了解决信托产品，乃至资管产品的基本法缺失问题，另一方面原因在于长期以来信托财产独立性无法实现。例如，在股权代持当中，有关有限责任公司股权代持协议的效力已然得到“公司法解释三”的司法解释确认，若采用信托持股方式替代股权代持，在缺少信托公示制度的背景下，反而股权代持协议更具有司法裁判上的确定性。同理，在公益事业领域中，大多也通过基金会这种非营利法人的模式从事慈善事业，而慈善信托作为《中华人民共和国慈善法》规定的法定公益事业的运作方式之一，仍然没有得到普遍运用。其背后的原因并不在于缺少一套信托财产独立性的保障制度，而在于缺少一种经济、高效的独立性实现路径。

（一）经济效率低下

经济效率低下集中表现为信托财产独立性的法定实现路径单一。《信托法》规范下用于信托财产独立性的实现方式单一，即信托财产登记。①反观其他国家在实现信托财产独立性的过程中，并没有囿于信托财产登记一隅，而是遵从了信托财产多样性的特点，采取实质重于形式的方法，承认受托人通过各种可能的公示方式对信托财产独立性的塑造。在英国，信托财产独立的塑造是通过法官造法，在判例规则中逐渐明确信托财产独立性所应当具备的条件，而在日本、韩国，是在成文法当中对信托登记予以明确。尽管两大法系之间关于塑造信托财产的独立性问题的法律渊源不同，但是均关注到了不同财产权类型的物理属性特点并在判例规则或者成文法当中予以区分，例如有形财产与无形财产之分、不动产与金融资产之别。因此，对于信托财产的独立性塑造并没有囿于信托财产登记一种方式，其中还包括在动产上粘贴物理标识、资金或证券账户标识以及主体性登记的方式实现其独立性。由此也可以发现，只要有利于在证明效果上实现信托财产与信托当事人以及受托人管理的不同信托财产在外观上具有公信力的区别，那么都应当被视为信托公示制度的实现路径之一。

但是在我国《信托法》实践中，信托财产可以由单一的财产组成，也

---

① 参见《信托法》第十条。

可以是财产权的集合体。其构成可以是法定物权，例如不动产、动产，也可以是法定物权以外的其他财产权，例如货币资金、有价证券等新型财产权，还可以是由信托当事人之间通过契约建构起的财产权，例如特定资产收益权、专项债权等财产权。然而，尽管可以作为信托财产的财产权类型十分多样，但是我国立法机关并未针对不同的财产权类型完善相应的信托公示路径，而是将不同类型的财产权用于设立信托时的独立性实现方式限定为信托财产登记，其结果必然导致相应的立法与制度建设成本高企。因为就目前来看，不同的财产权类型有不同的归口管理机关，无论是内部制度建设，还是不同登记机关之间的对接协调，都是无法想象的立法成本。

同时，如果要全面实现信托财产独立性，则意味着信托财产登记的时点并不能局限于信托设立之时，在信托存续期间如果信托财产的内容发生变化，受托人也需要对变化后的信托财产进行相应的变更登记。此时，受托人必将因频繁变更登记而增加不必要的管理成本，其中既包括登记费用的支出，也包括登记人员报酬的支付，还包括因错误登记而产生的法律风险。因此，我国立法将信托财产登记作为信托财产独立性的唯一实现方式，不利于商事制度的经济效率价值实现。在资管产品的管理运作中，投资者向管理受托人所转移的资产大多为货币资金，其性质属于非法定物权，也没有相应的物权或者财产权登记机关对其进行公示登记，且无法通过信托财产登记的方式对其进行特定化处理。而在资管产品成立后，信托财产的所有权类型也会随着管理行为的作出而随时改变，因此依靠信托财产登记能否跟上信托管理提出的效率挑战值得重视。举例来说，在证券投资信托当中，受托人在接受委托人的货币资金后，信托财产的财产权形态为货币资金，随后受托人通过集合委托人的资金将受托管理的信托财产用在股票二级市场投资股票，此时信托财产的财产权类型由货币资金转为有价证券。① 但是，受托人对有价证券的持有不具有稳定性，需要随时根据资本市场行情的变化对投资标的进行更换，而这只需要在很短的时间内作

① 王钊阳："作为金融基础设施的信托登记：解构与完善"，《学术前沿》2019 年第 24 期，第 132 页。

出决定。很明显，传统的物权变动影响下的信托财产登记，无法满足资管产品对于管理效率的要求。

此外，监管机构或者实务界普遍认为，受托人通过信托专户的设立可以实现信托财产独立性。但是，从前述案例我们发现，信托专户的设立并没有产生对抗法院查封冻结的对世效力。根据实践经验显示，在法院查封信托公司账户时，是无法从外观上判断信托专户之间的账户权属的差别。因此，信托财产的独立性需要在兼顾商事信托实践运行规律的基础上围绕信托登记展开，而仅将其实现路径限定为信托财产登记，无疑对制度的运行效率会产生诸多消极影响。

（二）时间效率低下

通过前述信托财产独立性的实现路径分析可知，关于适用信托财产登记对财产权的类型是有前提性要求的，即物权变动后稳定性较强、特定化较容易的特征，因此可以选择交易安全重于交易效率的价值导向，将信托财产登记作为信托财产独立性的实现方式。但是，信托财产登记是否可以满足商事信托的管理效率要求，即针对不同的财产权类型建立相应的信托财产登记制度，行政机关或者登记机构是否可以满足受托人在信托财产管理运用上效率的要求是存在疑问的，而笔者认为是不可能的。以《不动产登记暂行条例》为例，国务院要求不动产登记机构在受理登记申请之日起三十日内办结不动产登记手续。① 很明显这个期限无法满足信托财产登记的时效性要求，因为信托成立需要以信托财产所有权由委托人向受托人转移为前提。那么，我们所面临的问题是，在办理登记期限内，办结之前，信托是否成立？受托人是否有权利支配信托财产？信托财产是否具有独立性？这些问题都是将传统的物权变动登记规则套用在信托财产登记上无法解释的。同时，由于物权登记部门与信托财产登记之间具有天然的关联性决定了不同信托财产之间转换登记的协调难度较大。② 据不完全统计，我

---

① 参见《不动产登记暂行条例》（2019 年修订）第二十条。

② 张阳："中国信托登记的错位与回归"，《兰州学刊》2020 年第 7 期，第 76 页。

国有五类、三十余种法定权属登记，涉及十余个主管部门①，在这种权属登记监管多头、部门利益复杂的情况下，必然对信托财产的管理运作时间效率要求产生负面影响。

三、登记模式脱节

《信托法》所要求登记的内容有信托财产，并不涉及其他信托要素中的任何具体内容。但是，中国银保监会制定的《信托登记管理办法》却对信托登记的内容作出了另外的要求，其中第二条规定，“信托登记是指我国信托登记有限责任公司（以下简称‘中信登’）对信托机构的信托产品及其受益权信息、国务院银行业监督管理机构规定的其他信息及其变动情况予以记录的行为”。② 根据监管部门的定位，中国式的信托登记是对信托机构的信托产品及其受益权信息予以记录的行为，总体上承担的是方便金融监管与行业自律管理的职能。③

中信登作为我国金融基础设施的一部分，其功能适应了资管产品中信托业的现实需求，为信托公司发行信托产品建立了备案式的约束机制，同时也通过受益权登记为受益人财产权利的流通奠定了制度基础，因此中信登的成立无疑对信托业的发展具有积极的推动作用。但是，我们仍然应当

---

① 权属登记类型包括：一是证券类：证券、股权、基金份额质权、股权质权、无权利凭证的权利（债券等）质权；二是不动产类：房屋所有权，国有土地使用权，房地产抵押权，集体土地所有权/建设使用权，国家/集体森林、林木/林地使用权，国有/集体草地使用权，农村四荒土地承包经营权/抵押权；三是动产类：机动车所有权/抵押权、民营航空器所有权/抵押权/优先权、船舶所有权/抵押权；四是知识产权类：注册商标专用权、著作权、专利申请权、专利权、知识产权质权；五是其他类：海域使用权、探矿权、采矿权、应收账款质权、收费权质权、动产浮动抵押权、地役权、著作权、其他财产抵押权。权属登记主管部门包括：国家市场监督管理总局、住房和城乡建设部、自然资源部、国家林业和草原局、农业农村部、国家知识产权局、公安部、交通运输部、民航局、海事局、人民银行、证监会。

② 《信托登记管理办法》第二条。

③ 季奎明：“中国式信托登记的困境与出路——以私法功能为中心”，《政治与法律》2019 年第 5 期，第 111 页。

看到现阶段信托产品登记并没有解决如何塑造信托财产独立性的现实问题，即信托产品登记的功能是为了实现金融监管的需要，而信托财产登记是为了塑造其独立性，这两个完全不同的路径并未实现制度上的接轨，对信托财产独立性的塑造也无法通过信托产品登记实现。从前述的相关案例中可以发现，受托人即便在信托设立过程中在中信登对信托产品进行了登记，但面对外部第三人与信托财产之间的纠纷，信托产品登记所表现出的对世效力不过是司法机关的一种或然选择罢了，信托当事人仍然可能因外部第三人否定登记事项的真实性而对信托产品登记下信托财产独立性进行否认。究其原因，问题的核心在于信托产品登记的这一信托登记模式与现行的民法典体系脱节。

第一，信托产品登记的法律性质不明确。从我国民商法体系观察，信托财产独立性的实现以信托财产登记为前提，其对世效力的法律依据来源《信托法》第十条的规定。但是，信托产品登记作为金融监管机构创设的一种信托公示方式，并未得到《民法典》与《信托法》的立法确认，因而，信托产品登记后产品项下的信托财产是否可以被赋予独立性，是无法通过规范性法律文件得以明确的。

第二，《信托登记管理办法》的效力层级过低，司法裁判机关无法以其为裁判依据确认信托产品项下财产的独立性。受益人最终受益权的实现，一方面依靠受托人的诚实守信与忠实勤勉，另一方面依靠司法机关对受益权项下财产权的绝对保护，最终的正义也会体现在法院的生效裁判当中。目前，在《信托登记管理办法》未与民商法体系接轨的背景下，其效力的层级较低，属部门规范性文件。根据《最高人民法院关于裁判文书引用法律、法规等规范性法律文件的规定》，人民法院在民事裁判活动中只能适用法律、司法解释、行政法规、地方性法规、自治条例或单行条例。①同时，尽管《全国法院民商事审判工作会议纪要》赋予人民法院在特殊情况下可以援引部门规章作为裁判依据，但其适用的前提范围明确，仅限于

① 参见《最高人民法院关于裁判文书引用法律、法规等规范性法律文件的规定》第二条和第四条。

违反公序良俗事由，例如金融安全、市场秩序或者国家宏观政策。① 而且，其适用的范围也仅限于对合同效力的判断，更何况信托财产是否具有独立性也与适用前提无关。因此，《信托登记管理办法》所规范的信托产品登记无法成为司法裁判确认信托财产独立性的法律依据。

第三，适用范围狭窄。依据前文的论述可知，信托法不但是信托产品与基金产品的基本法，还是其他资管产品的基本法。但是，目前的信托登记制度的适用对象仅限于信托产品登记，并未涵摄基金产品，其他资管产品的适用更是与其无关。因此，现阶段金融监管机关引导下建立的信托产品登记制度与登记机构只是信托产品的金融基础设施，对其他资管产品无法适用，也无法成为其他资管产品受托管理财产的独立性实现方式。

第四节 商事信托的主体性登记价值

根据前文对传统实现路径与司法裁判的分析可知，无论是物理标识、专用账户，还是财产登记，都无法在我国的信托实践中较好塑造信托财产独立性。当商事信托具备成为法人的可能性时，就需要对其进行主体性登记，因而也就有必要对商事信托的主体性登记价值进行分析。

一、维护交易安全

在现代商事信托的实践中，大部分作为信托财产的财产权利并未出现在民法典体系的物权类型当中，这也就决定了未被法定化的财产权的物权变动规则与财产权变动中的所有权归属成为悬而未决的问题。例如，在民法上，现金货币适用动产的物权变动规则中的“占有即所有”，但是该规

① 参见《全国法院民商事审判工作会议纪要》第三十一条。

则是否可以推定适用于存款货币，理论界普遍存有质疑。[①] 而在司法实务审判中，无论是错误汇款、专用存款账户的查封冻结，还是存款账户的权利人破产，都无法将存款货币作为动产物权，由权利人向账户所有人主张原物返还请求权。[②] 因此，当有的信托财产的种类并不属于法定物权时，信托财产的所有权变动也无法通过遵循法定物权变动规则实现所有权变动。

在我国信托立法与商事信托审判实践中，前者规定的信托财产登记无法为信托财产独立性提供有效的制度保障，后者为法院在审判中不愿意承认信托财产的独立性。尤其在资管产品领域，受托人尽管履行了分别管理的信义义务，按照监管规则的要求针对不同类型的信托财产开立了不同类型的专用账户（资金或证券账户），但在审判实践中专用账户内财产的独立属性依然无法得到有效的司法保障。管见以为，在我国要真正解决信托财产独立性问题，无论是通过对信托财产进行专门的注册登记，还是存放于专门的财产账户或者设置物理标识都存在司法审判不确认的风险，这种风险来自证明责任的分配与证明效果的认定问题。以受托人开立专用存款账户为例，依据中国人民银行于2003年发布的《人民币银行结算账户管理办法》可知，专用存款账户的开立需要以存款人的单位名称开立，而受托人作为信托财产的接收者、信托财产的持有人，也应当遵守《人民币银行结算账户管理办法》的规定，以自己名义开立专用存款账户。[③] 由此带来的问题是，虽然受托人管理的信托财产通过不同的专用财产账户在内部关系中实现了分别管理，但是在处理外部关系的问题中，法院在查询受托

---

① 参见：孙鹏："金钱'占有即所有'原理批判及权利流转规则之重塑"，《法学研究》2019年第5期，第25页以下；朱晓喆："存款货币的权利归属与返还请求权——反思民法上货币'占有即所有'法则的司法运用"，《法学研究》2018年第2期，第116页以下；陈承堂："存款所有权归属的债法重述"，《法学》2016年第6期，第96页以下；夏尊文："存款货币财产所有权研究"，《北方法学》2011年第5期，第41页以下。

② 朱晓喆："存款货币的权利归属与返还请求权——反思民法上货币'占有即所有'法则的司法运用"，《法学研究》2018年第2期，第116页。

③ 参见《人民币银行结算账户管理办法》第十三条。

人的账户时是无法从外观上判断账户的专户性质的，因而专用财产账户也就无法彰显其与受托人固有财产账户的独立性。而在《中国证券登记结算有限责任公司证券账户管理规则》中，投资者也被要求以自己名义开立证券账户。① 因此，当专用账户仅作为受托人的分别管理方式时，从物理外观上无法与受托人的固有账户、其他信托专户形成区分，法院“刺破”信托财产的内部独立性不过是传统裁判思维的一种延续。同时，从“爱建信托案”中我们可以发现，法院不承认爱建信托的持股系信托持股的原因在于通过查询工商登记显示的股东信息为受托人，而工商登记信息也并未对爱建信托的信托持股身份予以公示。因此，认定爱建信托持有的惠能公司股权系受托人的固有财产股权，而非信托股权，从制度层面来看也是信托财产登记制度缺失的必然结果。时至今日，无论是不动产登记部门，还是工商登记部门，均未将作为信托财产客体的土地、房产、股权等纳入登记制度建设的议程。其背后的原因在于我国信托公示登记制度的制定并没有从商事信托实践的现实情况、发展方向以及司法体系特点予以系统性考察。

那么，有什么办法可以统筹解决不同信托财产的所有权类型在不同登记机关注册登记的独立性彰显问题？如果商事信托在民法典体系中定位为法人，则信托财产登记可以转轨为商事信托的主体性登记，在现有的财产权体系与物权变动规则不发生重大变化的前提下，既能保障信托财产的交易安全、降低信托行为所带来的交易费用，又可以有效解决因信托财产登记所带来的交易效率低下的问题。从学理角度观察，抛弃信托财产登记，转而将登记的对象变为主体性登记，对于塑造信托财产独立性的现实价值又是什么？从交易安全的角度看，主要有以下四方面优势：

第一，商事信托可以成为信托财产得以承载的本体。在法律概念中有关权利概念的分类方式可以分为客观权利与主观权利。② 客观权利即权利的内容不随便因主观态度的变化而改变，其本体是立法部门颁布的法典。因此，简单地说客观权利是法典中所规定的权利，这种权利具有法定性与

① 参见《中国证券登记结算有限责任公司证券账户管理规则》第二十三条。
② 胡玉鸿：“法律主体概念及其特性”，《法学研究》2008 年第 3 期，第 15 页。

确定性的特点，法律主体可以据此行使请求权、主张抗辩权以及寻求司法救济等。有关主观权利的定义，学界有三种观点：其一，自然权利说，此种学说认为人可以根据自我判断从事一切自认为有益于其生存的活动，与启蒙时期的霍布斯、洛克、孟德斯鸠强调的“自然权利”一脉相承，“自然权利”不依赖国家和社会的存在，反而“自然权利”的让渡构成了国家和社会成立的基础。[①] 其二，“特权”权利说，这里的“特权”不是指Privilege，而是指对于权利主体来说特定的排他性权利，“它为了主体的利益而限制他人的自由，在人们之间构成一种有利于某一特定个体法律上的不平等”，因此这里的“特权”意味着这种权利为特定人所拥有，而其他第三人不得侵犯。[②] 有学者认为，这种权利也可以称为主体权利，其内涵在于“为了满足权利人的利益，由其他人的法律义务所保证的、属于权利人被允许的行为尺度”。[③] 在这种情况下，权利主体拥有权利（Claim），而义务主体负有责任（Duty），权利人可以要求义务人为或者不为一定行为。其三，实际权利说。实际权利说将主观权利理解为权利主体在社会生活中实际可以行使的权利，具体释之，即在具体的法律实践中，权利主体需要通过一定的法律行为建立法律关系，明确权利主体之间的权利、义务与责任的分配。正如苏联学者所称主观权利系“一般法律规范的具体实践中的动态表现”。[④] 我国有些学者对苏联学者的观点也持相类似的看法，他们认为行为人所作出的意思表示与成文法规范所规定的权利内容之间的关系犹如河的两岸，客观权利的内容规定了权利主体的行为内容与范围，而主观权利的实现需要权利主体涉入具体法律实践中才有可能实现主观权利，而权利主体正是连接河两岸的桥梁。如杜兹纳所说，“没有权利主体这个重要概念，权利就无从依附，权利主体是高度抽象的定义，其内涵附随义务

---

① ［法］雅克·盖斯旦、吉勒·古博：《法国民法总论》，谢汉琪等译，法律出版社2004年版，第129页。

② 胡玉鸿：“法律主体概念及其特性”，《法学研究》2008年第3期，第15—16页。

③ ［苏联］C. C. 阿列克谢耶夫：《法的一般理论》（下册），黄良平、丁文琪译，法律出版社1991年版，第484页。

④ ［苏联］C. C. 阿列克谢耶夫：《法的一般理论》（下册），黄良平、丁文琪译，法律出版社1991年版，第140页。

之肉与无色的权利之血”。① 因此，当商事信托成为法律轨道当中主体的一员时，从客观权利的角度来看，商事信托的主体性登记使其在公权力的确认下成为民法规范下的权利主体，其自身不再需要依靠受托人承载信托财产的所有权。此时，商事信托自身作为法律秩序当中的一员独立享有信托财产的所有权，以自己的名称开立相应的资金与证券账户，信托法意欲实现的资产分割功能也因所有权不归属于任一一方信托当事人而产生相互分离的法律效果。同时，从主观权利的角度分析，商事信托成为权利主体后，其所拥有的特定名称将使其天然形成分别管理法律效果，也为信托当事人以外的第三人提供了主观行为依据与客观结果保障。由此，在法人化这座大桥的连接下，作为权利主体的商事信托的主观权利与客观权利成功实现了连接，信托财产的独立性通过主体性登记向第三人得以客观彰显，最终商事信托的客观权利通过法人的法律行为走到主观权利一侧，上升为具体的信托行为。

第二，商事信托是信托行为转换之间的连接点。杜兹纳认为，“权利主体是一种组织、调解和统一的概念和技术，以此法律设定了范畴，确定了同一性并尽量稳定社会意义的繁衍，一个个体是诸如一个人、一个公民、一个工人、一个法人等概念，在这个意义上说，他被看作是具有各种权利的法律主体，他的法律同一性是一系列权利的总和”。② 而法律规范的目的在于规范社会生活中人的法律行为，但是每一个人在法律上都是独立的个体，其行为能力、社会需求、个人偏好都表现出千差万别的特点，如何将独立的个人转化为法律意义上标准化的法律概念，就有赖于抽象的“权利主体”概念的存在。从商事信托的实践需求来看，通过对商事信托进行主体性登记，受托人与商事信托在法律地位上的差异性得以凸显，受托人作出信托行为的法律效果也不需再因每一次财产权类型的变化而反复进行相应独立性彰显，因为其法律结果将不再由受托人承担或者享有，而

---

① ［英］科斯塔斯·杜兹纳：《人权的终结》，郭春发译，江苏人民出版社 2002 年版，第 255 页。

② ［英］科斯塔斯·杜兹纳：《人权的终结》，郭春发译，江苏人民出版社 2002 年版，第 274 页。

是商事信托主体。相应地，登记频率的减少必将减少潜在法律风险的发生，提升信托交易行为的安全性。

第三，商事信托是信托行为下意思表示的载体，受托人以商事信托的名义对外作出意思表示，意思表示的法律效果也由商事信托承担。一般认为，法人作出的法律行为，需要依靠主观与客观两方面法律行为实现，即通过主观上意思表示与客观行为作出发生私权变动的法律效果。[①] 德恩堡曾明确指出“法律行为服务于私法自决，此等性质划定了这一概念的边界，因此并非只有话语性意思表示才是法律行为，其他行为只要是指向法律关系之设立或废止均系法律行为”。[②] 作为法人的商事信托从理论上看可以代表权利主体，它是对信托财产的主体性的抽象表达。失去了主体性的信托财产，商事信托下的信托财产归属则晦暗不明，信托财产的责任边界也泾渭不分，我们所强调的信托财产独立性也无从谈起。正如杜兹纳所言，“道德哲学与法理学都假设了一个自主自律的主体”。[③] 其中，“自主”可解释为权利主体的理性与目的，有关权利主体的法律预设完全以人们可以在私法自治下安排自己生活计划，其法律行为的作出完全基于意思自由与自身利益考量，如果在法律的运行框架中缺少了这层制度轨道，主观权利也就失去了所依附的载体。而“自律”可解释为权利主体可以对自己在意思自治下实施的法律行为承担责任。由此可以推知，信托行为的作出其背后必然存在一个作出行为的权利主体，这个权利主体既可以是作为商事信托的受托人，也可以是作为法人的商事信托自己。毫无疑问，当信托财产登记转轨为商事信托的主体性登记后，受托人作为商事信托治理机制中的一个内部机关，其作出的信托行为成为代表信托在信托文件约束下作出的意思表示。对于外部的第三方来说，也不会错误地将受托人的信托行为误认为是受托人处理自身事务的法律行为。同时，在商事信托进行信托行

---

① 李宇：《民法总则讲义：规范释论与判解集注》，法律出版社 2017 年版，第 429—430 页。

② 朱庆育：《民法总论》，北京大学出版社 2016 年版，第 75 页。

③ ［英］科斯塔斯·杜兹纳：《人权的终结》，郭春发译，江苏人民出版社 2002 年版，第 3 页。

为之前，委托人对基于信托文件作出的信托行为背后可能产生的法律效果与法律责任已有充分的认识，对责任的承担已有逻辑必然上的预见性，因而对其进行法律制裁，其责任的承担也属于意料之中。

第四，主体性登记还可以实现物债二分财产权立法模式下对所有的财产权类型的全覆盖式的信托财产标注。根据前文的分析可知，无论是信托财产登记，还是信托财产的外观标识，其实现独立性标识的财产权范围并未超出有形财产的范围。对于无形财产，尤其是银行存款这类信托财产，很难实现相应的登记或者标识。但是在主体性登记下，资金或者证券账户必然要以商事信托主体名称为账户名称进行相应的开立，信托财产也将进入信托主体名称下的账户。这样一来，既可以解决无形财产无法进行财产登记或者信托标识的弊端，也向第三人或者司法机关彰显了信托账户下信托财产的独立性与特殊性。

二、降低交易成本

张五常教授认为，交易成本应当被称为制度成本，包括信息成本、谈判成本、拟定和实施契约的成本、界定和控制产权的成本、监督管理的成本和制度结构变化的成本等。① 信息成本主要是指合同相对人需拥有一定数量的信息方能了解交易标的的具体情况，产权的界定成本是通过建立清晰的权利界限，使权利能够在此基础上通过市场进行转移和重新组合的过程。② 其中，信息成本主要由交易相对人支出，而产权的界定成本主要由政府支付。那么，如何区分交易成本与信息成本？张永健认为，交易成本系设立、维持、使用财产权的费用，而信息成本则是交易一方为取得交易标的而付出的必要费用。③ 因此，可以认为信息成本是交易成本中所必须支出的一部分费用，也可以认为在交易过程中交易成本的产生是无法避免的。

---

① 张五常：《经济解释》，商务印书馆 2000 年版，第 518 页。

② ［美］斯蒂文·萨维尔：《法律的经济分析》，柯华庆译，中国政法大学出版社 2009 年版，第 11 页。

③ 张永健：《物权法之经济分析：所有权》，北京大学出版社 2019 年版，第 29 页。

针对信托财产在受托人管理中出现的所有权变动问题，交易成本主要由两方面内容组成，一是受托人对外彰显信托财产以独立性的成本，二是为外部第三人在与信托财产发生交易行为前对其权属的识别成本。截至目前来看，在与第三人交易时，并没有法律规范要求受托人需要对自身的受托人身份、信托财产的财产权状态向第三批披露的强制性义务，也没有登记机关对信托财产的登记内容进行规范的制度要求。因此，在没有衡平法传统的大陆法系，信托当事人以外的第三人必然要面临对信托财产的所有权归属、受托人的管理、信托财产之上的目的进行相应的背景调查以实现对可能存在的交易风险进行规避。很明显，商业活动中的私法主体，在没有公权力公示公信制度的帮助下，有针对性地调查某项财产，必然导致信息成本的增加，进而拉升交易成本提高。同时，由于商事信托具有私密性的特征导致第三人无法穷尽知晓信托财产的内容，所调查信息的客观性、准确性与全面性也无从保障，交易的效率与安全也无从谈起。因此，当传统的公示公信制度并不能完整的实现信托财产的独立性，而我国的产品登记制度又与成文法规范相脱节时，对商事信托进行主体性登记不失为另一种低交易成本选择。

从交易与信息成本的视角观察，当商事信托的法律主体地位被成文法规范所明确时，则信托财产也成为所拟制的主体下所拥有的财产，当外部第三人与信托发生交易时就不需再对信托财产权属背后所记载的信托事项进行调查，并以此作为交易行为发生的依据。因为在主体性登记模式下，第三人直接可以通过信托财产的所有权归属的主体名称识别信托财产的特殊性，将产权的不确定性降至最低，并以此为基础迅速作出交易可能性的判断。① 尽管此时的调查依然会带来一些交易成本，但是信托登记所带来的交易成本与第三人自行调查相比，费用将大大减少，信息的客观性、准确性与全面性也将得到保障。此外，从社会整体的交易成本考察，我们依然可以发现信托主体性登记也有益于避免社会资源的浪费，避免了第三人

---

① 张永健："物权法之经济分析导论（一）——事前观点与交易成本"，《月旦法学杂志》2014 年第 7 期，第 257 页。

在每一次交易前对交易标的的重复调查。[①] 总之，从信托财产的交易成本与信息成本观察，信托主体性登记有益于第三人获取信息与财产交易成本的降低，其功能也与商法中交易诚信原则的内涵相一致。[②]

三、提升交易效率

信托法无论是在英美法系中，还是在大陆法系中，都存在信托财产的确定性问题。但是，有关信托财产确定性的内涵，两大法系之间的认识却不尽相同。英美法系的学者认为，信托财产的确定性不仅包括设立信托的财产必须确定，还包括受益人利益必须确定。[③] 对设立信托财产必须确定，就意味着委托人所设立信托的信托财产的内容必须清晰、明确，不能用“遗产中的大多数”“丰厚的优质亚麻织品”和“一些蓝筹股”等模糊的表述设立信托，否则可能造成法院无法识别所设立信托的标的物。[④] 而受益人利益的确定问题，意味着委托人需要在设立信托时明确信托财产成为受益权时归属于受益人的确定内容，例如在“Boycev Boyce 案”中，法院指出受益人应当明确遗嘱信托人将哪一栋住宅归其所有，否则将因信托受益权的内容不确定而无效。[⑤] 由此可知，英美法系中信托财产确定性的内涵呈现出两段性的特征，在任何一个阶段都应当确保信托财产的确定性与特定性。而在大陆法系的信托法中，尤其是我国《信托法》中，将信托财产的确定性解释为设立信托时信托财产应当确定，其依据来自《信托法》第七条的规定，即信托的设立必须以拥有确定的信托财产为前提。但是，

---

① 孟强：《信托登记制度研究》，中国人民大学出版社 2012 年版，第 74 页。

② 徐学鹿：“论现代商法的基本原则”，《法学杂志》2003 年第 1 期，第 13 页。

③ 参见：[英] 斯蒂芬·加拉赫：《衡平法与信托法》，冷霞译，法律出版社 2020 年版，第 187 页；[英] 菲利普·H. 佩蒂特：《佩蒂特衡平法与信托法》（上册），石俊志译，法律出版社第 2020 年版，第 74—78 页；[英] 伊恩·麦克唐纳、安·斯特里特：《衡平法与信托法精义》，李晓龙译，法律出版社 2018 年版，第 32—34 页。

④ [英] 伊恩·麦克唐纳、安·斯特里特：《衡平法与信托法精义》，李晓龙译，法律出版社 2018 年版，第 32 页。

⑤ [英] 格雷厄姆·弗戈：《衡平法与信托的原理》（上册），葛伟军、李攀、方懿译，法律出版社 2018 年版，第 131 页。

这种立法上的观点在实践运用中是不全面的，在理论上也是片面的，即忽视了信托财产的物上代位性的问题。

众所周知，受托人拥有信托财产的所有权并不是简单持有，而是需要基于自身专业能力对其进行相应的支配与管理，受托人所拥有的信托财产所有权类型必将随着管理处分行为的作出而发生变化。有基于此，我们必将面临一个问题，即受托人每一次信托财产管理行为的作出而导致信托财产所有权类型的变化，必将产生需要通过信托登记以实现信托财产独立性的现实问题。因此，可以将大陆法系中的信托财产登记总结为三段性特征，即设立、存续与终止时的信托财产登记。其中，登记的内容既包括信托财产所有权转移的内容，也包括信托期间发生的变更事项，还包括信托终止时对其剩余利益的分配问题。从登记的程序、内容与频次来看，采用信托财产登记实现信托财产独立性，在效率上有碍信托管理的交易效率。然而，在商法的基本价值之中，除了安全与公平是价值内涵的应有之义，另一重要的基本价值就是效率问题。① 对此，本书尝试通过“帕累托效率”解释为什么对商事信托进行主体性登记可以解决信托财产登记下交易效率低下的问题。

“帕累托效率”是指，“一种社会状态（这种状态既可以是资源配置，也可以是社会制度），与该状态相比，不存在另外一种可选择的状态，使得至少一个人的处境可以变得更好而同时没有任何其他人的处境变差，相应地，如果改变这种状态，在没有人变坏的情况下，至少有一个人变好，那就是帕累托改进”。② 在商事信托实践中，资管产品的运作频次取决于市场环境的变化，也决定着受益人利益的实现。然而，金融市场的变化风云莫测，需要受托人随时根据市场变化采取相应的管理手段，因而，信托财产管理安全与信托财产管理效益在信托财产登记的主导下产生了价值张力。其张力出现的原因就在于，只有对信托财产在财产权类型发生变化的同时进行信托财产登记，才能实现信托财产在对世效力方面的安全性，但

① 胡鸿高：“商法价值论”，《复旦大学学报（社会科学版）》2002 年第 5 期，第 82 页。
② 张维迎：《博弈与社会讲义》，北京大学出版社 2014 年版，第 21 页。

如果因为登记期限或者登记的财产权类型方面的问题造成未及时登记或者无法登记的问题，则意味着信托财产在对世效力方面的安全性无法实现。

然而，如果将信托财产独立性的实现方式由信托财产登记转为法人化后的主体性登记，从交易安全的角度来看，尽管两种方式之间所产生的法律效果都是为了向外部第三人彰显信托财产的独立性与特殊性，以使之与信托当事人实现区分，但其目的还是解决外部性的问题。从交易效率的角度来看，主体性登记下的信托财产不必再因为信托财产权类型每次的变化而频繁对其进行信托标识以凸显其独立性，因而受托人相应的管理事务减少，必将带来交易效率的提升。综上所述，在“帕累托改进”之下，信托财产独立性并未因为信托主体性登记而有所下降，相反信托财产独立性还会提升，同时，主体性登记带来的交易效率提高进一步增进信托当事人以及外部第三人的福祉。因此，可以认为信托的主体性登记对于信托财产的独立性塑造具有交易效率提升的实践价值。

小　结

信托财产作为信托法的基本元素之一，其核心问题在于如何实现信托财产的独立性问题，因而世界各国大多将公示公信制度作为信托财产独立性的主要实现路径。但是，从前文对生效裁判文书的分析可知，目前的公示公信制度在我国无法实现司法机关从内部或者外部对信托财产所有权归属的准确判断，从而导致对其独立性的直接“刺破”。

目前，我国信托财产独立性问题的实现方面存在三方面的困境：第一，登记规则虚置导致大量商事信托可能因为无法进行信托财产登记而设立无效的尴尬境地，其连锁反应必然造成资管产品由“信托式”变为“委托代理式”，信托财产的独立性问题也就无从谈起。第二，信托财产登记无法应对信托管理中财产权类型不断变化的客观现实，而“政出多门”必然导致登记效率低下。第三，我国的信托登记机关所登记的内容是信托产品的信息，而非成文法所要求的财产公示制度，并未有相应的上位法概念，其登记的法律效力能否被司法机关承认还有待将来生效裁判的验证。因此，我国信托登记所面临的现实困境决定了司法裁判中的争议问题难以解决。

然而，法人化的商事信托必然要对其进行主体性登记，赋予商事信托以法人人格，其可以以自己的名义拥有信托财产，天然与信托当事人的财产实现区隔，还可以使受托人的信托行为与其自身行为实现区分，以维护信托交易中可能存在的交易安全性问题。同时，主体性登记还可以降低交易成本，使得交易相对人可以通过信托财产所有权归属的主体名称识别其权属的特殊性，避免因每次交易而产生的信息成本问题。此外，通过“帕累托改进”理论对交易安全与交易效率的分析可知，主体性登记并不会损害信托财产交易的安全性，反而可以降低信托管理中因信托财产所有权类型变化带来的信托财产登记频次，进而提升管理效率。因此，应当重视主体性登记对于信托财产独立性塑造的实践价值。

第五章

商事信托法人化的治理结构

21 世纪初，《财经》杂志刊登了一篇关于证券投资基金行业黑幕的文章，顿时引发社会舆论对基金产品的质疑与声讨，其中指出证券投资基金非但没有起到资本市场“压舱石”的作用，反而存在诸多有待解决的违规操作问题。[①] 例如，南方基金与博时基金对重仓股票的对倒行为，同一家基金公司名下管理的多只基金产品存在明显的共同减仓行为，或者基金公司与上市公司的发起人股东合谋共同建仓等。[②] 而在《证券投资基金法》颁布之后，基金公司在管理基金中存在的侵害投资者利益的问题再一次被媒体的“聚光灯”所照射，其中的问题有管理受托人未按合同约定的收益分配方式分配红利，也有管理受托人在违反信义义务的情况下对股票价格进行操纵等。如果说在这之前，资管产品中管理受托人侵害投资者利益事件的曝光还仅限于新闻报道，那么“阜兴事件”中两大协会的隔空辩论更是将资管产品内部的权责边界争论上升到一个新的高度，其问题的核心依然直指投资者的权益保障问题。

2018 年 7 月，随着“阜兴系”名下 4 家私募基金管理公司名下的 160 多只私募股权投资基金出现不能如期向投资人支付本金及收益的事件浮出水面，投资人围堵托管银行几近酿成群体性事件。随即中国证券投资基金业协会（以下简称基金业协会）公开表示要求保管受托人履行法定与约定的托管人职责，而代表托管人一方利益的中国银行业协会（以下简称银行业协会）隔空反驳基金业协会对托管人的要求，其观点认为：

第一，《证券投资基金法》未对托管人与管理人一并承担共同受托人责任作出法定义务要求，因此基金托管人不需向投资者承担共同受托人责任。

第二，根据基金业协会颁布的文件可知，基金财产的保全责任由基金管理人或基金监督机构承担，托管银行并不负有承担这方面责任的法定义务。同时，无论是法律、法规规定，还是基金产品合同中均无明确规定或约定要求托管人对外代表基金行使财产权利、诉讼权利以及统一登记投资

① 陆一：“什么是中国基金真正的黑幕?”，《社会科学战线》2005 年第 6 期，第 48 页。
② 中国证券投资基金业协会：《基金》，中信出版社 2019 年版，第 100 页。

者情况，其要求缺乏法律依据与合同依据。

随后，中国证监会仅对基金管理人及其实际控制人作出操纵证券市场与市场禁入的行政处罚①，未见对基金托管人有任何处罚，从另一侧面也表达出监管部门认为商业银行作为托管人在“阜兴事件”中不存在违反法律、法规以及金融监管政策的行为，基金托管人无须承担任何法律责任。

银行业协会于2019年3月18日发布《商业银行资产托管业务指引》作为对基金业协会的官方回应。其中，在托管人的监督职责方面选择了与2013年版托管指引相似的规定，即监督的内容主要包括投资的范围、比例以及收益计算，因此托管人监督权的设置基于“资管新规”、《信托法》和《证券投资基金法》等法律法规的要求所设置，而监督内容的确定是基于信托文件的约定，超出信托文件约定的监督内容，不属于托管人行使监督权的范围。

长久以来，立法机关与监管机关倾向于在资管产品的治理结构中设置托管人角色实现对信托财产运作权利的分配，其中除了有受托保管信托财产的客观需求，还有立法者需要实现对管理者投资行为监督的现实考量。将托管人制度引入资管产品治理结构当中已有非常长的历史，但是其中扮演不同角色的金融机构如何理顺法律地位独立与权利分配平衡之间的关系仍然成为问题爆发的焦点。尽管法律与监管规则均不同程度要求通过托管人行使对管理人的监督权以约束管理人的信托行为，保障投资者的资产安全。但是，从2000年“基金黑幕”到2018年“阜兴事件”，均不同程度反映出现阶段我国资管产品的治理结构并不完善，或者说资管产品中监督权的分配与行使存在障碍。因此，有必要向资本市场成熟的国家借鉴其信托与资管产品立法经验，尝试从中获取比较法经验启示。

---

① 参见中国证监会行政处罚决定书（〔2018〕77号）、中国证监会市场禁入决定书（〔2018〕12号）。

第一节　我国商事信托治理结构的问题

一、经济学的维度

有关商事组织治理结构问题应当从伯利（Berle）和米恩斯（Means）关于所有者权利与经营者权利的分离开始，他们认为“这种分离消除了所有者曾经行使经营权所带来的制约与平衡”。[①] 随后法玛·Y和詹森·M认为，商事组织里所有权与经营权的分离最终造成决策主体与风险承担主体的分离。[②] 应当说，前述学者对商事组织治理结构的讨论集中于公司法人这一组织形态，而商事信托作为组织法的有机组成部分，资产的最终所有权人与处于不同法律地位受托人之间存在治理结构上的失衡性问题，始终为专家学者所忽视。

管见以为，商事信托的治理结构问题主要由两方面原因造成：一方面是信托当事人之间存在利益冲突，另一方面是交易费用无法通过契约降低。前者的问题主要来自数位受托人之间存在利益关联性以及信托存续期间由于政策环境、市场资源配置等条件的变化导致的信息不对称，后者的问题主要来自信托当事人无法就信托成立后的所有情况在信托文件中事无巨细的约定，导致受托人的机会主义行为发生。

（一）信托当事人之间的囚徒困境博弈

巴曙松教授认为，一个全面的基金治理结构，应该由两方面内容组

① ［美］阿道夫·A. 伯利、加德纳·C. 米恩斯：《现代公司与私有财产》，甘华鸣、罗锐韧、蔡如海译，商务印书馆2005年版，第8页。

② 法玛·Y、詹森·M：“所有权与控制权的分离”，载于陈郁编：《所有权、控制权与激励——代理经济学文选》，上海三联书店、上海人民出版社1998年版，第166页。

成：一方面是指如何分配基金产品内部当事人之间权利义务内容，另一方面是指作为基金产品的管理受托人，如何规范自己公司内部的治理结构。[①]因此，有关资管产品的治理结构问题，也是商事信托的治理结构问题，主要表现为两组利益冲突：一组为受托人与受托人股东的利益冲突，另一组为管理受托人与保管受托人之间的利益冲突。尽管这两组利益冲突未与受益人发生直接的联系，但是在第一组受托人与受托人股东的利益冲突中，其本质是受托人为了自己股东的利益服务，还是为了受益人的利益服务？而本书关注的是商事信托的治理结构中的利益冲突问题，因此探讨的内容也应当限定于第二组利益冲突之中。

依据法律以及相关行政法规的规定可知，任何一类资管产品都通过运用共同受托人规则，在其内部治理结构中通过设置保管受托人或者托管人的方式实现对管理受托人的监督，以达到维护投资者合法权益的目的。例如在法律规范层面，《证券投资基金法》对托管人的职责列举明确指出托管人的职责必须包括监督管理受托人的投资运作行为。[②] 而在金融监管规则层面，例如《商业银行理财业务监督管理办法》也对保管受托人在银行理财产品中对管理受托人的投资运作作出明确的监督要求。[③] 对此，笔者不再对每一类资管产品的保管受托人职责一一列举，但是，此种治理结构的制度安排能否实现对管理受托人权利的有效制约，还是会促成管理人与托管人之间的共谋行为[④]，应当首先通过囚徒困境的理论框架进行分析。囚徒困境的理论来自经济学当中的博弈论，其研究的重点在于对经济活动中每一个个体行为作出的背景分析，讨论同一系统下是否会导致多个个体

① 巴曙松、陈华良、王超："基金治理之困"，《今日中国论坛》2009年第7期，第84页。

② 参见《证券投资基金法》（2012年修订）第三十六条。

③ 参见《商业银行理财业务监督管理办法》第五十一条。

④ 共谋是指具有委托代理关系的组织或系统内的一些（或全部）代理人除了和初始委托人达成的委托—代理契约外，他们之间（包括上下层级代理人之间和同层级代理人之间）为了自身的利益又达成某种私下协议，即子契约。这种子契约一般违反（违犯）主契约，与初始委托人的意愿不完全一致，有时甚至相反。共谋行为的目的是以牺牲委托人的利益为代价来提高共谋者的效用状态。我们称子契约的形成和实施行为为共谋行为，参与子契约的代理人为共谋者。

之间出现合作的问题。[①] 首先用艾克斯罗德提出的例子来说明，当对抗关系群体中成员的利益出现一致性时，成员的利益就有可能与其所在群体的利益产生冲突，群体成员在缺少管制的条件下将如何进行博弈选择。第一次世界大战期间，交战的双方发展出一个“自己活也让别人活”的系统，即如果交战双方接到攻击命令时会互相攻击，但是在每次战役的空隙，双方都避免在对方没有伤害自己的情况下伤害对方。[②] 在集体利益面前，交战双方战士这种个体利益的选择是与集体利益相悖的，每个人都试图通过此种方式保证自己的利益最大化，即保护自己的生命。囚徒困境与前面所举的例子相似，在相互关联的法律关系下，理性的人如何决策，进而尝试解决个人理性与集体理性之间的矛盾。[③]

对于资管产品中信托当事人的博弈分析，从参与人、行为、信息与结果四个方面对分析模型进行搭建：

第一，参与人。在商事信托中的信托当事人是委托人、受托人以及受益人，在资管产品中表现为投资者、管理者与监督者（也是托管人），当然还有些交易结构复杂的资管产品会加入投资顾问等法律角色，但本书仅将最基础的法律角色置入分析框架。其中，投资者的利益既可以表现为对各自持有投资者份额所享有的个人利益，也表现为所有投资者份额集中所表现出的集体利益，其中既有投资人在自身投资份额内所享有的经济利益，还有投资份额内所享有的身份权。管理者的法律地位主要是为了投资者的利益管理运作信托财产。当然，管理者的行为结果并不必然增加投资者利益，也可能使投资者的利益产生损失，其背后的原因既可能是政策、市场、财务、不可抗力等造成，也可能是由于管理者未尽信义义务而产生。监督者作为资管产品中的共同受托人，其责任为既要保障信托财产的安全，也要对管理者的行为进行监督。总的来说，资管产品当中的每一位信托当事人都应当被假设为是理性的参与人，在整个博弈框架中都是为了

---

① 张维迎：《博弈与社会讲义》，北京大学出版社 2014 年版，第 1 页。

② ［美］罗伯特·艾克斯罗德：《对策中的制胜之道——合作的进化》，吴坚忠译，上海人民出版社 1996 年版，第 46 页。

③ 张维迎：《博弈与社会讲义》，北京大学出版社 2014 年版，第 30—34 页。

自身利益最大化而作出理性选择。

第二，行动。即在商事信托当中应当是信托当事人作出的信托行为。其在具体的应用中既表现为资管产品的投资者基于其委托人和受益人的身份所享有的剩余所有权，也包括需要对资管产品基于其身份所享有的剩余控制权。受托人的行为既表现为管理者对信托财产的管理、运作行为，也表现为监督者对管理者每一次信托行为作出的合理性监督。所有的参与人在博弈中作出的行为可以被称为“行动组合”，即当不同参与人的行为组合在一起，将通过“化学反应”的方式产生不同的博弈结果。

第三，信息。即指博弈当中的每位参与人所拥有的信息内容。在商事信托中指信托成立以后因信托行为的作出所形成的各类信息，而在资管产品的管理运作过程中主要表现为投资者、管理者以及监督者所掌握的信息。管理者是信息形成的主体与终端，处于信息聚集核心位置。因为管理者在接受投资人信托的资产后，其管理、运作行为的作出基于一套科学调查方法与内部流程而形成，对外披露的内容大部分是管理、运作的结果。在没有强制性法律规定或监管政策的要求下，管理者对于管理过程的公示或者披露则鲜有涉及，且不符合自身利益，因此，管理者所享有的信息相对于投资者与监督者具有全面、及时和准确的法律地位优势。而监督者的法律地位除了负有监督管理者行为的责任，还有受托保管信托财产的职责，因而其信息优势来自其特殊的法律地位。但是，监督者的信息优势地位相较于管理者来说又处于劣势地位，因其仅掌握信托行为作出的结果信息，并不了解信托行为作出的背景、原因。最后，作为委托人与受益人的投资者，资管产品中所享有的信息量在一般情况下仅限定为信托文件所约定的内容，对资管产品动态变化的了解也来自受托人对运作情况的客观披露，鲜有涉及信托财产专户的流水、会计凭证等反映信托行为过程的原始凭证。对于管理者与监督者未披露的事宜，投资者无从知晓，也极难利用投资者所有权要求披露，因为缺少必要的法律依据。

第四，结果。即指参与人在博弈均衡下作出的行动选择。在商事信托当中，信托当事人之间会基于不同的商业判断作出不同的行为选择。在博弈均衡处于稳定状态下，信托当事人面临相同或相类似的情况，将不再对过去惯常行为策略进行变更与调整，所导致的结果也因博弈均衡处于稳定状态。

因此，通过借助上述四方面建构起的理论模型来预测商事信托治理结构中存在的问题：

议题一：投资者与管理者之间的博弈。在目前的资管产品当中，除证券投资基金的投资者与管理者博弈是依靠社团成员大会直接开展或者其设立的常设机构间接实现，其他资管品种的博弈是在投资者与管理者之间直接展开。此处需要说明的是，资管产品是一种管理者通过募集投资者资金并为其进行专业化管理，最终将管理所产生的投资收益向投资者进行分配的金融产品。然而，人数众多的投资者囿于集体行动困境束缚直接与管理者展开博弈的可能性很小，因此此处所讨论的投资者与管理者之间的博弈主要限定于投资者通过社团成员大会或者其常设机构与管理者之间进行的博弈。

假设基金份额持有人大会与管理者之间的博弈得益矩阵如图 5－1 所示。在管理者忠实勤勉的条件下，投资者需要通过权力机关行使权力并支付监督费用，而管理者会因为投资者所组成的社团成员大会或者其常设机构的监督而更加主动勤勉地为投资者利益服务，因此在综合收益扣除监督成本后投资人综合可得利益为单位 1，反之为单位 0。而管理者在自己忠实勤勉的范围内，即便代表投资者利益的社团成员大会或者其常设机构因未发现异常情况而未行使监督权，博弈双方所获得的利益也均为单位 1。在管理者不忠实勤勉的条件下，对于投资者来说是否行使监督权则直接影响投资利益的取得。当社团成员大会或者其常设机构的监督行为产生现实的正向效果时，其积极的监督行为将为投资者争取到单位 1 的利益，但大多数情况下由于不能实现有效监督，管理者反而因不忠实勤勉取得了单位 3 的利益。在投资者无效监督的情况下，尽管投资者不再为权力机关的行动支付相应的费用，但是管理人在失去监督枷锁的情况下会肆无忌惮地侵蚀投资者的利益，因此投资者此时的利益为单位 －4。对比管理者的行为后可以发现，选择不忠实勤勉应当是管理者的占优策略，这是由于管理者一方面处于信息上的优势地位，投资者对产品信息的获取来自管理者的不完全披露，或者是有选择的披露，因此投资者很难发现资管产品在运作过程中可能存在的问题；另一方面来自投资者之间的集体行动困境，很难形成合力后通过基金份额持有人大会行使监督权。由此我们发现在实践过程中，几乎未见投资者通过基金份额持有人大会监督管理者的行为，由此也“激励”管理者更多选择“违规”行为侵害投资者的利益。综上所述，基金份额持有人大会与管理者之间形成的纳什均衡就是管理者通过不忠实勤勉侵害投资者的利益，基金产品中投资者的利益无法通过其代表组织的履职行为而得到保障。从制度运行的角度来看，投资者尝试通过类似于股东会的方式保障自身利益的制度设计在资管产品中已逐渐“空转”。

基金份额持有人大会 \ 管理者	忠实勤勉	不忠实勤勉
有效监督	1，1	1，3
无效监督	0，1	-4，4

图5－1　基金份额持有人大会与管理者博弈得益矩阵

议题二，管理者与监督者之间的博弈。当前资管产品的监督权基本都是通过赋予托管人以监督职责实现。

假设监督者与管理者之间的博弈得益矩阵如图5－2所示。在管理者忠实勤勉的情况下，管理者的得益并没有什么区别，但是监督者是否监督将导致两者之间有单位1的利益差。其原因在于如果监督者积极监督管理者的管理行为，则可能被管理者视为无法一起合作的商业伙伴，在管理者后续再次发起设立资管产品时将面临失去商业机会的可能。而在管理者不忠实勤勉的情况下，如果监督者积极监督则可能导致自己很快被管理者罢免，导致得益为单位0，而管理者的违规行为被发现也是一种概率事件，因此综合得益为单位2。如果监督者不监督管理者的违规行为，则监督者会因为“良性”的合作关系而取得单位2的综合得益，而管理者的综合得益也因失去管控而放大至单位4。由此可知，在管理者与监督者之间的博弈中，管理者更倾向于侵害投资者利益，监督者更倾向于不监督管理者，背后的原因一方面在于管理者在资管产品的治理结构中处于发起人的支配地位，所以资产的支配、信托当事人之间关系的连接都需要依靠管理人实现；另一方面监督者的监督行为并不会为其带来额外的利益，反而会丢失可能存在的商业机会，因为托管费是监督者非常重要的中间业务收入。①综上所述，尽管监督者与管理者在资管产品的运作中掌握同等数量级的信息材料，但是从得益的单位数值对比来看，不行使监督权将是监督者的占优策略。而对于管理者来说，无论监督者是否监督，不忠实勤勉都将是其收益最大化的理性选择。最终在监督者与管理者之间形成"不监督、不忠实勤勉"的纳什均衡解。

监督者 \ 管理者	忠实勤勉	不忠实勤勉
监督	1，1	0，2
不监督	2，1	2，4

图5-2　监督者与管理者博弈得益矩阵

很明显，在我国《信托法》规则下，资管产品出现了信托当事人之间的囚徒困境，即投资者由于可能存在的集体行动困境或者监督成本导致无法有效监督管理者行为的作出，而管理者与监督者出于个人理性的考虑，也将原本应当相互制约的法律关系反向推为相互"合作"，从而导致治理结构当中投资者利益保护机制沦为"空转"的发动机，为管理者侵害投资者权益创造了方便之门。

（二）信托当事人之间的不对称信息

在经济社会的发展中，不对称信息是每一个权利主体都会遇到的问题。例如，在医患关系中医生拥有比患者更丰富的病症、药品效能方面的

① 刘燊："论投资基金托管人制度的完善"，《政治与法律》2009年第7期，第37页。

专业知识，因而医生为患者所开的处方，哪些药是真正的对症下药，哪些药是为了获取药品回扣，患者无从得知。不对称信息理论产生于20世纪70年代，主要用于解释市场交易当中的各方当事人由于所掌握的信息存在差异，进而导致交易行为与效率受其影响的可能性，到了80年代，不对称信息理论才逐渐引入金融市场的研究当中。① 一般在经济学中将这一理论划分为事前与事后的不对称，前者系法律关系建立之前就存在的信息不对称，后者系法律关系建立以后一方当事人因不能观察到对方当事人的所有行为而产生的信息不对称。

关于前者的问题在于不对称信息下的契约博弈设计，其产生的原因一方面是人类的有限理性，无法对复杂世界中的所有事情进行预测，另一方面是即便可以预测，也无法将预测的情况写于契约当中。② 在资管产品中，由于信托当事人的有限理性必然导致信托文件的不完整性。尤其是管理者在管理运作投资者委托的财产时存在跨期性交易的不确定性时，使得投资者、管理者与监督者之间的权利义务内容很难在信托文件订立之时被完整与准确界定。而在现阶段的金融商事审判中，法官对于受信人是否已尽信义义务的判断标准大多以法律行政法规、金融监管规则以及信托当事人之间的约定为依据，并不会以管理者的商业判断作为裁判的依据。③ 因此，在金融商品争议当中投资者与管理者之间争议的焦点问题，大多也是因信托文件无法克服的不完全性所造成。④

---

① 仵志忠："信息不对称理论及其经济学意义"，《经济学动态》1997年第1期，第66页。

② ［美］帕特里克·博尔顿、［比］马赛厄斯·德瓦特里庞：《合同理论》，费方域、蒋士成、郑育家等译，格致出版社、上海三联书店、上海人民出版社2015年版，第343页。

③ 参见：绍兴市中级人民法院民事判决书，（2016）浙06民终4190号；上海市黄浦区人民法院民事判决书，（2015）黄浦民五（商）初字第909号；青岛市中级人民法院民事判决书，（2013）青民四商终字第16号；上海市第二中级人民法院民事判决书，（2010）沪二中民六（商）终字第231号；上海市第二中级人民法院民事判决书，（2010）沪二中民六（商）终字第228号；等等。

④ 楼晓："构建我国公司型基金治理结构的反思——兼论修订中的《基金法》相关内容"，《中国证券期货》2012年第12期，第44页。

关于后者产生的原因，一方面是受托人未真实、全面地对信息予以及时披露，另一方面是在委托人与受托人之间构成的委托代理关系中，即制度经济学中的高额核实成本（Costly State Verification）。理想的假设环境下，管理者掌握的信息应当与投资者掌握的信息对称且一致，投资者将基于自身所掌握的客观信息进行相应的判断，这也与自身风险偏好相一致，管理者也会相应调整投资策略与投资标的以获取更高的管理费，此时存在“帕累托改进”的可能。但是，在现实情况下的不对称信息必然导致经济学当中的逆向选择（Adverse Selection），即投资者会基于不完整的信息作出与自己希望未必相符的投资决策，管理者会因掩盖真实的交易内容而获取管理费以外的额外利益。

二、民商法的视角

（一）保管受托人（监督者）的法律地位模糊

在“阜兴事件”中，基金业协会认为依据立法机关对托管人法律地位的解释，应当认为托管人与管理者之间构成共同受托人法律关系，而托管人的法律地位并不是委托代理关系中的代理人，而是信托关系中的保管受托人，因而应尽受托人的信义义务。但是，银行业协会认为基金业协会的解释只是在立法解释框架的认定，其法律地位并未得到《信托法》或者其他特别法的私法确认。从这个角度解释，银行业协会并不认为托管人在资管产品中处于信托受托人的法律地位，而是民法典体系当中的委托代理关系。例证即来自从2013年银行业协会发布的《商业银行托管业务指引》对“托管”的解释，即托管是为了解决资管产品中投资者与管理者之间因为存在“委托—代理关系”而产生的信息不对称问题，是金融监管规则对完善资管产品治理结构的一种制度性设计。① 那么，究竟投资者、管理者与托管人（监督者）之间的法律关系是什么？现阶段，对于托管人的法律地位问题，有三种不同的声音：

---

① 参见《商业银行托管业务指引》第三条。

第一种声音是“共同受托人说”，即在证券投资基金中，管理者与托管人的法律地位为信托法上的共同受托人，一并对投资者承担信托法上的信义义务。提出此种观点的组织是全国人大常委会法工委，其认为基金产品中托管人的法律地位就是信托受托人。① 对于我国立法机关的态度，学术界中也有学者认为管理者与托管人之间的关系为共同受托人。② 这种声音的理论支撑来自委托人可以利用不同类型的受托人在专业能力、法律职责上的差异让受托人之间形成监督合力，正如《信托法》第三十二条的规定，共同受托人对第三人的负债和因不当处理信托事务造成信托财产损失，共同受托人之间应当承担连带赔偿责任。③

第二种声音是“托管人受托论”，即是在资管产品中，管理者不是投资者的受托人，托管人（监督者）才是投资者在信托法意义上的受托人。当托管人（监督者）成为投资者的受托人时，管理者的角色则由受托人转为托管人所委托的代理人，对托管人负责并由其监督。此种观点更多的是学者从信托法基础理论进行解释的结果，因为在大陆法系当中不存在英美法系的双重所有权问题，信托财产的所有权登记在受托人名下，所以判断信托关系中谁是受托人取决于谁拥有信托财产。实践运作中，尽管管理者对信托财产具有支配权，但是信托财产的所有权其实是由托管人所有。例如，《合格境内机构投资者境外证券投资管理试行办法》第二十条明确规定托管人履行的是受托人职责，并在第二十二条列明托管人作为信托受托人职责的内容。

第三种声音是“管理者受托人论”，即管理者在资管产品中居于受托人地位，托管人（监督者）是管理者的代理人。此种观点更多集中于资管产品中的信托产品。在集合投资信托计划中，信托公司作为专业的受托管理机构系信托计划的发起人与财产持有者，对于治理结构的设计与托管人

---

① 李飞：《证券投资基金法释义》，法律出版社2013年版，第9页。

② 参见：汤欣：“我国契约型投资基金当事人法律关系模式的选择”，载于中国证券业协会基金公会主编：《证券投资基金法规体系研究》，中国法制出版社2002年版，第304页；赵廉慧：《信托法解释论》，中国法制出版社2015年版，第293页。

③ 参见《信托法》第三十二条。

的选聘具有决定性作用。此时，从托管人的角色功能上看，托管人并不负责对管理者进行监督，仅负责保管信托财产的安全。从治理结构的平衡来说，即便需要对管理者的监管走向进行符合信托目的的监督，实践中也会通过在管理者、监管银行以及被投资的对象之间签订资金监管协议实现。因此，综合前述分析来看，托管人的法律地位为管理者在转委托条件下的代理人，并不作为受托人出现在集合投资计划的治理结构当中。

总之，托管人（监督者）在资管产品当中的法律地位模糊，一方面表现出多种学说并存，争议不断，另一方面也表现出我国《信托法》对于复杂的商事信托设计出现解释力不足的问题，应当引起重视。

（二）契约定位下的监督障碍

根据前述的争议可知，无论是理论观点、立法态度，还是现实实践，托管人在资管产品中的法律地位没有统一的界定，大体上可以从托管人监督权行使时的法律地位展开。因为如果托管人是受托人，则托管人需要向投资者承担信义义务，但如果托管人是管理者转委托后的代理人，则面临应当向投资者承担何种义务的问题？结合前述争议观点，资管产品的治理结构在信托法与合同法视角下存在不同程度的法律监督障碍。

首先，在《信托法》中，信托当事人对信托事务的处理既可以通过信托文件约定，由共同受托人分别处理，也可以交由委托人、受益人或者其他利害关系人决定。① 因此，原则上我国的共同受托人制度并不像日本的信托法，要求共同受托人之间应当遵循“共同行动义务”。尽管日本信托法修改了关于“共同行动义务”的规定，将需要经全体受托人同意改为需要经过共同受托人过半数同意，但仍未改变信托行为的作出需要依赖其他共同受托人的配合实现。在资管产品的治理结构中，管理者与托管人之间并没有职责范围内的交叉与制约，原则上仅需在各自的职责范围内执行信托事务，不需再与其他受托人一致决定。因此，在失去“共同行动义务”规范的前提条件下，托管人无法通过共同信托行为实现两者之间在法律地位上的独立与权力制衡。

---

① 参见《信托法》第三十一条。

其次，从信托财产的所有权归属上来看，由于管理者系资管产品的发起人与内部治理结构的搭建者，信托财产所有权在形式上归属于管理者。我国《信托法》与其他国家的信托法不同之处在于，有关共同受托人的规定并未对信托财产与共同受托人之间的权属关系作出明确规定。但是，依据《信托法》第十四条规定，信托财产系受托人基于其向委托人的承诺而取得的财产，因而应当认为在实践中的共同受托人需要以托管人与管理者共同拥有信托财产所有权为前提，并以此作为对信托财产支配的法律基础。然而在资管产品中，信托财产所有权处于在不同受托人之间来回流转的状态，并不是由共同受托人共同持有，因此托管人也很难基于信托财产在名义上的所有权对管理者进行监督。

再次，共同受托人的连带责任是托管人无法避免，也无法承担的商业风险。在资管产品中，管理者与托管人因角色定位不同而承担不同的受托责任，双方因其权利义务边界的差异而对某一具体产品掌握不同信息，由此便产生信息不对称的问题。在失去"共同行动义务"的规范性要求后，管理者的投资判断与决策只要在信托目的框架下，则必然无法被托管人所监督，但投资行为可能产生的商业风险又与管理者共担，这也是银行业协会极力否定管理者与托管人之间构成共同受托人的直接法律原因。虽然《信托法》要求共同受托人之间承担连带责任，但是在托管人无法实质上控制管理者行为的前提下，要求托管人与管理者就投资损失承担连带责任与民法当中的公平原则相违背。

最后，从合同相对性的角度看，托管人不应当直接向投资者承担赔偿责任。在资管产品的实践中，大多数资管产品的信托合同是由投资者与管理者签署，托管人并不作为信托当事人加入信托合同当中。因此，当管理者由于未尽管理职责造成信托财产损失的，投资者要求托管人承担连带责任必然缺少合同作为其请求权的基础，而合同相对性的缺失也必然使司法机关无法裁判。因为当托管人不是信托合同的一方当事人时，则托管人的法律地位就是管理者转委托后的代理人，其职责只需向管理者负责。

由此我们发现，在契约式共同受托人的治理框架下，尽管立法机关在资管产品的治理结构中配置了托管人的监督职责，但是托管人在法律制度运行下无法通过法律赋予的监督权保障投资者的利益。一方面，在共同受托人的制度下，实践运行法则无法与《信托法》衔接，托管人无法通过行使监督权保障投资者权益；另一方面，资管产品实践中大多排除了托管人作为信托合同当事人，因而争议发生时投资者也无法以托管人为合同相对人诉至法院要求其承担责任。此外，资管产品的份额所有者代表缺位加剧管理者的权力过于集中而缺少制约，进一步说明我国商事信托治理结构下的权利义务失衡问题亟待解决。

第二节　比较法的视角：共同基金、集合投资计划与证券投资信托

信托法作为英美法系的舶来品引入我国时，虽然起草组成员访遍世界各国进行立法调研，但是通过前文的分析可以看出，我国的商事信托仍然存在治理结构失衡的问题。其原因在于缺少对商事信托实践场域的立法考察，因此本节主要围绕商事信托的应用场域——世界各国有关资管产品法规探讨商事信托的治理结构问题。

在世界各国的法律体系中，对资管产品的称呼不一而足，即便是国际性的组织也对资管产品的分类有不同的认识。国际证监会组织（IOSCO）认为，从商事组织的治理结构划分，世界上的资管产品可以分为公司型（Corporate Model）基金和契约型（Contractual Model）基金两大类。而经济合作与发展组织（OECD）根据基金的运作模式不同，将其进一步细化为公司型基金、信托型基金以及契约型基金。① 此外，不同的国家也根据本国资管产品在实践中所表现出来的特征采取差异化的命名方式，例如美国将本国的资管产品称为共同基金，在英国将其统称为集合投资计划，日本由于立法同时

① 戚力、陈建波：“公司型基金的运作模式研究——以美国为例”，《清华金融评论》2017 年第 3 期，第 100 页。

允许通过契约与法人两种方式设立资管产品，因而在立法中将其统称为证券投资信托。总之，本书对商事信托治理结构的比较法分析，将以美国、英国与日本的资管产品为比较对象，剖析其中的特征以及对我国的启示。

一、美国的共同基金

（一）共同基金概述

1860年英国公司法案颁布以前，投资信托在英国是一种自愿的联合，受托人通过管理复杂的信托财产以减少投资者的投资风险。根据更早期的观点显示，这时的商事信托具有非法人属性、自愿联合及信义义务的特点。在英国公司法颁布以后，这些联合体被要求进行主体登记，但仍然保持信托的组织形式。[①] 在19世纪末，投资公司开始在英国成为一种全新的投资模式，管理受托人通过向社会公众发行受益权凭证的方式募集资金，并将其用于配置对应份额的有价证券。在投资信托的组织架构中，信托并不聘用员工，资金来源与资产组合的管理主要由管理公司承担。

随后这种投资模式传到了美国，几乎在同一时间创立了3只共同基金。1924年3月21日，弗莱乐组织了美国历史上第一只共同基金——马萨诸塞投资者信托（Massachusetts Investors Trust，MIT），第二只为保罗·C. 卡波特以及他的两位助手于1924年7月29日创立的道富投资公司（State Street Investment Corporation），第三只为弗莱乐于1925年11月23日创立的投资者社（Incorporation Investors）共同基金。[②] 在20世纪20年代末期的“牛市”当中，共同基金驶入了市场红利的“快车道”，基金数量拉升至181只，所持有的总资产由6亿美元扩张至27亿美元。[③] 但是好景不长，

---

① Sheldon A. Jones，Laura M. Moret & James M. Storey，The Massachusetts Business Trust and Registered Investment Companies，13 DeL. J. Corp. L. 421，425（1988）.

② Sheldon A. Jones，Laura M. Moret & James M. Storey，The Massachusetts Business Trust and Registered Investment Companies，13 DeL. J. Corp. L. 421，448（1988）.

③ ［美］芬克：《幕内心声：美国共同基金风云》，董华春译，法律出版社2011年版，第12页。

美国股市在1929年9月爬升至顶点，紧接着10月崩盘。共同基金的市场价格也随股票市场的下跌一路下滑，其中最先成立的3只共同基金至少都跌了70%的份额。

后来，美国的经济在1932年开始恢复，投资者也逐渐恢复了对共同基金的信心，但是在1929年的崩盘中损失惨重的投资者不断呼吁政府加强对共同基金的管控。1935年，美国国会要求美国证券交易委员会对投资公司进行全面研究，着重调查投资公司的内部运作、投资行为、公司治理以及投资策略。最终美国证券交易委员会发布的《投资基金研究调查报告》表明，共同基金的运作并非以投资者利益为中心服务，而是为了其内部关联人的利益服务，诸多共同基金的发起人为了自身利益罔顾信义义务并损害投资者利益。① 最后，1940年8月23日，美国总统罗斯福在参众两院一致通过后签署了《1940年投资公司法》（Investment Company Act of 1940），美国现代商事信托在共同基金中运用的治理结构也从此时形成。

（二）共同基金的治理结构

共同基金主要由面额证券公司（Corporation）、单位投资信托（Business Trust）、合股基金（Joint Stock Fund）和联合体（Association）四类组成。从外观上看，共同基金的名称都可以被称为“公司”，但其内涵并不特指公司法人，也不是公司法组织形态，而是一个称谓。从其组织形式的本质特征看，共同基金的交易结构既可以以公司法人为基础，也可以是合伙企业，抑或是信托实体。② 因为在美国法中，一个“公司”是否构成投资公司并不由组织名称判断，而是从其资产投资有价证券的份额决定，即要求公司持有的投资证券超过其非现金总资产价值的40%。③ 因此，信托是美国投资公司设立的基本法律关系之一。

依据《1940年投资公司法》可知，共同基金治理结构如图5-3所示。

---

① 中国证券监督管理委员会组织编译：《美国〈1940年投资公司法〉及相关证券交易委员会规则与规章》，法律出版社2015年版，第1页。

② 参见美国《1940年投资公司法》第3条。

③ ［美］哈森：《证券法》，张学安等译，中国政法大学出版社2003年版，第834页。

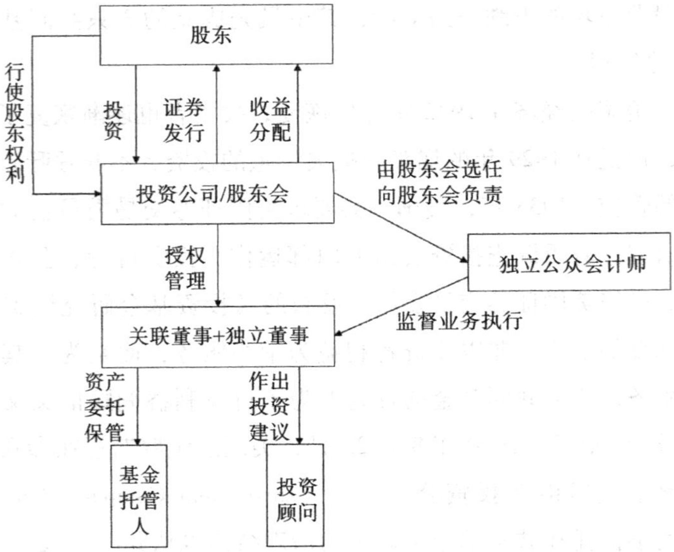

图5-3 共同基金法律结构

如图5-3所示，共同基金的基本治理结构由股东投资者、董事会、托管人与投资顾问四层垂直化的阶层组织搭建。

其中，股东投资者居于顶层，因为没有股东投资者的出资，共同基金也就失去了设立的资金来源与现实意义。与传统的民事信托规则不同，股东投资者出资后，基金财产的所有权并不归属于任一受托人，即董事会成员、投资顾问或托管人，而是归属于投资公司这一独立的法律主体。由此，股东投资者所投资的财产与股东、董事、投资顾问以及托管人的固有财产产生了资产分隔的法律效果。同时，与其他类型的商事组织一样，共同基金的投资者还拥有以股东身份为基础的投票权，可以通过股东大会选举出共同基金内部的董事会成员，修改投资顾问合同的条款，变更投资策略以及通过赋予基金董事会监督的职责以保证基金的管理与运作在法律规范的轨道上。然而，虽然投资者股东的权利与一般的商事公司的股东权利具有相似性，但是仍然存在差异。以股东会的召开频率为例，一般的商事公司需要在固定期限召开股东会，但投资公司无须每年固定召开股东大会，除非股东需要对原来既定的投资策略进行变更。①

董事会居于中间层，也是中坚层，其主要职责是制定投资公司的经营策略与投资方向，并以此为基础确定适当的投资方案以及如何监督投资顾问对既定策略的执行与落实。其由关联董事和独立董事组成，关联董事主要是基金管理公司的雇员，例如很多共同基金的董事会主席与基金管理公司的首席执行官为同一人②；独立董事则扮演股东利益的“捍卫者”与“看门人”角色，其职责是代表投资者的利益参与表决投资顾问、会计师以及销售人员的聘用和对投资顾问、托管人的监督与检查。同时，对于共同基金管理运作中出现的重大事宜，例如托管人的选任与解聘等如果未经大多数独立董事的批准，则视为无效。此外，为了防止投资顾问通过操纵董事会中关联董事与独立董事的人员配比以实现对投资公司的实际控制，《1940 年投资公司法》还对两者在董事会中的人数比例划分作出明确规定，即投资公司中的董事会成员不得超过 60% 的董事与投资公司有利害关系。③到了 2003 年，四家久负盛名的共同基金因通过与对冲基金金丝雀公司合谋盘后交易（Late Trading）、择时交易（Market Timing）等非法行为损害投资者利益被纽约州检察长史皮泽公之于众，舆论的轩然大波之下也引发了监管部门对共同基金治理结构的重新审视。④ 随后，2004 年的《共同基金改革法案》重点对共同基金的独立董事占比提出了更高的要求，即由原来的不低于 40% 扩大至董事会成员的绝对多数，并对独立董事的任职资格、争议解决费用的承担以及公共会计师的选聘予以立法明确。⑤ 以此实现独立董事在基金治理结构当中的独立地位，进而制衡管理者的投资管理行为，从而保障投资者的合法权益。

---

① 参见美国《1940 年投资公司法》第 13 条。

② 中国证券投资基金业协会、晨星资讯（深圳）有限公司：《中美公募基金发展情况比较与研究》，中国财政经济出版社 2020 年版，第 21—22 页。

③ 参见美国《1940 年投资公司法》第 10 条第 a 款。

④ 武彪：“美国基金丑闻与《2004 共同基金改革法案》”，《上海经济研究》2005 年第 12 期，第 108 页。

⑤ 张路等编译：《中美英基金法比较与实务：汉英对照》，法律出版社 2007 年版，第 196 页。

处于金字塔底层的是投资管理人（投资顾问）与基金托管人，他们犹如大海航行中的领航员与舵手，在治理结构中对受托管理的财产具支配地位，也是投资者利益实现的基础性保障。其中，投资顾问是通过直接或者间接的方式（包括但不限于公开宣传或者发行出版物的方式）向特定或者不特定第三方提供有价证券的投资分析意见，并收取相应顾问费的人。①言下之意，该法定义下投资顾问的职责主要是基于自身的专业知识与经验判断，专门为他人提供有偿投资建议。因此，尽管投资管理人与作为法律主体的共同基金签署了投资顾问协议，但本质上其对股东投资者负有严格的信义义务②，其一切管理行为以投资者的利益为先，同时避免与投资顾问、投资顾问的雇员以及其他利害关系人产生利益冲突。

在共同基金最底层的治理架构中，如果说投资顾问是共同基金的“大脑”，那么托管人就是共同基金的“手脚”。在《〈1940 年投资公司法〉项下的规则与规章》中第 270. 17f—4 节中对托管人职责进行了准确描述，即托管人是基金财产的持有人，接受基金董事会以基金的名义发出的要求或指令。③ 在职责的内容上，共同基金的托管人并不负担对投资管理人的监督职责，仅承担对资金与有价证券的积极保管义务，主要包括：第一，对基金财产分别管理，即托管人需要保证因托管所持有的资产与其自身财产、其他基金财产做到物理上的分离或者在规则检查中可以被清晰辨认出是共同基金的专有财产。④ 同时，托管人还应当确保对基金财产的物理上隔离可以实现被随时提取。⑤ 第二，对基金财产安全保障，即托管人保障对基金财产进行任何形式的支配应当基于投资公司指令且仅出于投资公司利益目的（包括但不限于转让、质押以及抵押）。⑥ 第三，信息报告，即托

---

① 参见美国《1940 年投资顾问法》第 202 条。
② 参见美国《1940 年投资公司法》第 36 条。
③ 参见《美国〈1940 年投资公司法〉项下的规则与规章》第 270. 17f—2 节之（c）款。
④ 参见《美国〈1940 年投资公司法〉项下的规则与规章》第 270. 17f—1 节之（b）（1）款。
⑤ 参见《美国〈1940 年投资公司法〉项下的规则与规章》第 270. 17f—2 节之（b）款。
⑥ 参见《美国〈1940 年投资公司法〉项下的规则与规章》第 270. 17f—1 节之（b）（2）款。

管人应当在每一次交易中完整保存独立账户的交易信息，以应对独立公众会计师的全面审计。[①] 此处需要说明的是，公众会计师在每一会计年度至少检查三次，其中两次以上是在未通知托管人情况下实施。由共同基金托管人的职责可知，托管人在共同基金的治理结构当中处于保管受托人的法律地位，该受托人对信托事务的管理不承担一般性的管理职责，对于信托财产的支配没有裁量权，其信托行为需要依据管理受托人的指令作出。[②]

二、英国的集合投资计划

（一）集合投资计划概述

如前文所述，英国早期的资管产品以契约式基金为主，规范契约式基金的规则除了判例法以外，还有《1925 年受托人法》（Trustee Act 1925）、《1961 年投资受托人法》（Trustee Investment Act 1961）、《1986 年公共受托人和基金管理法》（Public Trustee and Administration of Funds Act 1986）、《2001 年受托人法》（Trustee Act 2001）。[③] 随着公共受托机构的出现，受托人开始从自然人受托人向法人受托机构转变，公共受托人作为契约式基金的机构受托人持有基金财产。[④] 但是，随着金融商品市场的发展以及与国际资本市场接轨的需要，英国政府于 1997 年颁布了《开放式投资公司条例》，从此公司型基金开始成为集合投资计划的另一种组织形式。21 世纪初，英国颁布了《2000 年金融服务与市场法》（Financial Services and markets Act 2000），此前制定的一系列有关金融商品的监管法规随之被取代，因而有学者认为这部法律同意了不同类型资管产品运作的金融监管标准，规范了资管产品内部当事人之间的权利义务内容，故称其为英国资管

---

① 参见《美国〈1940 年投资公司法〉项下的规则与规章》第 271.17f—2 节之（b）款。

② ［英］格雷厄姆·弗戈：《衡平法与信托法原理》（下册），葛伟军、李攀、方懿译，法律出版社 2018 年版，第 530 页。

③ 《英国信托法：成文法汇编》，葛伟军译，法律出版社 2012 年版，第 1 页。

④ Patrick Polde, The Public Trustee in England, 1906—1989: The Failure of an Experiment, 10 J. Legal Hist. 228, 228 (1989).

产品的“基本法”。[①] 但是，英国并不将这类金融产品称为资管产品，而是称为集合投资计划（Collective Investment Schemes）。《2000 年金融服务与市场法》第 235 条规定，集合投资计划是集合投资计划份额持有人通过管理人对包括金钱在内的财产进行交易与管理，获取自己认购份额的财产收益。[②] 由此可知，我国对资管产品概念的界定尽管与集合投资计划存在文字表述上的差异，但是其定义背后所蕴含的经济功能却有异曲同工之妙。

目前，集合投资计划的组织形式在实践中主要通过两类法律方式建构。第一类采取单位信托（Authorised Unit Trusts，AUTs）的方式，从本质上看就是信托契约，即计划通过信托关系管理、运作信托财产，并参与金融市场当中。[③] 其中，受托人是计划财产的持有人与金融市场的参与者。另一类采取开放式投资公司（Open－ended Investment Companies，OEIC）的方式，即计划财产通过一个法律实体（Body）进行管理。[④] 因此，开放式投资公司的设立解除了英国《1985 年公司法》中有关设立人员人数限制的规定，但需要适用《2001 年不限成员名额投资公司条例》中有关公司治理结构的要求。同时，不同类型的集合投资计划的组织法形态可以由信托当事人自由选择，即许多单位信托在设立后由于发展势头较好，其组织形态可以经由一定的程序转为开放式投资公司。[⑤]

由于英国的集合投资计划分为单位信托与开放式投资公司两类，对集合投资计划治理结构的讨论主要围绕其组织形式展开。

此处需要说明的是，虽然英国分别于 2010 年与 2012 年两次修改金融服务与市场法，但修改的内容主要围绕英国的金融监管体系进行调整，并未对集合投资计划的治理结构进行改革。[⑥] 因此，本书在论述过程中不再

---

① 中国证券监督管理委员会组织编译：《英国 2000 年金融服务与市场法》，法律出版社 2014 年版，第 1 页。

② 参见英国《2000 年金融服务与市场法》第 235 条第（1）款。

③ 参见英国《2000 年金融服务与市场法》第 237 条第（1）款。

④ 李清池：《商事组织的法律结构》，法律出版社 2008 年版，第 139 页。

⑤ 李清池：《商事组织的法律结构》，法律出版社 2008 年版，第 140 页。

⑥ 中国人民银行、银监会、证监会、保监会联合调研组：“英国金融消费者保护法律制度”，《中国金融》2013 年第 8 期。

以《2010年金融服务法案》（Financial Services Act 2010）与《2012年金融服务法案》（Financial Services Act 2012）作为对集合投资计划治理结构进行比较法分析的基本法律依据。

（二）单位信托的治理结构

单位信托通过信托契约设立，与开放式投资公司的不同之处在于，不能作为独立的法律实体存在于金融市场当中，而是需要以受托人的名义持有信托财产参与资本市场的投资事业。

其中，单位信托的内部治理结构以托管人（受托人）为中心与连接点，将单位持有人、管理人与审计人联系起来（见图5-4）。

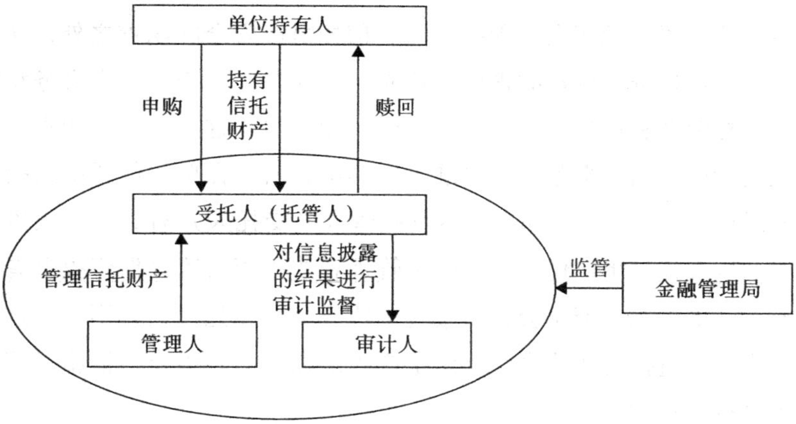

图5-4　单位信托法律结构

单位持有人在单位信托的治理结构中处于顶层的位置，一方面，从经济利益的归属角度观察，虽然投资者不直接拥有单位信托基础资产的所有权，但对单位信托项下的资产间接享有其单位份额内经济利益。另一方面，从权利的行使来看，单位信托管理当中的重大事项仍然需要依靠单位持有人组成的单位持有人大会来决定。[①] 在《英国集合投资计划法规汇编》中主要采取了排除法的立法技术，明确规定了在什么情况下不需通过单位

① 刘和平、郑文兵、王银凤："英国投资基金持有人大会制度探析"，《证券市场导报》2004年第4期，第49页。

持有人大会表决通过的事项，且其他事项均需表决。例如，对信托契约的修改权限制、提高托管人与管理者的收费标准、提高从基金财产中向托管人支付信托报酬等事项均需通过单位持有人大会的决议实现。①

居于内部治理结构第二层位置的是托管人（受托人）与管理人，单位信托的成立与发行需要托管人（受托人）与管理人一并向英国的金融管理局发出设立申请，并经监管机关批准后方可发行单位份额。② 其中，托管人（受托人）是信托财产的持有人与所有人，主要负责对外代表单位信托持有、保管与运作信托财产（银行存款、有价证券等），但具体信托行为作出的依据由管理者出具指令形成。同时，信托收益的计算与复核由其完成，并在收到管理人的适当指令后分配给投资者。因此，从托管人（受托人）的职责来看，除了负有保护投资者信托财产安全的职责之外，还有分别管理与保护投资者权益的责任。首先，托管人（受托人）有义务将单位信托的信托财产和托管人自身的固有财产相分离，这是其基本职责，也是其对投资者已尽信义义务的首要准则。其次，由于在单位信托中的投资者可以随时申购与赎回单位份额，因此托管人（受托人）有义务在投资者申购、赎回以及追加单位份额时，监督管理者的投资决策以保障投资者的合法权益。正如英国投资协会在其报告中所述，虽然托管人并不对管理者的管理行为承担直接的法律责任，但是应当采取适当且谨慎的措施对管理人的行为进行合理监督。③

管理人是单位信托的发起人与管理者，负责单位信托在资本市场中的资产配置与日常管理。依据英国《2000年金融服务与市场法》的规定，与托管人作为受托人一样，管理人也应当向单位持有人承担信托法下的信义义务，为单位持有人的最佳利益行事。④ 同时，为了避免托管人与管理人之间出现利益冲突的问题，单位信托的管理人与托管人（受托人）必须不

① 参见《英国集合投资计划法规汇编》第11.4.4条第2款和第3款。

② 参见英国《2000年金融服务与市场法》第242条第1款。

③ 参见 The Investment Association, Review of the Governance Arrangements of United Kingdom Authorised Collective Investment Schemes, February 2005, p. 16。

④ 参见《英国集合投资计划法规汇编》第7.8.5条。

同，且应当做到法律地位上的相互独立。① 除此之外，在内部治理结构最底层的应当是审计人，其职责在于对托管人（受托人）发布的有关定期报告所披露的信息进行会计审计，以确保内容的准确性与客观性。

但是，单位信托除了依靠信托当事人之间形成的内部治理结构外，在英国，金融监管机关也作为外部治理结构的一部分保障信托单位持有人的合法权益。其职责集中表现在三个方面：第一，托管人（受托人）与管理人的任免需要经英国金融监管局同意。其中，托管人（受托人）、管理人以及审计人资格的取得需要得到金融监管局的承认②，对其更换也需要得到金融监管局的同意③。第二，对单位信托的交易和财务情况进行记录和检查。④ 第三，对投资标的的内容和方向进行相应的监管，对单位信托的其他开支进行监督。⑤ 由此可知，英国的单位信托与我国的资管产品相比，除了重视商事信托内部治理结构的塑造，还在外部治理结构中引入监管机构，进而对内部治理结构因囚徒困境所表现出的张力进行消解，具体表现为：一方面，内部治理结构中信托当事人的任免权主要由公权力行使；另一方面，公权力对内部治理结构的管理、运作以及运作结果进行必要性的监督，以防止信托当事人之间共谋行为的出现。

（三）开放式投资公司的治理结构

开放式投资公司也被称为可变资本投资公司，其组织形式依靠英国公司法搭建，其治理结构一方面由金融特别法对其进行顶层设计，另一方面通过制定专门的商事组织法对其进行“血肉”塑造。因而其内部治理结构呈现出与一般的商事公司高度同质化的特征，即以投资者为主的股东会，由投资者所选出的董事会、托管人以及审计人构成（见图5－5）。

如图5－5所示，股东会处于组织架构当中的顶层位置，对董事会与托管人支配力的取得具有决定性作用。一般情况下，开放式投资公司应当每

---

① 参见英国《2000年金融服务与市场法》第243条第4款、第5款。
② 参见英国《2000年金融服务与市场法》第243条第7款。
③ 参见英国《2000年金融服务与市场法》第247条第1款。
④ 参见英国《2000年金融服务与市场法》第243条第2款。
⑤ 参见英国《2000年金融服务与市场法》第243条第2款。

年定期召开股东会，审批通过股东会所提交的半年度报告以及年度报告。①

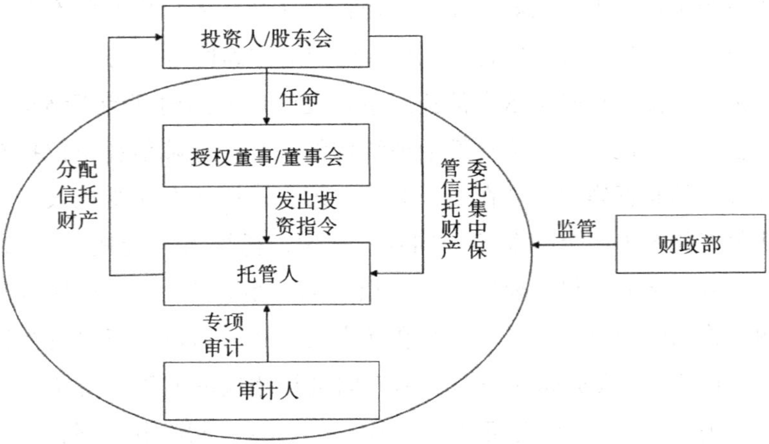

图5－5　开放式投资公司法律结构

在第二层级主要通过设立董事会或任命董事的方式实现管理、运作。其中，董事主要分为授权董事（Authorised Corporate Director）与附加董事（Additional Director）两种。② 与美国投资公司中的董事不同，英国的授权董事职责相当于管理者的角色，主要负责基金日常事务的处理，也包括对资产配置的调整、配合投资者出售或回购公司股份等事宜。附加董事的法律地位与美国投资公司中的独立董事相类似，其职责如同保健医生一样关注公司的日常经营状况、监督授权董事是否按照章程或者法律规范的要求履行职责，必要时还可以代授权董事行使管理职责。③

托管人作为基金财产的持有人，处于开放式投资公司的第三层级，其在治理结构当中的功能主要由四项内容组成：第一，确保基金财产与授权董事的财产在物理上分离。第二，根据公司董事的指令操作投资行为与分配投资收益。第三，确保基金的销售、回赎符合法律规定与公司章程约定。第四，监督公司董事恰当履行职责。此外，审计人位于开放式投资公

① 《中美基金法比较与实务》，张路等编译，法律出版社2007年版，第280页。

② 《中美基金法比较与实务》，张路等编译，法律出版社2007年版，第279页。

③ 江翔宇："公司型基金法律制度研究——以基金治理结构为核心"，华东政法大学2010年博士学位论文，第156页。

司内部治理结构的最底层，主要职责是对托管人向股东投资者出具的财务报告、对投资行为所形成的会计凭证进行周期性或者结果性审计，以确保报告内容的真实性与客观性。

与单位信托相似，英国的开放式投资公司除了通过内部治理结构消解不同层级之间董事与托管人的利益冲突问题，同样为投资者建构了一套外部治理结构以保障公共利益与投资者利益的实现。根据《2000年金融服务与市场法》的规定可知，英国的财政部可以对以下专项问题进行规范，包括对董事、托管人或者机构审计人的任免权、授权对开放式投资公司的调查权等。①

三、日本的证券投资信托

（一）证券投资信托概述

日本引入信托法的目的主要是解决公民财富管理、政府企业融资以及国际贸易方面的现实需求。② 那时，恰逢第一次世界大战之后百废待兴，日本政府为加快推进城市化进程急需筹措资金，而信托的收益远高于银行存款所带来的利息收入，进而投资者数量的增加推进了信托业的快速发展，“信托”也随之成为当时一种时髦的概念。但是，在《日本信托法》颁布之前，由于缺少信托制度的规范，日本的信托公司大多资金实力薄弱、公司信用低下，一度出现混乱的经营状态。日本政府为规范信托业的经营、促进信托业健康发展，于1922年制定了《日本信托法》。但是，《日本信托法》的颁布与成熟的证券投资信托产品之间还有不小的距离。

直到1941年11月，野村证券公司模仿英国的单位信托设立了日本历史上第一单证券投资信托。在该信托计划中，证券投资信托的委托人为野村证券公司，受托人为野村信托公司。其中，委托人作为受益人将受益权进行均等份额的拆分后有偿向社会大众出售受益权，而受托人基于受益权

① 参见英国《2000年金融服务与市场法》第262条。

② 何宝玉：《信托法原理研究》，中国政法大学出版社2005年版，第50页。

取得的资金主要用在股票市场上进行有价证券投资。[①] 此时日本的证券投资信托具有三方面特点：第一，证券投资信托被视为信托产品的一个分类，即“特定运用资金信托”，对证券投资信托的规制主要依靠《日本民法典》《日本信托法》以及《日本信托业法》等一般法与特别法共同实现。[②] 第二，将证券投资信托在信托分类上定性为自益信托。当时，证券投资信托作为新的信托产品是在缺少特别法规范的前提下推出的，主要由《日本民法典》《日本信托法》以及《日本信托业法》规范。此时的证券投资信托主要通过自益信托的法律结构搭建，即委托人在设立信托之后以受益人的身份将受益权的权益出售给投资者，投资者并不享有信托委托人的法律地位。[③] 第三，投资标的主要针对的是股票、公司债券等有价证券。

第二次世界大战以后，日本经济通货膨胀严重，其本国公民的消费能力低下，更无多余的资金用于理财或证券投资，最终导致日本资本市场出现资金供给不足的问题。日本政府为了稳定货币市场的融资渠道，保护证券市场的良性发展，于 1947 年颁布《证券交易法》、1951 年颁布《证券投资信托法》，将证券信托投资者的保护问题作为立法关注的重点。正如《证券投资信托法》第 1 条所述，“本法的目的在于通过建立证券投资信托制度以便于一般投资者进行证券投资与保障合法权益”，日本现代意义上的证券投资信托也由此发端。[④] 此时的证券投资信托与我国的资管产品在法律结构上具有相似性，即以信托法律关系为基础建构信托当事人之间的基础交易结构。此处需要指出的是，我国信托当事人在资管产品中的法律地位与运转机制方面，与日本 1951 年《证券投资信托法》仍有所区别。即在日本的证券投资信托中，管理者扮演委托人与受益人的角色，投资者与管理者之间依据委托代理关系调整。由此产生的问题是，虽然投资者被置于证券投资信托的治理结构当中，但是由于投资者不是其中的信托当事

---

① 杉崎博『投資信託の仕組みと改革』（東洋經濟新報社，1996 年）29 頁。

② 佐々木功『證券投資信託法』（第一法規，1977 年）5 頁。

③ 佐々木功『證券投資信託法』（第一法規，1977 年）22 頁。

④ 野村アセット投信研究所編著『投資信託の法務と実務』（金融財政事情研究会，2002 年）573 頁。

人，受托管理人无须向其承担信义义务，投资者利益保护问题也因此在治理结构上缺少了一些刚性制度约束。

由于1951年《证券投资信托法》的不完善，日本政府随后多次修改该法，并在第四次修改中将《证券投资信托法》更名为《证券投资信托与证券投资法人法》。在第四次修改中，最具特色的内容莫过于将证券投资信托的组织形态由原来的契约扩大为法人，从此投资者在选择投资产品时可以自由选择契约或者法人作为证券投资信托的组织管理架构，法人制的证券投资基金在日本正式确立。此处需要说明的是，早在1951年日本制定《证券投资信托法》之前就曾提出以美国《1940年投资公司法》为范本建立公司型证券投资信托，但最终因美军驻日本司令部认为立法时机尚不成熟而废止。①

到了2000年，日本政府出于金融体制改革的需要颁布了“金融基础设施三法”，以此为基础将《证券投资信托与证券投资法人法》更名为《投资信托与投资信托法人法》，并对投资信托的定义进行了狭义与广义上的重新界定。一般认为狭义的投资信托仅指契约型投资信托，而广义上的投资信托分为投资信托契约与投资法人，因此日本证券投资信托的治理结构也由信托契约与信托法人两类组成。

（二）投资信托契约的治理结构

在日本，证券投资信托的组织形式分为契约化投资信托与法人化投资实体，因此，对于证券投资信托的治理结构分析也应当分情况讨论。依据《投资信托与投资信托法人法》的规定，契约化投资信托治理结构如图5－6所示。

由此可知，契约化证券投资信托由委托人设立，设立后将受益权转让给投资者，信托终止时受托人将信托收益直接分配给投资者。从信托的种类来看，日本的契约化证券投资信托在设立过程中需要实现自益信托向他益信托的组织结构转换。其中，委托人的法律地位最开始是发起人与受益人，当受益权凭证转让给投资者之后，委托人的身份也就转换为管理者。

---

① 神田秀樹『証券投資信託の誕生』倉沢康一郎，奥島孝康編『昭和商法史』（日本評論社，1996年）第230頁。

一般情况下，委托人作为信托管理人，通过向信托财产的持有人发出管理、运作指令，或者将指示权部分、全部转委托给第三人进行管理。为保证委托人在管理信托财产时恪尽职守，《投资信托与投资信托法人法》对于委托人的信义义务与行为准则作出明确规定。

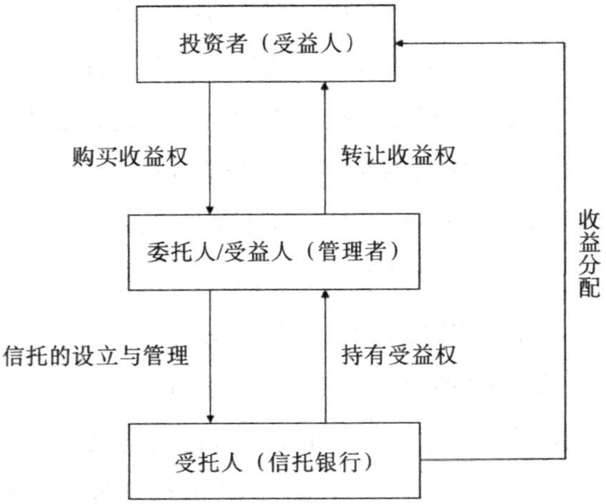

图5－6　契约化投资信托法律结构

受托人是信托财产的持有人，依据《投资信托与投资信托法人法》第4条的规定，证券投资信托中的受托人必须是信托公司或者经营信托业务的商业机构。其职责主要包括对信托财产的保管、依照委托人的指示对信托财产进行支配、对信托收益进行结算与分配。除此之外，为保障投资者的合法权益，消解委托人管理权过大的问题，《投资信托与投资信托法人法》还赋予受托人对委托人的一定的监督职责。而投资者是受益证券的所有人，也是受益权份额的享有者，其受益人资格是在取得受益权凭证之后得以确立的。

综上所述，日本投资信托契约的治理结构与我国资管产品的不同之处在于，将托管人（受托人）作为信托财产的持有人拥有信托财产的所有权并承担保障其安全的法律责任。因此，日本的投资信托契约从法律结构上来看符合信托法律关系的一般构造，平衡了管理人与托管人之间的权利义务内容，有利于投资人利益的保护。而在我国目前的信托法实践中，不同法律地位的受托人之间的权利义务关系的内容仍然模糊，信托财产的所有权归属问题仍然未得到解决，集中表现为立法范式与金融实践的脱节。

（三）投资法人的治理结构

在日本，公司式证券投资法人的治理结构，如图5－7所示。

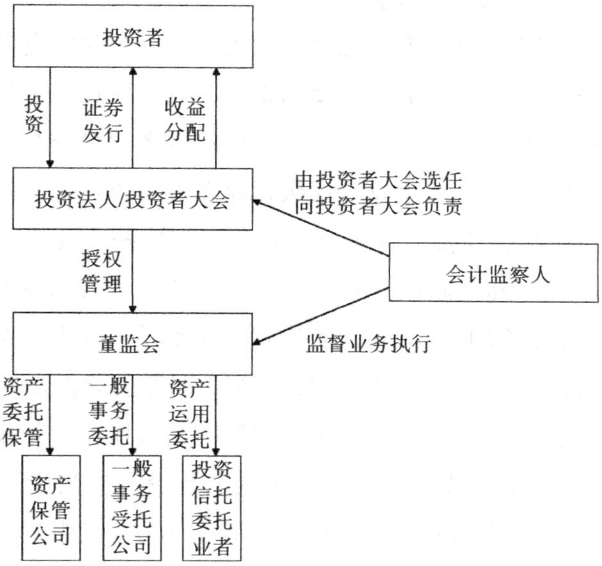

图5－7　证券投资法人法律结构

由图5－7可知，日本法人化的证券投资信托由投资者、投资法人/投资者大会、董监会以及事务处理机关四层结构搭建。

投资者处于阶层式组织最顶层的位置，即当其加入投资法人成为组织成员时，投资者一方面拥有了投资凭证作为其权益的经济利益，另一方面享有对应权益份额下的社团成员权。[①] 其中，投资者在治理结构中对其他参与人的作用力主要通过三种行为实现：第一，投资者要求董事停止违法行为以及基于社员权的身份对董事提起代表诉讼。[②] 第二，提议召开投资人大会以及罢免董事的权利。[③] 第三，在符合法定份额比例的前提下请求

① 参见日本《投资信托与投资信托法人法》第2条第23款和第77条。

② 参见日本《投资信托与投资信托法人法》第110条。

③ 参见日本《投资信托与投资信托法人法》第94条第1款和第99条第1款。

监管机关任命监察人对投资法人的投资管理以及会计报表进行检查。①

处于第二层级的是投资法人/投资者大会，其职责主要包括对投资法人内部其他参与主体的选聘与解任、信托契约或法人章程的修改、投资法人的解散或合并。从投资者大会的职责可以看出，需要投资者大会行使职权的事项均为与投资者切身利益相关的重大事项，因此投资者大会并不像公司法人一样规定了固定的召开频率与期限，只有在特殊事件触发的情况下才得以召开。同时，由于每个投资法人的投资者数量众多，地域分布上较为分散，因此在投资者大会这一层级还存在着投资者之间的集体行动困境的问题。为解决这一问题，《投资信托与投资信托法人法》特别规定了“书面表决权条款”和“默认赞成规则”。② 即投资者可以在不出席投资者大会的前提下通过书面的方式行使表决权，如果投资者不出席投资者大会表决，也不通过书面形式行使表决权，则视为同意投资者大会的议案。

处在法人式证券投资治理结构第三层级的是董监会，其成员由承担不同职责的董事与监事组成，并且监事在成员数量上应当至少比董事多一人，以维护其对董事监督权行使的绝对性与控制力。尽管董事与监事所在的董监会作为一个整体出现在治理结构当中，但是两者在董监会中的职责却是各有分工，各不相同。其中，董事主要对外代表法人并对信托财产进行管理与运作，此处应当说明的是，投资法人下的董事只得在投资者大会的授权范围内行事，面对重大管理事项时还需取得董监会的同意，例如召集投资者大会、选任或解聘资产保管公司、支付基金管理费用等。而监事在董监会中的职能就在于监督董事的管理行为，随时要求董事就业务管理、财务状况作出报告，并且进行必要的调查。为保证监事的独立性，《投资信托与投资信托法人法》还规定监事不得与投资法人的发起人或高级管理人之间存在关联关系，也不得与董事的身份重复。

处在投资法人治理结构第四层级的是投资事务的具体执行机关，主要由一般性事务的执行机构、保管机构以及资产管理者三方组成，其主要负

① 参见日本《投资信托与投资信托法人法》第139条第1款。

② 参见日本《投资信托与投资信托法人法》第92条和第93条。

责投资法人的常规化经营。

在日本的投资法人的内部治理结构以外，还有会计监察人作为外部治理结构的一环，对投资法人的财务与损益进行会计监察。其特点在于职能范围的专业性与法律地位上的独立性，即会计监察人的选聘与解任必须通过投资者大会决定，不与董监会发生任何直接联系，而脱离管理层的控制使其在法律地位上可以保证会计监察的独立性。同时，监察人的任职也必须是注册会计师或者审计法人，使其在专业能力上具有相应的专业性。

第三节　比较法启示：商事信托治理结构的三个需求维度

一、公权力介入的制约性

通过对前述三个国家的资管产品比较后可以发现，英国在治理结构塑造中较为强调公权力作为外部治理结构的一环，制约作为受托人的管理人与托管人的信义行为。其深层次的原因无外乎英国的立法机关注意到，集合投资计划中可能存在的囚徒困境博弈、投资者与管理者之间的信息不对称问题。立法机关将金融监管机构作为外部治理结构的一环嵌入交易结构，其功能集中表现为公权力对受托人行为的制约，目的在于解决投资者之间存在的集体行动困境与管理受托人与保管受托人之间的囚徒困境以维护投资者权益。因此，在英国集合投资计划中，通过公权力介入制约受托人行为的私法价值集中表现在以下三个方面：

第一，多元化的组织形式为投资者提供了更多选择机会，也为金融产品的国际化提供了制度对接的轨道。通过对英国的分析可知，集合投资计划既可以通过契约式的信托设立，也可以通过商事公司组建。前者以托管人（受托人）作为治理结构的中心连接信托单位持有人与管理人，后者以法律实体为中心连接股东、董事与托管人。英国之所以承认开放式投资公司是因为单位信托对于欧洲的投资者并不具有吸引力，毕竟英国的信托制度与欧洲大陆的民法典体系先天存在制度并轨障碍。[①] 这种障碍便是失去衡平法下的大陆法系国家，如何实现信托财产与信托当事人之间财产的分别管理与破产隔离功能。当投资者在英国认购集合投资计划，既可以选择购买单位信托，也可以选择开放式投资公司时，就意味着投资者可以有根据自己的投资风险偏好选择交易结构的权利。而开放式投资公司相对于单位信托在申购、赎回上的便利性，治理结构上的灵活性也促使众多投资者将所持有单位信托的组织形式转变为开放式投资公司。在日本，也通过立法的方式允许投资者出于自身风险偏好选择不同的组织形式认购证券投资信托的份额。因此，当资管产品成为我国商事信托的主要实践场域时，应当通过立法丰富资管产品基础法律结构的选择“菜单”。当诸多资管产品在成文法或其他规范性法律文件中对法律结构作出组织法化的要求时，应当顺势而为承认资管产品的法人地位，并且通过立法而非监管政策对其中的投资者大会与董监会问题进行明确。

第二，强化了公权力对内部治理结构的制约与平衡。与美国的投资公司不同，英国的单位信托中并没有一个强大的独立董事群体对管理者或托管人进行监督。而在开放式投资公司当中，托管人或附加董事对管理者的监督更多体现在审查管理行为是否符合信托契约或公司章程约定的范围，对于计划内容的变更、管理者或托管人的更换，均需监管机关的批准同意，这也进一步限制了受托人的权利。此外，监管机关还可以主动对管理者或托管人的违法行为进行专项审查。因此，管理者与托管人之间的利益冲突将不再是必须通过内部治理机制直接解决，而是在公权力介入下通过外部治理机制间接消解。反观我国资管产品，除了证券投资基金赋予基金份额持有人选聘与解任其管理受托人与保管受托人的权利，其他类型产品当中的金融服务主体一般情况下并不会受到来自另一方受托人对其法律地位的挑战。同时，尽管法律、法规赋予监管机构以现场检查与非现场检查的权力，但此时信托管理行为已经完成，监管机构对信托管理行为的监督

① 李清池：《商事组织的法律结构》，法律出版社2008年版，第140页。

具有滞后性的特点。从审查的事项、内容也是业务开展是否符合监管规则，无法判断实质是否符合信义义务要求，具有形式化的特点。其结果必然导致投资者利益在内部治理结构的空转中受损。因此，公权力的介入对于内部治理结构的制约与平衡显得尤为重要。

第三，明确的信义义务要求提升了管理者与托管人的责任标准。与《1940年投资公司法》相似，在集合投资计划的治理结构中，无论是《2000年金融服务与市场法》，还是《集合投资计划法规汇编》，均为管理者或托管人戴上了信义义务的"紧箍咒"，以确保集合投资计划在符合信托目的的前提下约束受托人的信托行为。但是，英国的集合投资计划与美国的投资公司、日本的证券投资信托相比，其优势在于管理者与托管人的信义义务标准较为明确。例如，监管机关通过颁布《经营行为原则指导》对管理者与托管人信义义务的内容予以明确，促使管理者与托管人的商业行为更加规范具体，也间接提升了管理者与托管人的受托标准。而在我国资管产品中，除了信托产品有专门的受托人行为标准指引——《信托公司受托责任尽职指引》，其他资管产品的品类均缺乏有关受托人信义义务的具体标准规则。由于缺少必要标准充实《信托法》对受托人所提出的"诚实守信"与"忠实勤勉"规则的精神内核，投资者与受托人之间的司法纠纷也频繁见诸报端，并产生恶劣影响。

因此，由于资管产品是一种集合社会大众资金（其中既包括一般自然人的资金，又包括企业法人、各类基金会的资金）并交付金融机构集合管理的金融产品，具有极强的公共属性，关乎金融秩序与投资者信心。因此，在对其治理结构进行塑造时，应当充分认识到公权力对于内部治理结构当事人之间权利义务内容平衡与制约的重要性。

二、委托人/受益人行权的主动性

通过比较法的观察可以发现，美国、英国与日本均允许资管产品选择法人化的组织形式。在美国，通过对共同基金（投资公司）内部治理结构的分析可知，共同基金的设立可以通过商事公司、合伙或者商事信托的模式建构，其本质是一个民事法律主体，因而基金下辖的权利义务以权利主体为中心进行分配。在日本，虽然没有确认信托的权利主体属性，但是在其资管产品发展中承认并接纳了垂直的组织化治理结构需求，在立法上逐渐承认了证券投资信托的法律主体地位。在英国，开放式投资公司作为商事公司的另一种法人类别，可以作为本国集合投资计划的一种组织形式供投资者选择。

笔者认为，这种法人化的治理结构呈垂直式阶层化特征，优势在于保障投资者/受益人权利行使的主动性，其特色在于为投资者与管理者及其他金融服务商之间建立起了一个内部沟通监督的桥梁。在扁平化契约式的治理结构中，投资者与受托人之间的并无一座中间“桥梁”可供连接，只有在特殊的情况下才会召开投资者大会，对于资管产品日常事务的管理、决策与监督，缺少必要的内部日常机构维持。但是在法人化的治理结构中，其作为投资者与受益人的代表机构得以建立，也为投资者与投资管理人之间架起了沟通的桥梁，避免了投资者之间可能发生的集体行动困境，其剩余控制权在组织法层面得到了激活。在共同基金当中，除了美国《1940 年投资公司法》规定的法定情形外，投资者不再通过召集投资者大会的形式对共同基金的管理事宜进行表决，董事会可以作为众多投资者的代表机构直接对投资管理人的投资行为进行监督管理。在英国的开放式投资公司当中，董事会中附加董事负责投资者的日常沟通与监督，在日本的投资法人治理结构中，投资者通过对董监会成员的任命，实现投资者大会对证券投资信托的日常监督与管理。

由此可见，如果说发达国家资本市场的发展优势在于公权力对于金融消费者的权益保护比较全面，那么利用法人组织形态在所有权人与执行监督机关之间所架起的桥梁也应当引起我们的重视。其核心功能避免了投资者大会功能形骸化的弊端，实现投资者决策与董事会日常监督管理的平衡分配。在我国，仅有《证券投资基金法》规定基金份额持有人可以设立常设机构管理基金的日常工作，但这也仅以基金合同的约定为前提。① 在其

---

① 参见《证券投资基金法》（2015 年修订）第四十八条。

他类别的资管产品中，并不存在投资者大会一类的治理权力机关存在，更没有常设机构对管理人与托管人行为进行日常监管。因此，法人化的组织框架将完善资管产品中围绕投资者、管理人以及托管人所建立的立体式、阶层化的治理结构，对于投资者/受益人权利的行使具有十分积极的意义。

此外，投资者/受益人权利行使的主动性也离不开权利行使的便利性支持，因此多元化的投票机制可以降低投资者集体行动困境，并提高投资者/受益人行使权利的主动性与积极性。在中外资管产品的治理结构中，即便在治理结构中关注到投资者与管理者之间设立投资者大会必要性的问题，但是并没有一国法律对投资者如何通过投资者大会行使权利的问题进行解决。众所周知，金融全球化是经济全球化的一部分，一国的投资者将资金投资于别国的资管产品也不是稀奇的事情，如何解决来自不同国家的投资者行使表决权便成为投资者大会需要面对的问题。笔者认为，在日本的投资法人制度中，“书面表决权条款”和“默认赞成规则”无疑为这一问题的解决提供了良好的示范效果。

三、受托人之间职责内容的制衡性

在受托人中，对管理人权利行使的制约问题，前述三国分别从事中监督与结果监督两个阶段实现。而我国资管产品设计的治理结构存在偏重结果监督，忽视事中监督的问题，因此很容易导致托管人在对管理者所提交的信息披露内容进行结果性审核时，仅能对结果数据的客观发生情况进行审核监督。但是，管理者的行为是否违反信托目的、超出信托文件的约定以及管理人的行为是否存在侵害投资者利益的行为，托管人没有办法，也没有能力对其进行相应的事中监管。通过对比美国、英国以及日本的资管产品治理结构可以发现，无论是董事会还是董监会，都通过在执行机关中设置两种不同类别的董事或者监事以实现对管理者行为的动态监管与制约。

在美国的共同基金中，就是通过在执行机关中设置独立董事以实现对管理事务的日常监督，从而使得投资者与管理人受托人之间权利分配得到平衡，最终避免投资管理人在管理基金财产中为自己牟利。此处需要说明的是，《1940 年投资公司法》除了对独立董事在董事会中的占比作出具体要求，还对独立董事的独立性作出了明确具体的要求，例如独立董事不得成为投资公司的日常经纪人、发行证券的主承销商等。[①] 此外，共同基金中的托管人仅负有基金财产的持有与保管职责，角色定位更加专业。首先，在共同基金当中，托管人被明确为基金财产的持有人，当共同基金投资管理人发生变化时，将不再对资金与证券账户的名称进行变更，更加便于共同基金的事中管理。其次，独立公众会计师对共同基金的检查绕开了董事会与投资管理人的干涉，直接通过托管人对投资管理人的投资行为与基金账务进行监督管理，规制效果客观真实。最后，托管人职责的专业化也使得投资管理人之间的信义义务冲突得到缓解。尽管投资管理人处于共同基金治理结构的底层，但是基金的发起由其负责，倘若在托管人的职责中加入对管理者的监督职责，则意味着投资者的利益因为两者之间的信义义务冲突而无从谈起。

在日本证券投资信托中，通过对前述两种组织形式比较分析可以发现，我国资管产品治理结构中存在的问题，在日本的契约式证券投资信托当中同样存在，即治理结构的失衡与投资者监督的困境。但日本对证券投资信托产品提供法人化的制度供给解决了现实问题，即在投资法人的治理结构中，通过法人机制建立的内部与外部治理结构解决原本契约式治理结构的困境，最终在投资者、管理者与监督者之间形成了新的平衡。第一，董监会的人员配置优化了投资法人的内部治理结构，强化了监事监督权行使的独立性。从董监会的人员配置比例要求来看，监事的总人数需要多于董事一人就决定了董监会在作出任何决议的时候监督权占有支配性地位，其优势主要在于解决了董事在管理权行使中的监督障碍。在契约式证券投资信托中，委托人是证券投资信托的发起人与设计者，对于受托人的选聘与解任具有支配性地位，在委托人的管理权与受托人的监督权之间存在囚徒困境博弈与利益冲突。通过投资法人这种阶层式的治理结构设计，使得

---

① 参见美国《1940 年投资公司法》第 10 条。

监事的选聘与解任不再需要依附于董事，而是通过投资者大会的决议即可实现。同时，通过对监事任职资格的要求，进一步强化了监事在治理结构中的独立地位，更好地保护了投资者利益。第二，会计监察人的引入强化了外部治理结构下的治理效能。会计监察人与内部监事在监督权行使方面的不同之处主要在于，后者主要强调对管理行为的监督，而前者主要强调对管理结果的监督。随着会计监察人的引入，董监会所提交的审计报告将通过独立的第三方审计后提交投资者大会，其报告内容的客观性与准确性将大大提高。同时，会计监察人的选任与解聘也直接通过投资者大会决议的方式实现，表现出其法律地位上的独立性。

小　结

在契约式扁平化的信托制度下，其治理结构在资管产品的应用中存在两方面的问题：第一，从经济学的维度来看，在博弈论框架下信托当事人之间存在囚徒困境，即投资者对管理人无法监督，托管人对管理人不愿监督的困境。同时，由于管理人与投资者在信息的获取时间、内容方面存在不对称性导致管理行为出现了逆向选择的问题。第二，从民商法的视角来观察，由于受托人的法律地位模糊导致受托人的责任未明，到底是合同义务还是信义义务，无从判断。同时，在契约式信托制度的运行下，管理人既是资管产品的发起人，也是交易结构的设计者，其身份既是信托财产的持有人，也是管理行为的作出者，但直接要求托管人承担监督责任有违合同相对性原则。

为了解决商事信托在资管产品运作中治理结构的问题，在美国的共同基金、英国的集合投资计划以及日本的证券投资信托中，即便这些国家允许通过信托契约搭建资管产品的治理结构，但更多的是选择法人作为建构本国商事信托制衡性治理结构的制度框架，最终实现对投资者利益的有效保护。

因此，通过比较美国、英国以及日本关于法人化资管产品的治理结构发现，商事信托在实践中需要以法人化为中心，主要从三方面得以完善：第一，加强公权对资管产品内部治理结构的监督管理，以实现投资者利益保护上的动态调整与追踪。其中，既包括通过立法的方式直接对受托人的民事行为进行要求，也包括公权力对资管产品内部运作的直接干预。第二，通过完善的执行机构实现委托人/受益人权利的主动行使，避免投资者权利形骸化的问题。第三，重视对不同法律地位受托人职责的制衡性设计，防止保管受托人一个法律角色承担可能消解其独立性的其他职能。同时，由于管理受托人在我国资管产品的运行中处于发起人的核心位置，因此对其管理行为的监督也应当通过事中与事后两类监督主体与监督内容组成，并保障监督者具有独立行使监督权的法律环境。

第六章

我国商事信托法人化的制度安排

通过前文的分析论证可知，任何国家（地区）的信托法或者资管产品都无法通过一部信托法就实现对信托财产“交易架构”与“规制运作”的双重效果，相反地表现出“民商法基础+监管法”的系统性法律框架特征。① 因此，对其法人化进行制度安排时，应当以其在实践当中的系统性法律框架展开，既要得到民法典对商事信托的法人化地位确认，也要在信托法层面给予信托当事人选择主体性信托的可能，还要通过金融监管规则实现对治理结构的动态调整。因此，我国商事信托的法人化的制度安排也应当从民法典、信托法以及金融监管规则三个维度实现。

第一节 商事信托的《民法典》归宿

一、《民法典》确认商事信托法人主体地位的原因

（一）民法典体系化的逻辑要求

由于英美法系中的成文法没有立法层级化的特点，因此大多通过“毕其功于一役”的方式在一部单行法中规范全部的立法问题。而民法典在大陆法系的特征与之不同的地方在于，其通过建构起一般到特殊的民法典体系，有序排列、逐步推进不同的法律概念在不同的位置安放，呈现出层级化的特征。② 从体系的角度观察，民法典是一个概念、原则与规则相互作用的有机体，其目的在于协调各法律要素的平衡。同时，从逻辑的角度来看，民法典需要做到体系架构上的严丝合缝，但也并非只有这一种要求，更多的是还应当兼顾理性主义与经验主义、法律移植与本土资源，进而反映一个国家的法律传统、社会生活、司法裁判等社会运行状态。因此，商

① 刘燕：“大资管‘上位法’之究问”，《清华金融评论》2018年第4期，第25页。

② 王涌：“法人应如何分类：评《民法总则》的选择”，《中外法学》2017年第3期，第610—611页。

事信托融入我国《民法典》之中应当是一种逻辑的必然结果。虽然现阶段我国将《信托法》视为民法的特别法，无意将商事信托纳入民法典体系规范，但是从民法典的体系化逻辑要求来看，将已在社会生活当中被广泛运用的商事信托纳入法典当中统一规范，应当是一种法制发展的必然选择。

当商事信托融入民法典以后，信托将不再作为特别法独立存在于民法典的外部体系当中，而围绕信托法律关系产生的争议，也不再因为民法典体系上的逻辑断层使得信托当事人在寻求法律救济时无从选择。同时，我国与其他具有民法典传统国家的不同之处在于，未将民法与商法规范置于不同的法典当中，而是通过一部《民法典》统辖有关民事法律关系的基本内容，还涵摄商事法律关系的一般规则。因此，民法典作为商法的基本法，应当根据商事信托的基本定位确定其在民法典体系中的位置。就像《公司法》一样，虽然不是《民法典》的有机组成部分，但是在“总则”编中有营利法人即为公司法人作为权利主体的体系归宿。①

（二）民法典时代化的客观需求

当我们进入“习近平新时代中国特色社会主义”这一新的历史时期，民法典也应当体现出其应有的时代特色，除了需要解决新时代下社会民生提出的新问题，还应当反映新时代下商业发展的新特征。正如有的学者所言，“我国民法典须适应改革开放和市场经济发展的需要，积极有效地回应我国社会主义市场经济建设过程中突出的现实问题，满足我国社会主义市场经济建设和运行的法治需求”。②

据不完全统计，仅2019年末信托产品、证券投资基金、银行理财三类资管产品的合计规模就为63万亿元。如此巨大的资产管理规模如何实现受托管理财产的独立性，如何保障资管产品的管理以保护投资者合法权益为中心是每一位法学学者必须考虑的问题。时至今日，资产管理行业以信托业为发端，发展已有40余年的历史，经历了从无到有、从小到大的发展历程。而资管产品无一不以信托法为基本法调整投资者、管理者以及托管人

① 孙宪忠：“论民法典贯彻体系性科学逻辑的几个要点”，《东方法学》2020年第4期，第22页。

② 王利明：“民法典的时代特征和编纂步骤”，《清华法学》2014年第6期，第7页。

之间的民事法律关系，其交易结构与信托当事人之间权利义务的框架也趋于稳定，实践中暴露的问题也较为突出，因而信托法在完善后融入民法典也具备了一定了现实条件。

同时，民法典的内容应当体现一国社会经济、生活发展的时代化内容与特点，这在世界各国的民法典的编纂过程中是一以贯之的原则。例如，法国民法典的编纂处于农业社会向工业社会发展的转型时期，因此法典的内容兼具农业社会与工业社会的特点。① 进入新时代的中华民族，除了拥有五千年的历史传承，也有第四次工业革命的时代特色，还有人民群众对美好生活的客观需求。商事信托作为人民群众财富保值、增值重要法律制度工具，既对民法传统的权利客体定位提出了挑战，也对信托当事人的权力制约提出了要求。这些无疑是民法典时代化背景下的客观需求，有待民法典通过一般性规则予以破解。

（三）民法典国际化的现实需要

如前文所述，诸多国家在本国的民法典体系中并未将信托制度排除在外，而是将其作为民法典的基本法律制度纳入其中予以规范。我国金融业的开放必然面临本国民事法律制度与域外法的衔接问题，商事信托如何与英美法系国家的衡平法传统对接，如何与其他大陆法系国家的民法典接轨，是我国《民法典》不得不面对的时代课题。美国的《统一法定信托实体法》在对如何与其他国家信托制度接轨问题上也曾展现出妥协的一面，其中第 307 条允许信托财产除了可以由法律实体持有外，也可以由受托人持有就是重要例证之一。因此，我国商事信托法人化的制度安排应当首先从民法典层面着手对其基本定位进行回应，以实现信托制度在实践场域中与他国资管产品并轨提供必要的制度接口。

二、营利法人的排除：商事信托与企业法人的差异性比较

商事信托与企业法人相比，在设立目的、组织法上具有相似性，是否

---

① 孙宪忠："让民法典编纂体现时代性与民族性"，《人民日报》第 16 版，2018 年 4 月 16 日。

意味着商事信托与公司一样成为民法典中营利法人当中的一员？答案是否定的，其原因为商事信托与企业法人之间还存在不小的差异。

（一）设立方式的差异性

商事信托与企业法人在设立方式上表现出以下三点不同：

第一，设立的目的不同。商事信托设立的目的是受托人为了委托人利益最大化行事，在信义义务的约束下，受托人还应当避免与受益人发生利益冲突，不存在委托人需要照顾受托人或者外部第三人利益的可能。但是，企业法人的设立目的已经不再局限于“股东至上主义”①，越来越多的学者或者立法例认为还存在“债权人主义”②、利益相关者主义或者雇员群体的“共决制”③。由此可知，企业法人的设立目的已不再只是为股东利益最大化服务，还需要兼顾其雇员、债权人等利益相关者的权益。

第二，设立的发起人不同。商事信托的设立方式都是通过受托人发起设立，例如信托产品的发起设立责任并不在委托人处，而是在作为管理受托人的信托公司一方。基金产品也一样，其发起设立的责任主要由作为管理受托人的基金公司承担。而企业法人的设立，并不由董事会、监事会或者经理层发起，而是由部分股东作为发起人通过认购或者向社会公众募集资金设立。由此可知，商事信托的设立发起人的法律地位并不是企业法人之中的出资人，而是法人组织之中的执行机关。因而，商事信托与企业法人在发起人的法律地位方面也存在不同。

第三，出资方式不同。受托人在设立信托之后，需要通过向委托人/受益人出售受益权凭证以取得可供管理运作的资金，因此从委托人出资财产的类型来看，仅限于货币资金，在时限上也不允许委托人通过认缴的方

---

① 楼秋然：《股东至上主义批判：兼论控制权分享型公司法的结构》，社会科学文献出版社2020年版，第4—5页。

② 在美国较为重视保护股东利益，即便如此也有1/3以上大公司的债权人会进入公司董事会。而在日本和德国较为重视保护债权人利益，因而这一比例更高。参见张建伟：“从‘股东至上主义’到‘债权人主义’——商业银行的公司治理理念”，《证券法苑》2001年第10期，第17页。

③ 岳伟、邢来顺：“劳资共决与联邦德国的现代社会安全管理体制”，《武汉大学学报（人文科学版）》2014年第2期，第79页。

式取得资管产品的受益权份额。而企业法人在出资方式上与商事信托大为不同，从可供出资的财产权类型上来看，出资的财产既可以是货币资金，也可以是房产土地和知识产权等无形财产。同时，企业法人在设立时，其股东不必立即缴纳出资，可以通过章程约定的形式逐步缴纳。因此，商事信托与企业法人在出资方式上也存在差异，这种差异主要表现在商事信托对出资的财产权类型与时限要求更高。

（二）组织结构上的差异性

商事信托与企业法人在组织结构上的差异性主要表现为不同的法律规范对其内部组织结构的塑造不同，其中既有国家确认型强制性规范的因素，也有国家介入型强制性规范的内容。①

在组织结构方面，商事信托的组织结构主要通过特别法与监管规则塑造，具有较强的公法属性。在我国《信托法》中，并未有委托人大会或者受益人大会一类的内部权力机关，而执行机关的设置也是以共同受托人制度为基础形成，缺少法律对商事信托的内部治理结构进行私法确认。但是，出于保护公共利益与投资者权益的考量，商事信托组织结构一般会以特别法或者监管规则进行塑造，表现出立法机关与监管机关对其组织结构动态调整的客观需求，具有“商法公法化”的特征。② 尽管在民法的特别法中已经对基金产品的投资人如何行使权利作出框架性规范，但由于缺少实质内容方面的指引，还是需要通过监管机关制定相应的行政法规或者其他规范性法律文件实现对内部组织结构的动态调整。在这方面无论是公募基金，还是信托产品均有表现，例如信托产品中的受益人可以通过受益人大会在特定条件下行使表决权。

由此可知，当商事信托内部治理机构发生作用时，其原因无外乎信托期限变更、信托财产管理运作方式变化、受托人变更以及受托人费率调整等重大事项，其内核与委托人/受益人的根本利益直接产生关联，属于委托人/受益人不得不对自己的权益作出选择与判断的事项。同时，商事信

① 蒋建湘：“商法强制性规范的类型、性质与边界”，《法学杂志》2012 年第 7 期，

② 张强：“商法规范的公法性与私法性、强制性与任意性辨梳”，《山东社会科学》2010 年第 6 期，第 80 页。

托中权力机关行使权力，并不需要“因时而动”，而是“因事而为”。因此，商事信托的组织结构为公法介入后所形成，具有一定的公法属性。

但是，企业法人作为民法典体系当中的营利法人，其组织架构社团成员无法擅自调整，框架由强制性法律规范所确认与塑造，兼具私法属性与公法属性，主要由《民法典》《公司法》以及监管规则三个维度组成。其中，私法属性主要体现在《民法典》对于企业法人组织结构进行的框架性规范，其中第八十一条、第八十二条对企业法人的组织框架进行了抽象性提取概括，明确了权力机关、执行机关以及监督机关作为营利法人内部组织机构的构成与基本权利。而在《公司法》中，由于其价值具有公司合同模板和漏洞填补机制的功能，因此对股东会、董事会以及监事会（或者监事）的职能、表决方式等内部组织功能与功能实现方式作出进一步的明确，使之具备可操作性。① 但是，《公司法》对于企业法人内部组织结构的规范，不应排除其中还具有部分任意性规范的因素。例如，对于股东会的职权范围、召开方式、表决权行使方式等一系列与公共利益无碍的事宜，公司法允许股东之间通过意思自治对前述内容进行调整与变更。最后，第三个维度——监管规则属于国家介入型强制性规范，监管机关的目的在于规范公司内部的治理结构，保障资本市场的平稳发展与投资者利益的考量，针对某一类公司会制定专门的规则以规范其发展。例如，中国证监会会根据现实发展的客观需要，专门制定规范上市公司治理结构的规范性政策文件，以实现对上市公司组织结构的规范性规制。

因此，商事信托的组织结构相较于企业法人在私法层面较为灵活，法律规范并不对其作出强制性的法律要求，更多的是监管机构出于维护投资者利益，解决信托期间的特殊问题而对其组织机构进行设置。而企业法人的组织结构在私法层面较为严谨，从《民法典》到《公司法》，再到监管规则，呈现出由“骨架”到“灵魂”的塑造，整体上具有更加严谨、固定的特点，组织结构在大的框架上并不允许股东对其进行调整。由此可见，

---

① 罗培新：“公司法的合同路径与公司法规则的正当性”，《法学研究》2004 年第 2 期，第 79 页。

正是商事信托这种灵活的组织结构使其更加适合资管产品的应用。

（三）社会责任的差异性

在商事信托的实践场域中，资管产品所承担的社会责任主要由公共利益与个人权益两方面内容组成。其中，公共利益主要表现为商事信托的设立应当符合金融监管的要求，坚持宏观审慎的原则，防止因产品运行引发系统性金融风险。个人权益方面主要表现为资管产品应当为投资者利益最大化服务，其价值在于维护资本市场的公信力，促进金融市场健康发展。由此可见，商事信托的社会责任的维度较少，内容灵活机动，集中表现为对金融监管政策的遵守与执行。

但是，企业法人社会责任的组成维度较多，内容也较为固定，世界各国的立法机关分别从劳动条件、劳动力条件的均衡分布、企业法人行为与环境之间的关系、经营行为的伦理性方面对其进行相应的规范。我国企业法人的社会责任集中表现在遵守社会公德与商业道德、保护职工合法权益等方面，其中在《公司法》中对企业的社会责任问题作出了框架性的规定。[①] 在代表高质量企业经营与发展水平的上市公司，有的证券交易所对发行上市公司的社会责任进行更加具体明确的指引。其中，既包括推动社会发展，也包括生态环境、资源的保持，还包括企业法人的股东、债权人、职工、消费者以及供应链方方面面利益的保障问题。

因此，企业法人的设立并不是简单为了股东攫取资本回报或者经营行为符合国家利益，而是受到与企业法人建立方方面面联系的各类市场要素权益衡平的影响，从本质上看是一种商业生态系统的维护。但是，资管产品的社会责任只强调公共利益与投资者权益的实现问题，并不需要照顾到资本市场中交易相对方的权益，本质上是一种零和博弈。

三、选择“其他法人”：一种可能

通过前文的分析可知，尽管商事信托在理论上具有成为法人的可能

---

① 参见《公司法》（2018 年修正）第 5 条。

性，但是其与企业法人在设立方式、组织结构以及社会责任方面存在差异。因而将商事信托视为营利法人存在体系融合的障碍，不宜轻易将商事信托置入营利法人当中。同时，由于资产分割下合伙企业无法实现企业风险与合伙人投资风险的有效分离，进而阻断了商事信托成为非法人组织的可能。笔者认为，在对商事信托作为权利主体进入《民法典》的问题进行选择判断时，除了应当考虑商事信托进入《民法典》后不同概念与制度之间立法的技术对接问题，还应当将其与其他部门法、行政立法相联系，成体系性地寻找商事信托在我国民法典体系当中的位置。笔者认为，可以将商事信托命名为“其他法人”并置于《民法典》“法人”章的最后一节当中。采取这样的立法例具有以下两方面的原因：

（一）我国立法模式的可能选项

目前，大陆法系国家关于法人的立法模式主要有两种：第一，德国模式，即将法人的类型分为财团法人与社团法人两种，也称为解析性的类型化。① 即立法者通过提取公因式的方式对法人的基本类型进行立法塑造。第二，俄罗斯模式②，即在其本国民法典对各类不同的法人类型进行列举，其中包括商业公司、生产合作社、单一制企业以及非商业组织，从立法技术上看属于叙述型的类型化。③ 可以说，前者是立法者通过逻辑演绎的方式对权利主体上位概念的归纳总结，并涵摄至其下属的法人类型，表现为自上而下的特征；后者是立法者的经验总结，将具有相似特征的不同权利主体归入某一法人类型当中，具有自下而上的特点。

第一种立法模式更具体系上的完整性，其优势在于类型的全面性与开放性，即财团法人与社团法人一方面可以涵摄法律秩序当中所有拟制的权利主体类型，另一方面可以对新兴的商业组织进行有效的吸收，不必再创设新的权利主体类型或者法律概念。④ 笔者对此也持相同的观点。同时，

---

① 陈卫佐译注：《德国民法典》，法律出版社 2020 年版，第 10—25 页。

② 黄道秀译：《俄罗斯联邦民法典》，北京大学出版社 2007 年版，第 52—83 页。

③ 罗昆：“我国民法典法人基本类型模式选择”，《法学研究》2016 年第 4 期，第 120—121 页。

④ 罗昆：“我国民法典法人基本类型模式选择”，《法学研究》2016 年第 4 期，第 122 页。

也有学者认为信托应当属于财团法人。① 但是，在我国《民法典》中关于法人的基本类型划分采用的是通过对不同类型权利主体列举的方式实现。因此，根据商事信托在实践场域中所表现出的法人化特征，其无法成为上述基本法人类型的其中之一，只能通过增设“其他法人”实现商事信托在民法典当中的法人类型化安排。

此外，将商事信托视为“其他法人”，并不破坏我国《民法典》第五十八条关于“法人应当依法成立”这一强制性法律规范的要求，也只有如此才能对商事信托的法人化倾向进行立法确定。通过在民法典体系中增设“其他法人”并将商事信托置入其中以区别于其他法人类型，一方面可以确认商事信托在实践场域中所需要的法人主体资格，另一方面为信托法、金融监管规则细化奠定了上位法基础。

综上所述，法人法定原则不应当成为限制法人类型数量的原因，面对社会发展中所涌现出的新型权利主体类型，可以将具备法人基本特征的权利主体纳入民法典当中，使其在形式上符合法人类型法定主义的客观要求，也可以缓解立法僵化所带来的制度缺漏。②

（二）减少民法典体系对信托制度引入的排异反应

商事信托进入民法典，既要符合民法典编纂的客观规律，还要适应资管产品对信托制度现实需要。目前来看，商事信托定位为“其他法人”，不但不会对现有的民法典体系产生冲击，反而可以最大限度减少民法典体系在接受商事信托这一来自英美法系的特色制度时可能产生的排异反应。

第一，商事信托明确为法人的一类，符合我国民法典体系的内在逻辑。一般认为，我国民法典体系来自德国的潘德克顿学派。③ 其特色在于以法律关系作为建构民法典体系的基础，并在总则中规定权利主体、民事行为以及客体制度，在分则中对债权、物权、亲属等具体的民事权利进行

---

① 李清池：“作为财团的信托——比较法上的考察与分析”，《北京大学学报（哲学社会科学版）》2006 年第 4 期，第 130 页以下。

② 李宇：“论作为法人的商业信托”，《法学》2016 年第 8 期，第 25 页。

③ 孙宪忠：“中国民法继受潘德克顿法学：引进、衰落和复兴”，《中国社会科学》2008 年第 2 期，第 95 页。

进一步规范。[①] 因此，当商事信托作为民事权利主体出现在民事法律关系当中，信托当事人之间的信托关系通过法人主体之下的治理结构相连接，信托当事人之外的对外关系，则由信托主体通过与民法典分则当中债权、物权以及其他财产权利相结合，从而形成一个完整的法律关系。同时，传统的大陆法系国家拒绝接纳信托法，一方面原因在于缺少衡平法司法传统对信托财产独立性进行确认，另一方面在于物债二分的财产权类型划分有别于英美法系中的财产权体系，也限制了现代商事信托的适用范围。假设将信托视为权利客体或者财产权当中的一员，一方面需建立类似于英美法系的衡平法传统，另一方面需对我国的财产权类型进行改造与整合，很明显这是不现实的。因此，明确商事信托在《民法典》“总则”编中法人的位置，符合我国民法典体系的内在逻辑。

第二，将商事信托明确为“其他法人”，并不会对原有的民法典体系产生任何冲击，反而使得原有的民法典体系因接纳了商事信托而在内涵与外延上有所延展。同时，传统方法上将商事信托定位为权利客体的一类，其应用的“痛点”必然集中于我国民法典体系如何面临对其的接纳问题。然而，将商事信托视为一类独立的法律主体，其实还是按照现有的权利主体类型进行相应安排，并未超出我国民法典体系。因此，可以说是一种对现有立法模式的继受，也是对民法典体系与商事信托定位的适当发展。

第三，明确商事信托的法人主体地位，有利于提升立法的效益与效率。“效益”与“效率”两个词从字面意思上看较为相似，但内涵上却大相径庭。在立法评价的语境下，前者主要是指立法意欲实现的客观社会效果，后者是指立法的经济性与时效性，是法律效益与法律成本的比值。[②] 从立法效益的角度考察，承认商事信托的法人主体地位符合立法者所设定的立法目的，也有利于保护信托法所调整的社会组织与群体。对于立法者来说，制定信托法除了为了规范信托业，其最重要的私法功能就在于实现信托财产在对抗外部第三人时产生独立性的法律效果，且不被并入受托人

① 王利明：“关于我国民法典体系构建的几个问题”，《法学》2003 年第 1 期，第 34 页。
② 郭道晖：“立法的效益与效率”，《法学研究》1996 年第 2 期，第 57 页以下。

的破产财团之中。因此，当信托财产成为法人主体下的财产时，信托财产天然与信托当事人产生分别管理的法律效果，实现了信托财产的独立性。然而，无论将商事信托定位为财产权、物权，还是债权，均存在信托财产登记无法覆盖的财产权类型，也就意味着有一部分财产权无法通过公示公信机制实现独立性。对于信托法所调整的社会组织与群体来说，具有法人主体地位的商事信托，可以以自己的名义拥有信托财产的所有权，也可以以自己的名义进行民事法律行为，从而在所有权与法律行为两方面实现独立性。从立法效率的角度考察，承认商事信托的法人主体地位可以最大限度减少因修法、完善金融基础设施建设所产生的社会成本。以信托登记为例，如果将商事信托定位为权利客体，则意味着信托制度的私法功能必然要通过相应的财产登记制度实现，这也意味着在金融基础设施方面将要围绕不同类型的信托财产建立不同的信托公示制度，其所耗费的社会成本无论是对于信托当事人以及外部第三人，还是信托财产的登记机关，都是一笔巨大的社会开支。但是，对商事信托的法人化进行相应的制度安排之后，只需对确认其法人人格建立相应的主体性登记制度即可，不需再根据不同的财产权类型设计不同的财产登记程序，因为信托财产的目的性或者特殊性已经通过其主体名称向外部第三人彰显。

第二节　建立商事信托主体性登记制度

传统商法学者的观点认为，商事登记制度就是登记机关对商事组织权利主体地位的公权力确立，其登记的法律效果直接造成商事组织的主体性资格的变化与调整。① 因此，商事信托在《民法典》当中被确认为法人主体之后，就需要对商事信托进行主体资格的设立登记，否则其无法成为法律主体。其法人资格被立法确认之后，受托人可以以商事信托的名义接

① 范健主编：《商法》（第2版），高等教育出版社、北京大学出版社2002年版，第59页。

受、登记信托财产，交易相对人可以知悉信托财产的所有权信息。其功能在于公法层面确认商事信托的法人地位，克服商事信托与外部第三人之间的信息不对称，保障外部第三人对其主体资格与财产信息的知情权以及交易安全。因而，有必要通过建立商事信托的主体性登记制度对其法人地位进行相应的登记与确认。

一、登记模式的选择

（一）登记模式的比较

如何对商事组织的主体性登记问题进行法律规制，立法例告诉我们主要有统一立法与分散立法两种模式可供选择。①

统一立法模式是指立法机关通过统一的法律规范与登记标准对不同类型的商事主体进行统一的主体性登记。这种登记模式的特点在于，商事登记的基本问题在本国的民法典或者商法典对本国的商事登记作出统一的要求，其中还分为民法典规范模式与商法典规范模式。《德国商法典》第8—16条规定了“商事登记簿”的相关内容，其中对登记机关、登记的方式、登记内容的查阅、登记效力等事项进行了具体的规定②；《西班牙商法典》第16—24条对“商业登记”中有关登记主体、登记监管、登记效力等事项进行了具体的规定③；《日本商法典》第8—10条对登记事项、登记效力以及登记的变更与注销进行了具体的规定与要求④；《韩国商法典》第34—40条规定了“商业登记”的相关内容，其中对登记的要求、登记机关、登记的效力以及登记的变更与消灭进行了具体的规定⑤。但是，此种模式内部仍然存在一定的差异，也具有一定的局限性。例如，登记机关不

① 肖海军：“论我国《商事登记法》的制定与体例”，《时代法学》2020年第5期，第9页。

② 杜景林、卢谌译：《德国商法典》，法律出版社2010年版，第5—15页。

③ 潘灯、高远编译：《西班牙商法典》，中国政法大学出版社2008年版，第7—11页。

④ 刘成杰译注：《日本最新商法典译注》，中国政法大学出版社2012年版，第21—25页。

⑤ 周玉华主编：《韩国民商事法律汇编》，人民法院出版社2009年版，第284—285页。

同。《德国商法典》和《韩国商法典》将法院规定为商事登记机关，而《西班牙商法典》通过设立全国统一的商业登记中心实现对商事主体的登记。同时，统一立法模式下各国的商法典无法对商事登记的细则进行细化，例如《德国有限公司法》和《德国股份公司》均以《德国商法典》为制度框架，在特别法中分别围绕所规范的某一特定类型的商事组织登记方法进行详细、具体的规定。[①] 而在《西班牙商法典》中，其商事登记也需要通过另行制定《商业登记条例》落实。[②] 采取民法典规范模式的国家有巴西、瑞士和荷兰。其中，《巴西民法典》第967—971条对企业的商事登记内容进行了一般性的规范，《荷兰民法典》除了在第二编“法人”中对法人的登记事宜有原则性的规定外，还要求依据本国的商业登记法对企业履行登记手续。[③]

分散立法模式是指立法机关针对不同的商事主体类型制定不同法律，或者规范性法律文件调整商事主体的登记设立。采取这种模式的国家主要由英美国家组成，当然我国也采取这种立法模式。在英美法系国家，商事登记制度是附属于公司法、合伙法或者商事信托法的产物。[④] 在美国，《美国统一商法典》并未对商事主体的登记事宜进行原则性的规定，而是在其公司法、合伙法以及信托实体法中对特别法所对应的商事组织登记事宜进行相应的规范。在联邦层面，合伙企业与投资公司的备案程序是一种可以自主选择的自愿性程序，但是如果选择备案，则需要向各州的州务卿办公室申请备案登记。[⑤] 而在州法层面中，《特拉华州公司法》第106条规定，股东需要依据第103条的要求向州务卿制作、确认、上报设立公司的证明文件后方可取得企业法人地位。[⑥] 英国公司法则要求公司的发起人向登记

---

① 刘训智：《商事登记统一立法研究》，中国政法大学出版社2015年版，第38页。

② 潘灯、高远编译：《西班牙商法典》，中国政法大学出版社2008年版，第8页。

③ ［荷］D. 克基尼·亚特里都：“荷兰对外国投资者的保证”，焦庞颙译，《国外法学》1981年第2期，第63页。

④ 肖海军：“论我国《商事登记法》的制定与体例”，《时代法学》2020年第5期，第4页。

⑤ 沈四宝、张丹编著：《美国统一合伙法及典型案例分析》，对外经济贸易大学出版社2007年版，第46—47页。

⑥ 卞耀武主编：《特拉华州普通公司法》，左羽译，法律出版社2000年版，第7—11页。

官提交申请书和声明书，取得注册证书后方才取得法人资格。① 在我国，民法典体系并未对商事如何登记进行框架性的规定，也没有在《公司法》或者《合伙企业法》对其商事主体性资格的登记事宜进行相应的规范，而是通过国务院颁布行政法规的方式对商事组织应当如何登记、登记什么的问题进行详细的规范。

（二）登记模式的取舍

从前述登记模式的比较可以发现两个特征：其一，法典层面一般情况下只能解决商事主体之间登记的共性问题，无法解决不同类型商事主体的登记个性问题。因此，即便是德国、西班牙、荷兰等采取统一立法模式的国家，仍然需要在法典之外针对不同的商事主体制定不同的商事登记细则。其二，登记管辖机关并没有限定为某一特定登记机关，主要的商事主体登记机关有法院、设立专门的登记机关以及州行政主管机关三类。因此，我国的商事信托主体性登记问题应当以分散登记模式为基础，结合商事信托的实践场域，建立以资管产品为商事主体的信托登记制度。原因有以下两点：

第一，商事信托作为非商人商事主体的一类，应当与工商登记制度有所区分。② 首先，我国商事登记事目前宜采用的是分散模式。目前来看，无论是作为营利法人的公司法人，还是作为非法人组织的合伙企业，尽管其登记主管机关为工商行政主管机关，但是作为在民法典体系中完全不同的权利主体类型，国家最高行政机关分别针对不同类型的商事组织颁布了不同的登记管理条例以实现差异化的调整与规范。其次，近些年来，部分学者所倡导制定的商事登记法为企业主体的登记法，并未涵摄商事信托作为其他法人的登记问题。③ 从本质上来看，这是一种就事论事的立法态度，

---

① 林少伟：《英国现代公司法》，中国法制出版社2015年版，第87—89页。

② 施天涛："商人概念的继受与商主体的二元结构"，《政法论坛》2018年第3期，第88—90页。

③ 参见：肖海军："论我国《商事登记法》的制定与体例"，《时代法学》2020年第5期，第1页以下；邹小琴："商事登记制度的属性反思及制度重构"，《法学杂志》2014年第1期，第49页以下。

即根据社会发展中已经形成且被民事法律规范所确认的商事组织进行相应的登记制度建设。从社会发展的角度观察，这种立法建议忽视了商事信托已经呈现出主体性倾向。最后，从登记后公开披露的内容来看，公司法人与合伙企业尽管并不是同一权利主体类型，但是在法律制度的轨道中都是商人主体，其设立目标在于经营而非投资，因而商事信托的主体性登记应当与商人商事主体相区别。无论是公司法人，还是合伙企业，都需要对组织成员的名单进行登记并对外公开披露，但是商事信托在登记时需要对信托当事人的信息进行登记，但对外并不公开披露委托人（受益人）的信息。

第二，不同类别的资管产品登记机关不同，亟待统一。尽管不同的资管产品均将信托法作为基本法，但是不同类别的资管产品均有不同的登记机关或者信息登记系统。例如，银行理财的登记系统是全国银行业理财信息登记系统，信托计划的登记机关是中国信托登记有限责任公司，而证券投资基金、保险资管计划均有自己份额登记机构。由此可见，我国金融监管机关面对不同类别的资管产品，分别设立不同的登记机关或者登记系统对其进行登记，其法律依据上的差异并未影响各类资管产品的基本法、法律构造、功能，以及价值方面均能体现出相似性。但是，这并不代表着相应的登记会带来相同的登记法律效果，或者说其登记的公信力是否会得到人民法院的承认是值得怀疑的。因此，出于实现对不同类别资管产品所登记信息统一与平等的保护，应当在金融监管机构的领导下建立以商事信托关系为基础的资管产品的统一登记，以实现对商事信托主体性资格和主体性信息的公示公信。

二、登记事项的规范

（一）关于登记设立的原则

一般认为在美国，关于商事信托登记设立的原则问题，有三种路径可供选择：自由设立原则、备案设立原则和审批设立原则。①

① 刘正峰：《美国商业信托法研究》，中国政法大学出版社2009年版，第195页。

自由设立原则主要是在英美国家的普通法信托当中存在，即商事信托的设立行为仅通过委托人与受托人的意思自治实现，在规范性法律文件中原则上并不对信托当事人的设立行为进行干涉，设立的程序也不需要主体性登记手续。但是，这种情况仅存在于美国承认普通法商事信托的州。对于我国来说，由于不存在普通法传统，资管产品的设立也与公共利益与金融秩序相关联，因而管理受托人可以在未经金融监管机关审批的情况下自行设立，与我国的法律传统以及商事信托的实践场域监管要求相违背，因此应当对备案登记设立原则和审批设立原则进行分析。

备案设立原则即商事信托的设立只要在设立条件上符合法律规则要求，并向登记机构进行备案登记即可获得主体性资格。此种原则之下尽管对商事信托的登记行为作出强制性要求，但是负责登记的权力机关并不对信托当事人所报送信息的真实性进行调查与审核，这也与美国自由的商业价值相契合，又符合美国资产管理市场的展业需求，故被美国商事信托所广泛适用。同时，如果信托当事人设立信托的材料不符合登记主管机关的要求，还可以通过诉至法院进行裁判。例如，《美国法定信托实体法案》第201条规定，商事信托设立前需要向州务卿提交信托证书注册备案，而《特拉华州法定信托法》和《弗吉尼亚州商事信托法》也规定只要设立人向州务卿或公司专员提交的申请材料符合其要求，即应当批准设立。① 但是，选取备案登记原则并不代表美国法律忽视登记材料的客观性与真实性，为了避免资管产品的滥设与欺诈行为发生，分别针对设立人不同的欺诈行为设定不同的民事或者刑事法律责任。例如，马萨诸塞州将欺诈设立商事信托视为欺诈发行证券的一类，并规定对欺诈发行信托受益权凭证的责任主体判处十年以下的监禁。而《特拉华州法定信托法》规定，如果信托证书是依据欺诈行为或虚假陈述行为取得，衡平法院有权禁止设立人在此州再次通过商事信托从事经营活动。此外，在弗吉尼亚州还会针对信托受益权凭证的欺诈发行人同时判处刑罚与罚金。② 美国法律如此规定的原

① 刘正峰：《美国商业信托法研究》，中国政法大学出版社2009年版，第196页。
② 刘正峰：《美国商业信托法研究》，中国政法大学出版社2009年版，第196页。

因在于一方面是为了维护自由的资本市场，鼓励金融创新，另一方面是为了保护投资者的利益，制定了严格的惩罚措施以维护资本市场的公信力与权威性，所以在信托设立时不对设立行为进行过多干涉。

但是，备案设立原则并不适宜我国的现实状况，原因有两点：第一，备案设立原则无法满足金融监管机关对资管产品设立的监管审查。众所周知，资管产品的设立除了需要为投资者创造财富，保护投资者的合法权益，还要执行国家对资本市场的宏观调控政策，防止资本市场发生系统性金融风险。因此，如果采用备案设立原则，则意味着失去了商事信托在设立之前的金融监管审查一环。第二，从投资者保护的角度来看，采取备案设立原则还需要围绕信托受益凭证的发行人建立完善的欺诈发行责任制度。但是目前来看，无论从刑事责任还是民事责任的责任认定规则来看，我国法律体系中均没有对资管产品的发行人虚假、欺诈发行资管产品的责任规则。因此，采取此种原则作为商事信托的登记设立原则，也不符合投资者权益的保护。

审批设立原则是指商事信托的设立除了要具备法律规定的必要条件以外，设立的内容还要经过登记机关的审批。此种原则之下，金融监管机关或登记机关对于商事信托的设立可以通过公权力进行干预，因此有的学者认为其不利于商事信托制度的推广与资产管理行业的健康发展。① 但是，核准设立原则虽然与美国的资本市场特点有所区别而导致不被认可，却可以被我国的市场所接受。原因在于商事信托作为资产管理行业的基础性法律制度，必然要与我国宏观审慎的金融监管框架所匹配。一个商事信托的设立，也是一个资管产品的成立，其中一头关系到金融作为经济的血液服务国家战略，另一头关系到投资者可以通过信托渠道获取合法收益，这些都离不开监管机关在其设立之前的审查与核准。

综上所述，关于商事信托主体性登记制度所应选择的登记设立原则应当是审批设立原则，通过公权力的介入实现金融秩序的稳定与投资者权益的保障。

---

① 刘正峰：《美国商业信托法研究》，中国政法大学出版社2009年版，第195—196页。

（二）关于登记名称

名称的登记，是国家权力机关对商事主体的名字进行规范性记录，以实现其在社会经济活动中以具有公信力的名称从事民事法律行为，因此商事信托在实践场域中的运作也应当有相应的名称。[①] 法人作为拟制的权利主体，也应当与自然人一样拥有自己的名称，正如我国《民法典》第五十八条规定，依法成立的法人应当有自己的名称。因此，当商事信托植入民法典之中时，也应当有符合法律规定的名称。商事信托的法人名称问题应当从以下三方面进行规范：

第一，商事信托的名称应当体现其“其他法人”的特征。商事信托的名称应当体现商事信托的性质，否则在资本市场交易中，第三方当事人将无法判断商事主体的法人类别，进而危害交易安全。在美国《弗吉尼亚州商事信托法》中，就对商事信托名称当中的信托特征作出过明确的规定，其中第14条规定商事信托的名称可以包括“联合体”“基金”“信托”等名称，同时还规定了商事信托的名称不能包括“有限合伙”“有限公司”“信托公司”等名称。而在《美国法定信托实体法案》将商事信托名称的范围做了进一步的扩大，第207条规定商事信托的名称可以加入受益人或受托人的姓名。[②] 以此为借鉴，结合我国商事信托与资管产品的具体应用与实践，可以采用“受托人名称简称＋资管计划名称＋资管产品类别”的方式对商事信托进行命名，以体现资管产品的信托性质与产品分类。

第二，商事信托的名称应当与其他商事信托相区别，也应当与其他民事权利主体的名称相区别。名称权作为法人人格权的组成部分，已被我国《民法典》所确认。商事信托作为法人的一类，应当就其名称享有名称权，因此商事信托的名称也具有特定性。一方面，实现商事信托名称的特定性可以使商事信托的交易对手不因名称产生误导，明确信托财产的所有权归属；另一方面，使资本市场中的投资者对某一被投资主体的股权结构有清晰的认知，将金融机构的固有财产持股与信托财产持股相区分。对此，

① 施天涛：《商法学》（第5版），法律出版社2018年版，第90页。
② 参见《美国法定信托实体法案》第207条。

《美国法定信托实体法案》对商事信托在名称方面也有相似的规定，其中第 207 条规定商事信托应当与所在州之州务卿记录下的公司、组织或其他经营实体的名称相区别。而在我国，公司企业的名称也不得与统一企业登记机关下其他企业的名称相同。因此，商事信托的名称不但要将不同的资管产品的名称相区分，还应当与商人商事主体的法人公司、合伙企业的名称相区别，以实现其在名称、信托财产所有权归属以及民事法律行为的独立性。

第三，商事信托的名称应当不侵害公共利益，不违背公序良俗，也不能使公众产生误解等，总的来说，应当严格规范商事信托的名称选择。商事信托作为资本市场当中的市场主体，有关名称当中的禁限规则，完全可以以《企业名称禁限用规则》为参照，在体现商事信托特征的基础上对禁限性的名称内容进行完善。例如，名称的内容不应当有消极或者不良影响，不得宣传恐怖主义、种族主义的内容，也不得包含国家、地方政府、国际组织名称等。同时，商事信托的名称为体现一种非商人商事主体的法律地位，其名称应当与作为商人商事主体的公司法人与合伙企业相区别，因而在名称中也不应当含有“公司”或“企业”等带有显著商人特征的名称。

（三）关于登记的内容

关于商事信托主体性登记的内容，应当区分为设立登记阶段与变更登记阶段两部分组成。现阶段，我国立法当中的信托登记为信托产品登记，并不是对信托财产或其他类别的资管产品进行登记，而承认商事信托的法人地位，从某种意义上来讲就是赋予资管产品以法律主体资格。因此，可以以《信托登记管理办法》为蓝本，设计商事信托设立登记的内容与规范。此处需要说明的是，由于《信托登记管理办法》的制定主体为中国银保监会，而我国目前的金融监管体制为分业经营、分业监管，证券投资基金、证券资管计划的监管机关为中国证监会，因此建议登记实施细则的制定可以由国务院制定，或者由中国银保监会和中国证监会联合制定的方式消解分业监管带来的制度张力。

设立登记阶段主要由作为管理受托人提起设立申请，由专门的登记机构进行设立申请的审批，符合法定设立条件的商事信托可以对其进行核准登记。登记的内容应当载明商事信托的名称、信托当事人的信息、信托财产的财产权类别与数量、信托目的或投资策略，信托登记机关应当对登记申请表的登记事项与信托文件所记载的内容进行一致性的形式审查。如，若出现信托名称重复，或者不符合法律规定，或者申请表登记的事项与信托文件记载的内容不符，登记机构可以拒绝对拟设立的商事信托进行主体性登记。

信托成立后，如果出现基于信托文件约定或者信托当事人决议要求变更信托登记的内容或者注销商事信托的设立，应当及时就资管产品的变动向主体登记机关进行相应的变更登记，并经行政机关审查后方可对商事信托的公示信息进行变更。此外，如果信托当事人决议要求注销商事信托的设立，信托当事人还应当向登记机构提交相应的清算报告以证明商事信托的法人人格已经过法定清算程序而进入注销阶段。

第三节　完善商事信托的组织法治理结构

前文分别从经济与法律两个角度切入，分析了我国的商事信托制度在资管产品的运作中存在的问题。随后又对美国、英国与日本的资管产品的治理结构进行了对比分析发现，无论是美国的投资公司、英国的开放式投资公司，抑或是日本的投资法人，都是通过法人的组织法结构解决商事信托制度在运用于资管产品中所表现出治理结构的囚徒困境与代理成本问题，同时也理顺了投资者、管理者以及监督者之间法律地位模糊与监督障碍问题。因此，用法人的内部组织结构对商事信托的治理结构进行立体式的阶层化塑造，既可以解决我国资管产品的治理结构中投资者保护形骸化的问题，也符合世界资管产品法制的发展趋势。那么，本节内容将回答如何实现治理结构从“平面图形”向“立体几何”的转变。此外，需要指出，对商事信托内部治理结构的完善在信托法层面应当是一种任意性规范，即应当给予信托当事人充分选择组织化治理结构的意思表示空间。但是，从金融监管与投资者保护的角度来看，对商事信托内部治理结构完善还需要依靠金融监管规则实现。

一、权力机关设置

（一）设置路径的选择

从我国的商事信托立法来看，我国《信托法》并未对委托人（受益人）大会的召集、表决以及与管理受托人、监督受托人之间的关系作出明确规定。而在特别法层面，无论是《证券投资基金法》，还是金融监管政策，只有《证券投资基金法》与《信托公司资金信托管理办法（征求意见稿）》中对商事信托内部的权力机关进行简单的规定，其他资管产品的监管规则并未对其治理结构当中的权力机关搭建进行完善。同时，即便信托计划与证券投资基金对权力机关的设置进行初步的规范，也未对其如何运转进行细致明确的规定。因而，投资人在对管理者的行为产生怀疑时，大多数情况下需要直接与管理者进行沟通，其沟通的效果并不会对投资者意欲实现的结果产生任何积极的推动力。因为当投资者直接对管理者的行为产生怀疑并试图变更时，必然会面临两个假设：其一，从专业的知识储备与信息对称度来看，投资者的诉求是否可能改变管理者的行为；其二，资管产品的投资者与公司法人之中的股东或者出资人一样，具有人数众多以及地域分布较广的特点，某一投资者的积极行为同时会为其他投资者带来正向的法律效果，但积极行为之下必然会产生必要的监督费用（此处的费用不但包括经济成本支出，还包括时间成本支出），那么监督费用应当如何分担？

当以上两个假设的结果均存在不确定性时，每一个理性的投资者都很难单独对管理者行为进行必要的监督，尤其在投资者人数众多的场景之下。除非作为投资者群体中的人数比较少，相互之间沟通协调成本较低，或者存在其他强制性的手段可以迫使其积极行使权利，否则从自身利益出发，数量庞大的投资者不会为了他们共同的利益而积极采取一致性的行动，更多的人是在等待其他投资者通过维护自身利益而实现对自己利益的保护。① 关于这一现象，经济学上将其称为“搭便车”，其所带来的集体行动困境问题既是投资者经济理性的应然状态，也是商事信托内部权力机关缺失的必然结果，因而可以通过法人的内部治理结构对其中集体利益和个人利益之间的张力进行缓解。如何解决委托人/受益人之间的集体行动困境？第一种方案是，将公权力引入商事信托的权力机关建设中以平衡投资者之间的矛盾张力；第二种方案是，将投资者之间的矛盾冲突交给市场，通过“看不见的手”在投资者之间形成博弈，并使投资者因集体行动困境遭受市场的惩罚而作出合作的选择；第三种方案是，通过在投资者之间建立自治组织以实现对剩余控制权的有效安排。但是，应当选择哪一种方案解决投资者所面临的问题，应当进一步分析。

第一种方案是将公权力引入商事信托的治理结构当中解决投资者之间的集体行动困境，但是仅从民商法的角度来看，并不适用商事信托的治理结构。因为尝试通过公权力的介入解决集体行动困境的场域主要限定于大型群体或不确定性群体完成既定共同目标，所以并不适合资管产品的投资者。原因在于：其一，公权力无法公平调整不同群体之间利益。公权力属公共产品的一种，当公权力介入委托人/受益人之间的集体性行动困境时，则意味着原本平等的民事法律关系转为不平等主体的行政法律关系，则势必对处于受托人位置上的管理者产生不必要的压迫。其二，执行成本过高。一方面，面对委托人/受益人之间的差异性，其利益诉求也千差万别。公权力很难替每一位投资者作出决策，或者说公权力的介入很难满足每一类投资者群体的特殊利益需求。另一方面，当公权力取得了委托人/受益人的剩余控制权后，又由谁去监督公权力？此外，从比较法的经验来看，公权力对治理结构的介入主要用于解决金融服务主体之间的矛盾，对于委托人/受益人行使投资者权利的问题，大多通过赋予其行权的便利性以实现自我保护的主动性。

---

① ［美］埃莉诺·奥斯特罗姆：《公共事物的治理之道》，余逊达译，上海三联书店2000年版，第17页。

第二种方案是引入市场的力量，即通过投资者之间的多次博弈以实现集体合作，但是这一方案适用的前提在于组织规模有限，其适用的前提取决于投资者进入组织内部成员的流动性较小以及成员间声誉机制与惩罚机制足够起作用。① 在资管产品中，作为委托人/受益人的投资者之间并不会产生多次博弈，且流动性较大，随时都可以通过赎回的方式退出投资者群体。因此，单凭市场化的多次博弈形成统一的合作方案，对于商事信托来说是不现实的。

第三种方案是强化自主管理机制。这一方案的理论基础来源于奥斯特罗姆的"公共池塘资源模型"，即集体困境的突破需要摆脱社会群体对公权力或者市场竞争解决集体行动困境的依赖，在商事信托内部形成一个自我管理与自我约束的自治性组织。② 在这种管理机制之下，投资者/受益人能够为了集体利益而自主组织起来采取集体行动，并通过统一的自治组织与规则的集中消解可能存在的"搭便车"问题，且出于同样的利益考量尽可能规避其他的机会主义行为。

笔者认为，应当优先选择第三种方案解决我国商事信托在委托人/受益人之间面临的集体行动困境，最大限度减少公权力或者外力对民事法律关系进行干涉。在具体的运用当中，资管产品中投资者之间在行为、利益以及价值取向方面大相径庭，当公权力的介入或者市场的反复博弈因其自身局限性都无法有效解决投资者剩余控制权的行使问题时，在投资者之间建立一种正式的沟通协商机制成为一种选择可能。通过在信托法中植入委托人/受益人大会的形式建立统一的权力机关，可以平衡不同投资者群体的利益诉求，也可以在投资者与管理者之间形成统一的互动协商协调机制。

（二）如何设置权力机关

目前，我国《信托法》并未对有关商事信托内部建立委托人/受益人大会或者权力机关的事宜进行规范，但是前文已经提及，商事信托作为法

① 陈毅："走出集体行动困境的四种途径"，《长白学刊》2007 年第 1 期，第 61 页。

② 毛寿龙：《政治社会学》，中国社会科学出版社 2001 年版，第 358 页。

人时，其内部组织结构应当以任意性规范为主，因此应当在《信托法》的修改中赋予委托人或者受益人建立自治性的权力组织的可能。同时，以特别法或者金融监管规则的方式，对资管产品内部的权力机关设置进行相应的具体规范。因而，应当从以下三方面进行完善：

第一，建立委托人/受益人大会的召集机制。目前在我国，最先以信托法为基本法的资管产品是信托计划，至今尚未有关于委托人/受益人大会的召集机制。但是，综合参考其他资管产品已有的立法经验，应当从由谁召集与召集条件两方面切入，规范商事信托内部权力机关的召集机制。由谁召集，即商事信托内部治理结构当中处于不同法律地位的信托当事人，法律或者信托文件赋予谁可以提请召开。例如，在证券投资基金当中，投资人会议的召集可以由管理受托人、托管受托人以及投资人召集，充分扩宽处于不同法律地位下信托当事人将管理事宜上升至内部权力机关表决解决的路径。对此，《日本信托法》第106明确规定，日本的受益人会议的召集可以通过受益人、受托人或监督人召集，对比分析我国《证券投资基金法》，两者在委托人/受益人大会的召集问题上并没有太多区别。商事信托中委托人/受益人大会的召集人，既要考虑到保管受托人对商事信托运行的监督需要，也要考虑到管理受托人可能存在自己无法选择的事项交由权力机关解决的可能，还需要考虑到委托人与受益人作为投资者出于保护自身利益的选择，所以应当赋予治理结构中每一位信托当事人以启动委托人/受益人大会的权利。目前，尽管《证券投资基金法》关于这一问题已经有较为完善的规定，但是笔者并不赞同在召集条件方面将委托人/受益人的人数，或者比例限定在比较严格的条件之上，原因在于资管产品的销售与购买大多通过计算机网络或者手机App实现，投资者之间并不知晓其他投资者的个人信息。在对管理受托人有质疑时，要求其必须代表10%以上份额的投资者才有资格提起基金持有人大会，这无疑阻却了投资者合法通过权力机关行使权力的可能。反观《日本信托法》并未对受益人提起受益人大会的人数或者份额作出具体要求，从这个角度来说，也是对受益人权益的一种保护。此外，我国《信托法》在对商事信托的权力机关进行命名时，不宜采用“受益人大会”或“受益人会议”等称谓。因为我国的商事信托或资管产品为自益信托，从法律地位上来看委托人与受益人为同一人。而在金融实践中，委托人/受益人对信托文件的变更多以委托人指令的称谓作出。因此，在信托法中设置权力机关时，其称谓应当与我国的金融实践保持一致。

第二，健全委托人/受益人大会的表决机制。有关委托人/受益人大会的表决机制问题，信托产品与证券投资基金采取了完全不同的两种表决机制。其中，《信托公司资金信托管理办法（征求意见稿）》的规定较为简单，要求信托产品的表决事项应当由全体投资者/受益人一致表决通过，但是此种机制忽视了投资者/受益人所面临的集体行动困境，即如何参会、如何表决，以及如何在人数众多、地域分布较广的投资者/受益人中形成有效决议。而证券投资基金的表决机制的规定则较为细致具体，即对于基金份额持有人大会的召开条件、生效表决条件作出明确规定，与《日本信托法》第113条相似。但是，与《公司法》或者域外资管产品法相比，有效决议的形成依然存在着较高的表决门槛。对于委托人/受益人表决机制的健全问题，应当以如何促成委托人/受益人大会形成有效决议为原则。因此，可以进一步借鉴《日本投资信托与投资信托法人法》中有关投资法人中“视为表决”的特别规定，即信托法通过授权信托当事人在信托文件中允许委托人/受益人在不出席委托人/受益人大会，也不行使表决权的情况下，视为已经行使赞成表决权。①

第三，完善委托人/受益人大会的职责内容。对于委托人/受益人大会的职责，我国的信托计划或证券投资基金均有较为明确的规定。例如《信托公司资金信托管理办法（征求意见稿）》规定，对投资范围和投资比例进行变更，或是受托人进行关联交易，都需要受益人大会表决通过。而在证券投资基金中，基金份额持有人大会的职责则更加细致具体，其中包括对基金管理内容的实质性变更，对基金管理人、托管人的更换以及对其薪酬的调整。我国的资管产品在规定委托人/受益人大会的职责时，偏重投

① 高岚：《日本投资信托及投资法人法律制度研究》，云南大学出版社2007年版，第114页。

资者对产品管理变更，忽视了投资者行使监督权内容的完善。而投资者如何通过委托人/受益人大会行使监督权，也是各国资管产品法规制的重点内容。例如，在美国和英国，共同基金或开放式投资公司的股东会拥有审议董事会或外部会计提交独立审计报告的权利；在日本，一定比例的投资者可以请求政府选任监察人对资管产品的业务与财产进行调查。因此，在完善《信托法》委托人/受益人大会的职责时，应当加入监督权的内容以强化对受托人的信义义务要求。

二、执行机关与监督机关的调整

（一）调整思路的选择

根据前文的论述可知，在资管产品中，管理者与托管人之间因陷入囚徒困境博而导致信托受托人之间存在逆向选择问题，即管理者与托管人将相互制约的权利义务关系推向相互“合作”。管理者与监督者之间存在“委托—代理”关系中的串谋行为是导致管理者与托管人之间出现囚徒困境问题的直接原因。

最开始，由于“委托—代理”问题的出现，经济学家为解决不完全契约下的代理成本问题，通过向经济组织中引入监督机制以解决经济组织中代理人可能侵蚀委托人利益的问题，拓宽委托人信息来源的供给渠道，最终提升委托人在委托事项方面的整体福利。但是，这一解决问题的制度性安排转而变成了新的问题，即代理人通过与监督者之间串谋的非正式行为，共同对付委托人。①

一般认为，串谋行为形成主要由三方面条件促成：第一，经济组织之中存在多位代理人并存的情况。资管产品的治理结构中，除了需要设立一位管理者对信托财产的管理与运作进行支配，还需要设立一位保管者对信托财产履行保管职责。因此，为了防止管理者或保管者作出损害投资者利

① 张卫国、罗军、吴丙山：“组织中的非正式行为问题——串谋行为和权力滥用”，《探索》2005年第1期，第80页。

益的行为，金融监管规则在资管产品的治理结构中还引入了监督者以监督其他信托受托人的信托行为。第二，多位代理人的权利之间相互影响。在契约式的资管产品中，管理者作为产品的发起人与受托人，托管人承担了保管者与监督者的角色。在这样一种契约式信托关系中，由于管理者作为发起人对托管人的选聘与解任具有支配地位，因而处于信托法律关系的中心地带。同时，虽然法律授予托管人以监督管理者的权力，但是由于自身法律地位来自管理者的任命，因而管理者与托管人之间权力的相互影响主要表现为人事权与监督权之间的博弈。第三，委托人与代理人之间存在信息不对称。一方面，主要表现为委托人对于管理者与监督者之间的串谋行为很难察觉；另一方面，由于委托人的信息量远低于管理者与受托人。① 串谋行为的行为方式，既包括受托人之间对积极侵害委托人利益的行为达成一致，也包括其中之一的受托人对其他受托人侵害委托人利益的行为放任不管。只要管理者与监督者之间维护这种"良性"的合作关系而默契地"互不打扰"，串谋行为是很难被投资者发现的。此外，目前资管产品中无论是管理受托人还是保管受托人，其的信息披露的工作无论是频次还是内容形式，都并不规范。信息披露的内容更多的是交易结果，由此投资者很难发现交易背后的原因与问题，更无法知晓管理者与托管人背后的转移支付行为。

对于串谋行为解决路径的选择问题，一种方案是通过为激励性报酬以降低串谋行为发生的可能性。这种问题解决方案广为发达国家的法律制度所采纳。例如，《2011年欧盟另类投资基金管理指令》第15条明确规定，为了解决另类投资基金内部受托人之间利益不一致的问题，管理者应当保证每位基金当事人享有不低于5%的净利润。但是，除了为信托受托人提供激励性报酬这种方式外，通过监督机制的设计在治理结构层面解决信托受托人之间的串谋行为应当被我们所重视。②

---

① 赵文华、安立仁、席酉民："一个新的委托代理问题——共谋行为"，《西北大学学报（哲学社会科学版）》1998年第3期，第35页。

② 张斌、徐琳："基于对称信息的双监督人共谋防范实验研究"，《中南财经政法大学学报》2011年第5期，第40页。

（二）如何对执行与监督机关进行调整

商事信托内部执行机关与监督机关的蜕变，离不开从契约式信托向法人式商事信托的转变。在商事信托的法人化之下，其治理结构不必像契约式信托一样将发起人作为治理结构的中心，连接委托人、保管受托人以及监督者之间的法律关系。而是通过将商事信托拟制为法律上的人，各信托当事人通过与法人建立民事法律关系以实现对各方权利义务的内容进行配置与平衡。因此，应当从以下三方面调整执行机关与监督机关的关系：

第一，保管受托人监督职责的剥离。从前述分析可知，由于承担不同职责受托人之间可能存在的串谋行为是导致管理权与监督权陷入囚徒困境的直接原因。因此，对资管产品的受托人职能进行调整时，首先应当将监督权从保管受托人的职责范围内剥离。如此调整，一方面可以使保管受托人与管理受托人之间的义务冲突得以缓解，另一方面也可以加强保管受托人作为资产持有人的独立性。在前文的比较法分析中可以发现，除了在英国的单位信托中赋予保管受托人以监督管理者的职权外，未见有一国资管产品法制要求保管受托人承担对管理者的监督职责。而在英国的单位信托中，保管受托人的监督职责也非常明确具体，仅限于监督管理者是否按照信托文件的约定进行管理。在实践中，管理受托人出具投资指令以后，保管受托人需要依据指令的内容作出投资或者赎回的操作，在其中也需要对指令的内容是否与信托文件的约定相冲突进行复核，以保证信托行为的作出与信托目的相一致。因此，英国单位信托中所规定的保管受托人的监督职责，从本质上来说应该是复核管理受托人的信托行为是否与信托文件相一致的管理行为，而非抽象且复杂的监督权，也不应将其上升至信义义务的层面。比较法的经验之下，应当将保管受托人的监督权从其职责范围内剥离方是执行与监督机关“蜕变”的第一步。

第二，建立完善的管理委员会。法人化之下的商事信托具有阶层化的组织特点，除了需要对作为权力机关的委托人/受益人大会进行设置，还需要在权力机关之下建立完善的执行机关——管理委员会。根据日本投资法人中董监会的设立规则可知，其功能无外乎要在执行机关当中建立一道符合投资文件约定的内部治理机制，即管理受托人的管理行为符合投资文件的约定，当管理行为超出投资文件约定时即转由投资者大会决定。因此，资管产品中管理委员会建立也应当以建立内部制衡机制为中心，其成员应当由管理受托人与保管受托人组成。其中，管理者的职责是在信托文件的框架内制定投资策略并且对既定的投资策略进行执行，而保管受托人的职责主要是对投资指令内容的复核并通过金融账户进行实际支付。此处需要指出的是，保管受托人对投资指令的复核，除了需要复核其内容是否与信托文件相一致，还需要加入对投资标的是否与管理者存在关联关系进行复核，以避免在投资过程中管理者通过关联关系向自己进行利益输送。因此，管理委员会的决策应当由管理受托人与保管受托人一致表决通过方可作出，如此也与信托法中的“共同行动义务”法理基础相一致。

第三，设立独立的监督机关。独立的监督机关意味着监督者的选聘与解任应当与资管产品的发起人或管理受托人相分离。从共同基金、集合投资计划以及投资法人的立法实践可以发现，无论是独立审计，还是会计监察人的选聘与任免，均属于代表投资者的委托人/受益人大会的职责。而监督机关的职责应当主要围绕管理委员会提交的会计报告进行审计，其中应当包括对专户流水的核对，资产、负债以及权益的复核，以保障投资者利益不被管理受托人或保管受托人所攫取。

结论

"信托"在我国一百多年的变迁历史，既是一种金融工具的发展史，也是一部民商事法律制度的建立史，不可不谓波澜壮阔。但是归根到底，"信托法"应当是资管产品的基本法，而不是信托产品的专门法，讨论我国商事信托的法律定位问题，应该跳出用益制度下关于财产转移、持有的前提假设，聚焦我国商事信托的实践场域下所面临的现实问题。

目前，关于信托的法律定位问题，在学术观点与立法例上有财产权、物权法、合同法以及权利主体四种进路。对于我国来说，法人化的实践价值就在于解决信托财产的所有权归属问题，即当我们将商事信托视为法人之时，信托财产的所有权将自然归属于法人名下，信托当事人的任何一方都将不再享有信托财产的所有权。由此可以解决双重所有权对我国民法典体系所提出的制度挑战，也可以解决信托财产登记制度在我国缺失的尴尬境地。我们应当看到，商事信托成为法人并不存在理论上的障碍。从英美法系中商事信托的发展史来看，商事信托制度是作为公司、合伙之外的第三类商事权利主体出现在近现代的商事制度当中，而不是一种简单的信义关系或者财产权关系。从我国法人特征来看，商事信托的实践特征也与法人的基本特征相一致。通过对公司、合伙以及商事信托进行组织法比较可以发现，商事信托与公司法人在投资者所有权的归属、财产防御的边界以及组织治理的框架方面具有高的相似性。因此，认识到商事信托的法人化倾向之后，可以在民法典中将其视为法人，并入"其他法人"一节，以减少与现有民法典体系的法律冲突。

从实践的角度看，围绕信托财产所产生的信托财产独立性问题以及信托当事人引发的内部治理结构问题，都反映出现有制度存在的力所不逮的疲态，即信托财产不独立和治理结构不平衡。但是，在法人化之下，前述两类实践问题就可以迎刃而解，即通过信托设立登记赋予商事信托以主体资格，从此信托将以自己的名义持有财产，信托财产在名义上也不属于任何一方信托当事人，由此信托财产将“天然”实现破产隔离效果，也实现向外部第三人公示信托财产的真实归属状况。同时，法人化下商事信托的治理结构也以受托人或管理人为中心转为以信托法人为中心，信托法人作为连接投资人与管理人、监督人的中间机构，可以较好地平衡信托当事人之间的权利义务内容，为管理人实现诚实守信与忠实勤勉提供完善的制度保障。

王涌教授曾说道，“法人是一个‘好东西’，立法者不应吝啬法人的供给”。① 对于商事信托制度来说，融入我国民法典体系中作为法人的一个组成部分并不存在理论上的障碍，而我国的商事信托实践场域，也需要法人化对信托财产的独立性与信托治理结构的平衡进行重新规范。因此，我国的立法应当考虑通过立法承认商事信托的法人属性以适应资管产品的时代发展需求。

① 王涌：“法人应如何分类：评《民法总则》的选择”，《中外法学》2017 年第 3 期，第 644 页。

参考文献

1. 王涌：《私权的分析与建构》，北京大学出版社 2020 年版。

2. 楼秋然：《股东至上主义批判：兼论控制权分享型公司法的结构》，社会科学文献出版社 2020 年版。

3. 中国证券投资基金业协会、晨星资讯（深圳）有限公司：《中美公募基金发展情况比较与研究》，中国财政经济出版社 2020 年版。

4. ［英］斯蒂芬·加拉赫：《衡平法与信托法：数世纪的结晶》，冷霞译，法律出版社 2020 年版。

5. 何锦璇、李颖芝主编：《亚洲大陆法系国家和地区中的信托法》，查松译，法律出版社 2020 年版。

6. 黄辉：《现代公司法比较研究——国际经验及对我国的启示》，清华大学出版社 2020 年版。

7. ［英］莎拉·威尔逊：《托德与威尔逊信托法》，孙林、田磊译，法律出版社 2020 年版。

8. ［英］菲利普·H. 佩蒂特：《佩蒂特衡平法与信托法》，石俊志译，法律出版社 2020 年版。

9. ［英］保罗·S. 戴维斯、詹姆斯·佩恩主编：《衡平法、信托与商业》，葛伟军、李攀、方懿译，法律出版社 2020 年版。

10. ［英］阿拉斯泰尔·哈德逊：《衡平法与信托的重大争论》，沈朝晖译，法律出版社 2020 年版。

11. 李彤：《加拿大法律制度的历史发展》，法律出版社 2019 年版。

12. 中国证券投资基金业协会：《基金》，中信出版社 2019 年版。

13. ［加］布莱恩·R. 柴芬斯：《所有权与控制权：英国公司演变史》，林少伟、李磊译，法律出版社 2019 年版。

14. 辛乔利：《现代金融创新史：从大萧条到美丽新世界》，社会科学文献出版社 2019 年版。

15. 施天涛:《商法学》(第 5 版),法律出版社 2018 年版。

16. 张文显主编:《法理学》(第五版),高等教育出版社 2018 年版。

17. 韩世远:《合同法总论》(第四版),法律出版社 2018 年版。

18. 王军:《中国公司法》(第 2 版),高等教育出版社 2017 年版。

19. [日] 新井诚:《信托法》,刘华译,中国政法大学出版社 2017 年版。

20. [日] 樋口范雄:《信托与信托法》,朱大明译,法律出版社 2017 年版。

21. 李智等:《商事主体与商事信托法律制度研究》,上海三联书店 2016 年版。

22. 张建军主编:《信托法纵横谈——写在信托法修改前》,中国财政经济出版社 2016 年版。

23. 刘正峰:《信托制度的民法分析》,江苏大学出版社 2016 年版。

24. 刘训智:《商事登记统一立法研究》,中国政法大学出版社 2015 年版。

25. 朱大旗:《金融法》,中国人民大学出版社 2015 年版。

26. 林少伟:《英国现代公司法》,中国法制出版社 2015 年版。

27. 赵廉慧:《信托法解释论》,中国法制出版社 2015 年版。

28. 刘鸣炜、汪琪昌:《信托制度的经济结构》,上海远东出版社 2015 年版。

29. 钟向春:《我国营业信托受托人谨慎义务研究》,中国政法大学出版社 2015 年版。

30. 何宝玉:《信托法原理研究》,中国法制出版社 2015 年版。

31. 蔡秉坤:《商事信托受益人权利保护的法律研究》,中国社会科学出版社 2015 年版。

32. 胡旭鹏:《信托财产独立性与交易安全平衡论——以信托外部法律关系为视角》,法律出版社 2015 年版。

33. 刘兵红:《英国财产权体系之源与流》,法律出版社 2014 年版。

34. 张维迎：《理解公司：产权、激励与治理》，上海出版社 2014 年版。

35. 张淳：《信托法哲学初论》，法律出版社 2014 年版。

36. 季奎明：《组织法视角下的商事信托法律问题研究》，法律出版社 2014 年版。

37. ［日］道垣内弘人：《信托法入门》，姜雪莲译，中国法制出版社 2014 年版。

38. 吴晓灵主编：《投资基金法的理论与实践：兼论投资基金法的修订与完善》，上海三联书店 2014 年版。

39. 中国证券监督管理委员会组织编译：《英国 2000 年金融服务与市场法》，法律出版社 2014 年版。

40. 王连洲、王巍：《金融信托资产管理》，经济管理出版社 2013 年版。

41. 张淳：《中国信托法特色论》，法律出版社 2013 年版。

42. 何宝玉：《信托法原理与判例》，中国法制出版社 2013 年版。

43. 胡岩：《财团法人之研究》，中国政法大学出版社 2013 年版。

44. 陈颐：《英美信托法的现代化——19 世纪英美信托法的初步考察》，上海人民出版社 2013 年版。

45. ［德］迪特尔·梅迪库斯：《德国民法总论》，邵建东译，法律出版社 2013 年版。

46. 赵旭东：《公司法》，中国政法大学出版社 2013 年版。

47. 刘韶华：《信托原理在民商事法律实务中的应用》，法律出版社 2012 年版。

48. 孟强：《信托登记制度研究》，中国人民大学出版社 2012 年版。

49. 陈敦：《我国集合投资信托的法律性质分析》，法律出版社 2012 年版。

50. 葛伟军译：《英国信托法：成文法汇编》，法律出版社 2012 年版。

51. 刘成杰译注：《日本最新商法典译注》，中国政法大学出版社 2012 年版。

52. 于海涌：《英美信托财产双重所有权在我国的本土化》，中国政法大学出版社 2011 年版。

53. 黄慧凝:《信托财产法律问题研究》, 法律出版社 2011 年版。

54. 汪其昌:《信托财产权的形成与特质》, 中国财政经济出版社 2011 年版。

55. 刘新民:《有限责任合伙法律制度专题研究》, 知识产权出版社 2011 年版。

56. 薛夷风:《民商事组织形态法律制度的研究》, 法律出版社 2011 年版。

57. [英] 哈特:《法律的概念》, 许家馨、李冠宜译, 法律出版社 2011 年版。

58. 高凌云:《被误读的信托——信托法原论》, 复旦大学出版社 2010 年版。

59. 杜景林、卢谌译:《德国商法典》, 法律出版社 2010 年版。

60. 江平口述, 陈夏红整理:《沉浮与枯荣: 八十自述》, 法律出版社 2010 年版。

61. 王泽鉴:《民法总则》, 北京大学出版社 2009 年版。

62. 张军建:《信托法基础理论研究》, 中国财政经济出版社 2009 年版。

63. 刘金凤:《海外信托发展史》, 中国财政经济出版社 2009 年版。

64. 周玉华主编:《韩国民商事法律汇编》, 人民法院出版社 2009 年版。

65. 崔拴林:《论私法主体资格的分化与扩张》, 法律出版社 2009 年版。

66. 刘正峰:《美国商业信托法研究》, 中国政法大学出版社 2009 年版。

67. 朱晓娟:《论合作社的法律主体性》, 中国民主法制出版社 2009 年版。

68. 翟立宏、杨林枫等:《信托产品的开发创新》, 中国财政经济出版社 2008 年版。

69. [法] 泰雷、[法] 森勒尔:《法国财产法》, 罗结珍译, 中国法制出版社 2008 年版。

70. 潘灯、高远编译：《西班牙商法典》，中国政法大学出版社 2008 年版。

71. 张力：《法人独立财产制研究：从历史考察到功能解析》，法律出版社 2008 年版。

72. 黄道秀译：《俄罗斯联邦民法典（全译本）》，北京大学出版社 2007 年版。

73. 沈四宝、张丹编著：《美国统一合伙法及典型案例分析》，对外经济贸易大学出版社 2007 年版。

74. 徐涤宇译注：《最新阿根廷共和国民法典》，法律出版社 2007 年版。

75. 成向聪：《信托法律制度研究》，中国检察出版社 2007 年版。

76. ［英］罗纳德·拉尔夫·费尔摩里：《现代公司法之历史渊源》，虞政平译，法律出版社 2007 年版。

77. 李青云：《信托税收政策与制度研究》，中国税务出版社 2006 年版。

78. 唐义虎：《信托财产权利研究》，中国政法大学出版社 2005 年版。

79. ［美］乌戈·马太：《比较法律经济学》，沈宗灵译，北京大学出版社 2005 年版。

80. ［意］彭梵得：《罗马法教科书》，黄风译，中国政法大学出版社 2005 年版。

81. ［美］富勒：《法律的道德性》，郑戈译，商务印书馆 2005 年版。

82. ［美］斯蒂芬·加奇：《商法》，屈广清、陈小云译，中国政法大学出版社 2004 年版。

83. 董学立：《商事组织法》，北京大学出版社 2004 年版。

84. 罗昆：《财团法人制度研究》，北京大学出版社 2004 年版。

85. ［日］中野正俊：《信托法》，张军建译，中国方正出版社 2004 年版。

86. ［英］大卫·海顿科：《信托法》（第 4 版），周翼、王昊译，法律出版社 2004 年版。

87. ［德］鲍尔、［德］施蒂尔纳：《德国物权法》，张双根译，法律出版社 2004 年版。

88. 徐国栋主编：《绿色民法典草案》，社会科学文献出版社2004年版。

89. ［德］考夫曼：《法律哲学》，刘幸义等译，法律出版社2004年版。

90. 尹田：《民事主体理论与立法研究》，法律出版社2003年版。

91. ［德］卡尔·拉伦茨：《德国民法通论》，王晓晔等译，法律出版社2003年版。

92. ［美］哈森：《证券法》，张学安等译，中国政法大学出版社2003年版。

93. 梅夏英：《财产权构造的基础分析》，人民法院出版社2002年版。

94. 范健主编：《商法》（第2版），高等教育出版社、北京大学出版社2002年版。

95. 朱少平、葛毅主编：《中国信托法起草资料汇编》，中国检察出版社2002年版。

96. 徐涤宇译：《智利共和国民法典》，金桥文化出版（香港）有限公司2002年版。

97. ［美］亨利·汉斯曼：《企业所有权论》，于静译，中国政法大学出版社2001年版。

98. ［德］迪特尔·梅迪库斯：《德国民法总论》，邵建东译，法律出版社2000年版。

99. ［美］埃莉诺·奥斯特罗姆：《公共事物的治理之道》，余逊达译，上海三联书店2000年版。

100. 卞耀武主编：《特拉华州普通公司法》，左羽译，法律出版社2000年版。

101. ［英］罗纳德·哈里·科斯：《企业的性质》，孙经纬译，上海财经大学出版社2000年版。

102. 孙建江、郭站红、朱亚芬译：《魁北克民法典》，中国人民大学出版社2000年版。

103. ［英］F. H. 劳森、［英］B. 拉登：《财产法》（第二版），施天涛等译，中国大百科全书出版社1998年版。

104. ［美］Y. 巴泽尔：《产权的经济分析》，费方域、段毅才译，上海三联书店、上海人民出版社 1997 年版。

105. ［美］理查德·A. 波斯纳：《法律的经济分析》，蒋兆康、林毅夫译，中国大百科全书出版社 1997 年版。

106. ［奥］凯尔森：《法与国家的一般理论》，沈宗灵译，中国大百科全书出版社 1996 年版。

107. 中国证券监督管理委员会组织编译：《美国〈1940 年投资公司法〉及相关证券交易委员会规则与规章》，法律出版社 2015 年版。

108. 王庆翔："论我国信托法信托设立制度之完善——基于法律行为的视角"，《法律适用》2020 年第 18 期。

109. 肖海军："论我国《商事登记法》的制定与体例"，《时代法学》2020 年第 5 期。

110. 孙宪忠："论民法典贯彻体系性科学逻辑的几个要点"，《东方法学》2020 年第 4 期。

111. 易军："原则/例外关系的民法阐释"，《我国社会科学》2019 年第 9 期。

112. 李永军："民事合伙的组织性质疑——兼评《民法总则》及《民法典各分编（草案）》相关规定"，《法商研究》2019 年第 2 期。

113. 张民安、李杨："法人人格权研究（上）"，《学术论坛》2019 年第 2 期。

114. 谢志华："公司控制权的本质"，《北京工商大学学报（社会科学版）》2019 年第 5 期。

115. 楼建波："信托财产关系与物权法原则的冲突——兼论信托财产关系的民法典表达"，《交大法学》2019 年第 2 期。

116. 徐卫："信托融入民法典的逻辑理据与体例选择"，《交大法学》2019 年第 2 期。

117. 张淞纶："民法典时代信托融入的路径选择"，《交大法学》2019 年第 2 期。

118. 陈一新："论信托财产的主体性"，《交大法学》2019 年第 2 期。

119. 金仁仙："中国企业社会责任政策的分析及启示"，《北京社会科学》2019 年第 8 期。

120. 季奎明："历史、议题与展望：中国信托业、信托法四十年"，《证券法苑》2019 年第 26 卷。

121. 叶敏、张晔："特殊商主体的地位与范畴：以资管计划为例的讨论"，《财贸研究》2019 年第 8 期。

122. 施天涛："商人概念的继受与商主体的二元结构"，《政法论坛》2018 年第 3 期。

123. 杨秋宇："《信托法》的合同法化适用倾向及其应对"，《湖南农业大学学报（社会科学版）》2018 年第 6 期。

124. 刘燕："大资管'上位法'之究问"，《清华金融评论》2018 年第 4 期。

125. 王涌："让资产管理行业回归大信托的格局"，《清华金融评论》2018 年第 1 期。

126. 赵廉慧："信托财产确定性和信托的效力——简评世欣荣和诉长安信托案"，《交大法学》2018 年第 2 期。

127. 戚力、陈建波："公司型基金的运作模式研究——以美国为例"，《清华金融评论》2017 年第 3 期。

128. 刘燕、楼建波："企业并购中的资管计划——以 SPV 为中心的法律分析框架"，《清华法学》2017 年第 6 期。

129. 强力："大资管时代与信托业立法的思考"，《海峡法学》2017 年第 1 期。

130. 徐化耿："论私法中的信任机制——基于信义义务与诚实信用的例证分析"，《法学家》2017 年第 4 期。

131. 许中缘："论法人的独立责任与二元民事主体制度"，《法学评论》2017 年第 1 期。

132. 赵旭东："民法典的编纂与商事立法"，《中国法学》2016 年第 4 期。

133. 李建伟："民法总则设置商法规范的限度及其理论解释"，《中国法学》2016 年第 4 期。

134. 罗昆：“我国民法典法人基本类型模式选择”，《法学研究》2016年第4期。

135. 季奎明：“从合伙、公司到信托：英美商事信托的演进历程及其启示”，《私法研究》2016年第2期。

136. 李永军：“以‘社团法人与财团法人’的基本分类构建法人制度”，《华东政法大学学报》2016年第5期。

137. 楼建波：“信托财产分别管理与信托财产独立性的关系——兼论《信托法》第29条的理解和适用”，《广东社会科学》2016年第4期。

138. 季奎明：“论金融理财产品法律规范的统一适用”，《环球法律评论》2016年第6期。

139. 房绍坤、张旭昕：“我国民法典编纂中的主体类型”，《法学杂志》2016年第12期。

140. 王文宇：“揭开法人的神秘面纱——兼论民事主体的法典化”，《清华法学》2016年第5期。

141. 李宇：“论作为法人的商业信托”，《法学》2016年第8期。

142. 汪青松：“主体制度民商合一的我国路径”，《法学研究》2016年第2期。

143. 赵廉慧：“信托财产权法律地位新解——双财团理论的引入”，《中国政法大学学报》2016年第4期。

144. 金锦萍：“论法律行为视角下的信托行为”，《中外法学》2016年第1期。

145. 朱圆：“论信义法的基本范畴及其在我国民法典中的引入”，《环球法律评论》2016年第2期。

146. 朱圆：“论信托的性质与我国信托法的属性定位”，《中外法学》2015年第3期。

147. 温耀原：“团体人格及其我国实践的检讨”，《华中科技大学学报》2015年第3期。

148. 柳经纬：“民法典编纂制度中的法人制度重构——以法人责任为核心”，《法学》2015年第5期。

149. 姜昭："集合资金信托商事法律关系主体化研究"，《法学论坛》2015 年第 2 期。

150. 邹小琴："商事登记制度的属性反思及制度重构"，《法学杂志》2014 年第 1 期。

151. 刘正峰："财产独立管理委托的信托性质与信托制度融入民法典研究——从财产管理委托的类型化分析展开"，《北方法学》2014 年第 6 期。

152. 张保红："权利能力的双重角色困境与主体资格制度重构"，《法学家》2014 年第 2 期。

153. 叶朋："法国信托法近年来的修改及对我国的启示"，《安徽大学学报（哲学社会科学版）》2014 年第 1 期。

154. 毋国平："法律主体的内涵"，《辽宁大学学报（社会科学版）》2013 年第 2 期。

155. 史提芬 · L. 舒尔茨："作为商事组织的商业信托和公司：比较法学者的研究课题"，倪受彬译，《证券法苑》2012 年第 6 卷。

156. 蒋建湘："商法强制性规范的类型、性质与边界"，《法学杂志》2012 年第 7 期。

157. 楼晓："构建我国公司型基金治理结构的反思——兼论修订中的《基金法》相关内容"，《中国证券期货》2012 年第 12 期。

158. 张斌、徐琳："基于对称信息的双监督人共谋防范实验研究"，《中南财经政法大学学报》2011 年第 5 期。

159. 席月明："我国信托业监管改革的重要问题"，《上海财经大学学报》2011 年第 1 期。

160. 陈雪萍："信托受益人权利的性质：对人权抑或对物权"，《法商研究》2011 年第 6 期。

161. 张淳："信托财产独立性的法理"，《社会科学》2011 年第 3 期。

162. 刘迎霜："信托的本质——兼与'信托异化论'的商榷"，《法学评论》2011 年第 1 期。

163. 于朝印："论商业信托法律主体地位的确定"，《现代法学》2011 年第 5 期。

164. 蒋哲昕："企业控制权本质探讨"，《广东社会科学》2010 年第 2 期。

165. 陆永元："论我国商业银行理财产品法律关系的界定"，《法制与社会》2010 年第 14 期。

166. 张强："商法规范的公法性与私法性、强制性与任意性辨梳"，《山东社会科学》2010 年第 6 期。

167. 吕富强："论法国式信托——一种对本土资源加以改造的途径"，《比较法研究》2010 年第 2 期。

168. 郭雳、唐宏渊："信托主体之股东身份的法理解析——以信托形式人股权投资基金为展开"，《证券法理与监管》2010 年第 3 期。

169. 胡学江："证券投资基金纳税主体资格分析"，《东南大学学报（哲学社会科学版）》2010 年第 6 期。

170. 李红海："自足的普通法和不自足的衡平法——论英国普通法和衡平法的关系"，《清华法学》2010 年第 6 期。

171. 刘正峰："物权客体代位主义研究"，《法商研究》2010 年第 4 期。

172. 丛淑萍、刘耀东："非法人团体民事主体地位的比较法研究"，《山东社会科学》2009 年第 7 期。

173. 潘修平、王卫国："商业银行理财产品若干法理问题探讨"，《现代法学》2009 年第 7 期。

174. ［德］海因·克茨："信托——典型的英美法系制度"，邓建忠译，《比较法研究》2009 年第 4 期。

175. 汤洁茵："证券投资基金纳税主体资格的法律确证"，《税务与经济》2008 年第 6 期。

176. 施天涛："商事信托：制度特性、功能实现与立法调整"，《清华法学》2008 年第 2 期。

177. 王涌："论信托法与物权法的关系——信托法在民法法系中的问题"，《北京大学学报（哲学社会科学版）》2008 年 6 期。

178. 汤淑梅："信托等级制度的构建"，《法学杂志》2008 年第 6 期。

179. 李萱："法律主体资格的开放性"，《政法论坛》2008 年第 5 期。

180. 王新举:“论后现代主义对法律主体的解构和建构”,《求是学刊》2008 年第 5 期。

181. 范世乾:“论法人财产权和股权的性质”,《北京化工大学学报(社会科学版)》2007 年第 2 期。

182. 郑宏:“信托登记制度比较研究”,《河北法学》2007 年第 12 期。

183. 郑瑞琨:“信托法与物权法定原则的冲突及其解决”,《政法论坛》2007 年第 4 期。

184. 潘耀明、康锐:“信托之困境抑或信托业之困境——论我国《信托法》下的资产管理市场”,《上海财经大学学报》2007 年第 2 期。

185. 张淳:“我国信托财产所有权归属的态度及其法理审视”,《甘肃政法学院学报》2007 年第 9 期。

186. 李清池:“作为财团的信托”,《北京大学学报(哲学社会科学版)》2006 年第 4 期。

187. 钟瑞栋、侯怀霞:“论信托公示”,《郑州大学学报(哲学社会科学版)》2006 年第 1 期。

188. 温世扬、冯兴俊:“论信托财产所有权——兼论我国相关立法的完善”,《武汉大学学报(哲学社会科学版)》2005 年第 2 期。

189. 沈四宝:“商事信托制度的现代发展”,《甘肃政法学院学报》2005 年第 4 期。

190. 刘贵生:“浅谈日本信托财产登记理论与实务”,《特区经济》2005 年第 9 期。

191. 贾林青:“信托财产权的法律性质和结构之我见”,《法学家》2005 年第 5 期。

192. 章小兵:“论财团法人制度的历史发展”,《企业家天地·理论版》2006 年第 7 期。

193. 陈雪萍:“信托财产权的法理学研究”,《社会科学》2006 年第 9 期。

194. 陈雪萍:“论我国商事信托之制度创新”,《法商研究》2006 年第 3 期。

195. 徐国栋:“《魁北克民法典》的世界”,《中外法学》2005 年第 3 期。

196. 张卫国、罗军、吴丙山:“组织中的非正式行为问题——串谋行为和权力滥用”,《探索》2005 年第 1 期。

197. 孙静:“德国信托法探析”,《比较法研究》2004 年第 1 期。

198. 张淳:“信托合同论——来自信托法适用角度的审视”,《中国法学》2004 年第 3 期。

199. 陈丽萍:“证券投资基金的法律性质”,《中国法学》2004 年第 3 期。

200. [美] 约翰·H. 兰贝恩:“信托法的合同基础”,许美欢译,《清华法学》2004 年第 1 期。

201. 王艳梅:“信托的功能——资本运营视角下的探析”,《当代法学》2004 年第 5 期。

202. 尹田:“无财产即无人格——法国民法上广义财产理论的现代启示”,《法学家》2004 年第 2 期。

203. 尹田:“论一物一权原则及其与‘双重所有权’理论的冲突”,《中国法学》2003 年第 2 期。

204. 张淳:“《美国统一谨慎投资人法》评析”,《法学杂志》2003 年第 5 期。

205. 陈夏:“论证券投资基金的法律地位”,《西南政法大学学报》2003 年第 6 期。

206. 江平:“制定一部开放型的民法典”,《政法论坛》2003 年第 1 期。

207. 任尔昕、王肃元:“我国法人民事责任制度之检讨”,《政法论坛》2002 年第 2 期。

208. 尹田:“论物权法定原则的解释及其根据”,《河南省政法管理干部学院学报》2002 年第 4 期。

209. 李群星:“信托的法律性质与基本理念”,《法学研究》2000 年第 3 期。

210. 李群星："论信托财产"，《法学评论》2000 年第 1 期。

211. 李芳："英国衡平法初探"，《河北法学》2000 年第 1 期。

212. 马俊驹、梅夏英："财产权制度的历史评析和现实思考"，《中国社会科学》1999 年第 1 期。

213. 乔棣："资格内地证券投资基金法律性质的探讨——与香港单位信托的比较研究"，《中外法学》1999 年第 2 期。

214. 赵文华、安立仁、席酉民："一个新的委托代理问题——共谋行为"，《西北大学学报（哲学社会科学版）》1998 年第 3 期。

215. 仵志忠："信息不对称理论及其经济学意义"，《经济学动态》1997 年第 1 期。

216. 方流芳："中西公司法律地位考察"，《中国社会科学》1992 年第 4 期。

217. Paul S Davies and James Penner, Equity, Trust and Commerce, Oxford and Portland, 2017.

218. Sitkoff R H and Dukeminier J, Wills, Trusts, and Estates, Wolters Kluwer Law & Business, 2017.

219. J E Penner, The Law of Trusts, Oxford University Press, 2016.

220. Tamar Frankel, Towards Universal Fiduciary Principles, Queen's Law Journal (2014).

221. Jesse Dukeminier and Robert H Sitkoff, Wills, Trusts and Estates, Aspen Publisher, 2013.

222. Thomas E. Rutledge, Kentucky Uniform Statutory Trust Act (2012): A Review, 40 N. Ky. L. Rev. 93 (2013).

223. Robert H Sitkoff, Trust Law as Fiduciary Governance Plus Asset Partitioning, Cambridge University Press, 2013.

224. Gary Watt, Trusts and Equity, Oxford University Press, 2012.

225. Gary Watt, Equity and Trusts: Directions, Oxford University Press, 2012.

226. Tang Hang Wu, The resurgence of uncorporation: the business trust

in Singapore, 8 J. B. L. (2012).

227. Robert H. Sitkoff, The Economic Structure of Fiduciary Law, 91 B. U. L. Rev. 1039 (2011).

228. Paul B. Miller, The Future for Business Trusts: A Comparative Analysis of Canadian and American Uniform Legislation, 36 Queen's L. J. (2011).

229. Thomas P. Gallanis, The New Direction of American Trust Law, 97 lowa Law Review (2011).

230. Peter Cane and Joanne Conaghan (eds.), The Oxford Companion to Law, Oxford University Press, 2008.

231. Henry Hansmann, Reinier Kraakman and Richard Squire, The new Business Entities in Evolutionary Perspective, 8 (1) E. B. O. R. (2007).

232. Andrew S. Gold, A Decision Theory Approach to the Business Judgment Rule: Reflections on Disney, Good Faith, and Judicial Uncertainty, 66 Md. L. Rev. 398 (2007).

233. Henry Hansmann, Reinier Kraakman and Richard Squire, Law and the Rise of the Firm, 119 Harvard Law Review (2006).

234. J. E Penner, The Law of Trust, Oxford University Press, 2006.

235. Henry Hansmann; Reinier Kraakman; Richard Squire, The New Business Entities in Evolutionary Perspective, 2005 U. ILL. L. REV. 5, 14 (2005).

236. Robert H. Sitkoff, Trust as "Uncorporation": A Research Agenda, University of Illinoia Law Review (2005).

237. Michele Graziadei and Lionel Smith, Commercial Trusts in European Private Law, Cambridge University Press, 2005.

238. Robert H. Sitkoff, The Trust as "Uncorporation": A Research Agenda, 2005 U. IlL. L. Rev. 31, 31 (2005).

239. John H. Langbein, Questioning the Trust Law Duty of Loyalty: Sole Interest or Best Interest, 114 Yale L. J. 929 (2005).

240. Melanie B. Leslie, Trusting Trustees: Fiduciary Duties and the Limits

of Default Rules, 94 Geo. L. J. 67 (2005).

241. Robert Sitkoff, An Agency Costs Theory of Trust Law, 89 Cornell L. Rev. 621 (2004).

242. D. J. Hayton, The Law of Trusts, Sweets & Maxwell ltd. , 2003.

243. Steven L. Schwarcz, Commercial Trust as Business Organizations: Unraveling the Mystery, 58 Duke, Journal of Comparative & International Law (2003).

244. Robert H. Sitkoff, Trust Law, Corporate Law, and Capital Market Efficiency, 28 J. Corp. L. 565 (2003).

245. D. J. Hayton, "overiew" in P. Briks and A. Pretto (eds.), Breach of Trust, Hart Publishing Oxford, 2002.

246. Joseph T. Walsh, The Fiduciary Foundation of Corporation Law, 27 Journal of Corporate Law (2002).

247. Edward Rock and Michael Wachter, Dangerous Liaisons: Corporate Law, Trust Law, and International Legal Transplants, 96 Northwestern University Law Review (2002).

248. 野村アセット投信研究所編著『投資信託の法務と実務』(金融財政事情研究会, 2002 年).

249. Tamar Frankel, The Delaware Business Trust Act Failure as the New Corporate Law, 23 Cardozo L. Rev. 325 (2001).

250. Ugo Mattei, Basic Principles of Law, Greenwood Press, 2000.

251. Kenneth Reid, Patrimony not Equity: The Trust in Scotland, European Review of Private Law (2000).

252. Henry Hansmann and Reinier Kraakman, The Essential Role of Organization Law, 110 Yale Law Journal (2000).

253. George L. Gretton, Trust Without Equity, International and Comparative Law Quarterly (2000).

254. John H. Langbein, The secret Life of the Trust: The Trust as an Instrument of Commerce Modern International Developments in Trust Law, Kluwer

Law International (1999).

255. Margaret Davis, J. E. Penner, the Idea of Property in Law, 7 Soc. & Legal Stud. 577 (1998).

256. A. J. Oake, The Modern Law of Trusts, Clarendon press oxford, 1998.

257. Henry Hansmann; Ugo Mattei, The Functions of Trust Law: A Comparative Legal and Economic Analysis, 73 N. Y. U. L. Rev. 434 (1998).

258. Henry Hansmann; Ugo Mattei, Trust Law in the United States – A Basic Study of Its Special Contribution, 46Am. J. Comp. L. Supp. 133 (1998).

259. John H. Langbein, The Secret Life of the Trust: The Trust as an Instrument of Commerce, 107 Yale L. J. 165 (1997).

260. J. E. Penner, The Bundle of Rights Picture of Property, 43 UCLA L. Rev. 711 (1996).

261. Lynn M. LoPucki, The Death of Liability, 106 Yale L. J. 1 (1996).

262. 神田秀樹『証券投資信託の誕生』倉沢康一郎，奥島孝康編『昭和商法史』(日本評論社，1996年) 第230頁.

263. 杉崎博『投資信託の仕組みと改革』(東洋經濟新報社，1996年).

264. David J. Hayton, Law of Trusts and Trustees, Butterworths, 1995.

265. Langbein J H, The Contractari an Basis of The Law of Trust, 105 Yale Law Journal (1995).

266. S. J. Liebowitz; Stephen E. Margolis, Path Dependence, Lock – In, and History, 11 J. L. ECON. & ORG. 205, 226 (1995).

267. Partrick Mcloughlin and Catherine Rendell, Law of Trusts (Macmillan, 1992).

268. Robert Cooter; Bradley J. Freedman, The Fiduciary Relationship: Its Economic Character and Legal Consequences, 66 N. Y. U. L. REV. 1045, 1076 (1991).

269. Patrick Polde, The Public Trustee in England, 1906 – 1989: The Failure of an Experiment, 10 J. Legal Hist. 228 (1989).

270. Sheldon A. Jones, Laura M. Moret & James M. Storey, The Massa-

chusetts Business Trust and Registered Investment Companies, 13 DeL. J. Corp. L. 421 (1988).

271. F. H. Lawson and B. Rudden, The Law of Property (Oxford University Press, 1982).

272. R. H. Helmholz, The Early Enforcement of Uses, 79 Colum L. Rev. 1503 (1979).

273. F. W. Maitland, Constitutional History of England, Cambridge University Press, 1946.

274. Lawrence M. Friedman, The Dynastic Trust, 73 Yale L. J. 547 (1964).

275. Scott, Austin Wakeman, Fifty Year of Trusts, 50 Harvard Law Review (1936).

276. Pierre Lepaulle, Trusts and the Civil Law, Journal of Comparative Legislation and International law (1933).

277. Austin Wakeman Scott, The Nature of the Rights of the "Cestui Que Trust", Columbia Law Review, VoL. 17, No. 4 269 (1917).

278. Walter G. Hart, What Is a Trust, 15 L. Q. Rev. 294 (1899).